# 航空都市

## 创新未来城市版图

孙天尧　韩淼　等／著

中信出版集团｜北京

图书在版编目（CIP）数据

航空都市：创新未来城市版图 / 孙天尧等著. -- 北京：中信出版社，2021.11
ISBN 978-7-5217-3440-9

Ⅰ.①航… Ⅱ.①孙… Ⅲ.①民用航空－城市建局－研究 Ⅳ.① F560.1

中国版本图书馆 CIP 数据核字（2021）第 170494 号

航空都市：创新未来城市版图

著者： 孙天尧　韩淼　等
出版发行： 中信出版集团股份有限公司
（北京市朝阳区惠新东街甲 4 号富盛大厦 2 座　邮编　100029）
承印者： 天津丰富彩艺印刷有限公司

开本：787mm×1092mm　1/16　　印张：24　　　字数：315 千字
版次：2021 年 11 月第 1 版　　　印次：2021 年 11 月第 1 次印刷
书号：ISBN 978-7-5217-3440-9
定价：75.00 元

版权所有·侵权必究
如有印刷、装订问题，本公司负责调换。
服务热线：400-600-8099
投稿邮箱：author@citicpub.com

# 目录

序一　**航空都市时代的城市竞争力**　*001*

序二　**创新至善，赋能腾飞**　*005*

前言　**全球化与城市演进之道**　*009*

导读　**重读全球城市**　*013*

## 01　机场遇见全球城市　001

什么是全球城市　003
机场与航空产业是全球经济与城市发展的重要动力因子　017
基于机场影响的全球城市竞争力评估指标：GARI　029

## 02　评级模型与城市观察　037

评级方法研究　039
构建全球航空都市评级指数模型　046
示范案例：在城市竞争力评估中的应用　055

## 03 全球城市序列重构 059

研究对象选取 061
综合排名概述 063
分项排名概述 066

## 04 GARI 视角下的中国城市群 077

长三角城市群：崛起的世界级城市群 080
珠三角城市群：多方联动，建设粤港澳大湾区 087
环渤海经济圈：打造以首都为核心的一体化发展地区 093
中原城市群、长江中游城市群、关中平原城市群：
　　　　中西部崛起的战略支撑 100

## 05 航空都市发展的策略、原则与导则 109

城市发展新引擎：建设机场影响下的航空都市区 111
航空都市五大原则 112
航空都市的衡量指标与 118 条建议 124

# 06 航空都市：新时代，新故事　135

上海：双枢纽助力全球城市　141
巴黎：多机场国际都市区临空发展之路　163
北京：国际双枢纽机场助力京津冀世界级城市群起飞　175
阿姆斯特丹：航空都市典范　191
丹佛：草原上的航空之城　208
华盛顿：机场带来的总部经济新机遇　224
杭州：电商产业与临空经济联动之城　234
赫尔辛基：依托北欧最佳机场，打造全芬兰发展最快的地区　246
郑州：争先临空市场，建设中原腾飞新起点　258
机遇型临空经济区：中小城市的跃迁之路　282

# 07 革新与启示　299

革新：科技　301
启示：全球化的新课程　305

参考文献　309

附录　**本书排名指标体系与变量说明**　329

后记　**透过舷窗看世界，依托航空塑未来**　341

致谢　347

# 序一　航空都市时代的城市竞争力

21世纪已然成为由航空都市引领的新时代！航空运输业与机场加速推动了全球城市区域更高水平的开放，促进了地区经济转型，带动了城市竞争力提升。在这个航空都市引领的时代，航空公司、机场与政府部门通力合作，为企业及城市提供软性基础设施（如政策、软件、数据库等）、硬性基础设施（如道路、港口、环保设施等），推动企业与城市不断向商业与产业价值链的上游迈进，实现跨越式增长。在我看来，提高城市竞争力、促进经济增长的基本途径，就是要能够为入驻企业或意向企业提供功能完善的航空基础设施和覆盖广泛的航线网络，使企业能够快速连接全球供应商、客户和合作伙伴。

理由显而易见，处于商业和产业价值链上游的企业（如创新制造业和知识密集型服务业等），比起本地，往往更加依赖异地或海外的供应商及客户。在高时效要求、全球化的经济形势下，高价值产品（如航空航天部件、生物医药产品、智能电子产品）和高净值商旅人士（如企业高管、投资银行家、跨国公司律师）必须通过航空运输，快速高效地到达目的地，从而提高公司运营效率。

对那些全球范围内增长速度最快、价值最高的产业及商业服务企业来说，时间不仅是成本，也是收入。这使航空运输带来的"速度经济"与这些公司（及其城市经营场所）赖以生存的"规模经济"和"范围经济"显得同等重要。

数字化增强了制造业和服务业中的"速度经济"效应，并在促进全球最先进的产业领域发展和竞争力提升方面发挥着重要作用。然而，互联网或云技术都无法远距离运送货物或人，高附加值产品贸易必须通过航空的方式才能实现远距离运输。对于供应链、制造业和商品进出口领域的大多数生产服务商来说，他们需要经常前往全球各地的原件产地、产品组装地及终端市场，以完成面对面磋商或知识转移。

随着网络时代和航空时代的融合，现代供应链、先进商业服务和消费品市场日益全球化，并相互交织，这使得航空客运和航空货运在企业发展和城市竞争中的重要性逐步增强。2019年，航空货运的货物价值累计达到6.7万亿美元，可见航空运输对绝大多数高科技供应链、以知识为基础的商务服务以及高净值商旅人士来说至关重要。[1]

综上所述，通过航空进行运输的商品价值占全球货运价值的35%，[2] 超过75%的智能电子产品、超过80%的高级服务贸易以及约90%的跨境电子商务都依赖于航空运输。[3] 事实上，航空公司已为现代企业和产业搭建起快捷的"实体互联网"，就像互联网传输数据信息一样，在全球范围内快速高效地输送货物与旅客。

如果把全球航线网络比作互联网，那么枢纽机场就是航空公司接入全球航线网络的"路由器"，这些枢纽机场也同时作为"端口"，将全球的货流、人流、信息流、服务流快速而精准地与本地连接。"路由器"和"端口"的双重身份，使枢纽机场周边地区得以吸引即时价值型、高附加值的企业、产业以及与之配套的商业。随着机场及其周边地区不断地汇聚临空偏好型企业，该地区逐渐成为重要的就业、购物、休闲、会议、贸易、旅游和创业目的地，以及整个大都市区范围内以机场为中心的商业与物流业增长极，并最终发展成一种新的城市经济形态——航空都市。

航空都市是以机场为中心的城市经济区域，区域内的商业、工业和旅游业集群依托机场及与之相连的高速公路、铁路、港口等基础设施得以持续发展。航空都市的发展包括空间和战略两个部分，二者相辅相成，缺一不可。

在空间方面，航空都市由两个基本要素组成：（1）以机场航空、物流和商业设施集聚形成的多式联运且具有多功能的机场城市为核心；（2）由航空偏好型商业、产业以及混合功能住区彼此相互影响组成的机场外围廊道和集群，以及其与机场、重要交通节点、城市节点的可达性。这些走廊和集群可从最大的枢纽机场向外延伸25公里甚至更远，其中重要的航空都市发展走廊通常能从机场一直延伸至大都市区的市中心。

在战略方面，航空都市代表着一整套彼此协调的基础设施、商业地产和政府政策干预行为，包括：（1）提升机场区域城市就业水平；（2）降低地面交通时间和成本；（3）扩大航线网络连通性，吸引现代产业投资，创造高薪就业机会，推动包括商业服务和旅游在内的高附加值产品与服务贸易的增长。成功的航空都市战略需要汇集并协调：（1）为资本投资企业提供适宜选址，并帮助企业实现盈利目标；（2）在规划机场和地面交通设施时，保障企业能快速有效地接触本地、全国、全球的供应商及客户；（3）以生态宜居和可持续发展作为城市规划的总体目标。

我想强调的一点是，建设一个对城市发展有重大贡献的航空都市，不仅要协调基础设施和商业设施的规划及发展，更重要的是需要广泛吸引人才，以满足高附加值产业的人才需求。这就需要航空都市创造高净值人才所需的空间环境、机构服务、居住和社会环境以及城市服务设施，使人们愿意在此生活、工作、学习和娱乐。此外，还需要形成一个相对自由的监管环境，以降低业务开展的时间和成本。

这本书以定量和定性的方式解决航空都市发展与城市竞争力所涉及的关键问题。作者孙天尧先生推出名为"全球航空都市评级指数"（GARI）的综合指标体系，以此衡量中国和世界范围内以机场为中心的航空都市发展对于提升城市竞争力的有效性。该方法基于GARI的5个维度的指数，运用35个定量指标和5个定性指标对全球城市区域竞争力进行评估。

书中展示了全球100个城市（含中国城市）与54个中国内地城市的整体排名和5个维度的分项排名。这将为相关研究人员提供一种观察和评估航空都市对城市竞争力影响的新方法。

作者通过对中国主要全球城市区域以及精心筛选的海内外城市区域进行具有洞察力的案例研究，补充实证分析，这些案例从航空都市的视角阐述了每个城市地区的成就和发展目标，丰富了实证结果。

对正在研究航空都市和航空都市对城市竞争力影响的人来说，这本书具有特殊价值，因为此书所包含的方法和指标，可供研究者进一步调整、扩展或优化。对于想要提升城市建设绩效的政府来说，这本书也颇具指导意义。同时，咨询顾问们可以通过GARI以及5个维度指标评估他们参与的航空都市或全球城市项目。

从一开始，这本书的愿景就是创立一个具有生命力的研究项目，并由行业研究者不断地进行更新和优化。因此，这本书应该被视为研究过程的起点，而非终结。如果将航空都市理念比作人生阶段，那么现阶段的航空都市概念及其应用正值年少，未来这一理念还将迎来不可估量的盛年。在航空都市的发展原则、战略规划、空间建设以及评估其对人、企业、社区和政府的影响方面，仍有大量工作要做，书中的研究内容是推动以上后续工作的重要基础和支撑点。

约翰·卡萨达博士

航都院® 院长，北卡罗来纳大学柯南-弗莱格商学院终身教授

## 序二 创新至善，赋能腾飞

20世纪以来，伴随着人类交通方式的转变，航空都市理念应运而生。从1956年麦金利·康威提出空港经济和空港综合体的概念，到1991年约翰·卡萨达提出第五波理论和航空都市理论及理想模型，数十年间，航空都市的建设及其功能作用的发挥，已经成为许多城市和地区强劲的发展动力。

改革开放40余年来，中国在现代化建设进程中已经形成较为完善的全球机场网络，有多个国际级枢纽机场，以及北上广深港澳台等具有国际影响力的中心城市。阅读此书之后，印象颇深的是伴随经济全球化与全球城市网络的形成，航空都市借助机场"点到点"的航线连接效率与开放水平，逐渐成为影响城市竞争力的重要因素。此书作者孙天尧先生等在航空都市理论基石上，聚焦地区发展与经济全球化进程的互动逻辑，提出了基于新技术变革产生的全球城市价值评估指标——"全球航空都市评级指数"，把"机场"与"临空经济"作为促进城市发展的重要因素，运用了包括开放度、创新水平、基础设施建设等在内的评价因子，同时融入大数据、人工智能等分析方法，来帮助机场影响下的城市和地区寻找发展机遇，提高竞争力。以上可以说是这本书的一大亮点。

放眼全球，由于机场和临空经济极大地影响着跨国公司的投资与选址决策，所以诸如郑州、巴黎、孟菲斯等越来越多的国内外城市，十分重视以机场为核心的经济开发，并围绕机场周边实施专项发展规划。中国目前已批复建设的国家级临空经济示范区有17个，在国际范围内，则有巴黎、孟菲斯、迪拜、仁川、阿姆斯特丹、新加坡等不同地区在大力建设航空都市。此书选择并介绍了全球100个城市（含中国城市）的排名特点，还重点分析了中国54个城市（不含港、澳、台）的排名情况，评估了中国的城市群在机场影响下的发展特性，并着重考察和阐明了12个城市在机场影响下的建设情况。这些具体的、不同层级的案例分析与研究，对于理解书中的评级指标与分析方法十分必要，也证明这一方法可以广泛地应用在对其他同类城市或地区的分析当中。

可以认为，在经济全球化带动世界城市体系的发展中，价值链的演化是主导城市网络格局的首要因素，低附加值的经济活动呈现出显著的离散分布状态，高附加值的经济活动则趋于空间集聚，而航空都市就是高附加值经济活动的主要集聚区。航空都市与一般城市的发展逻辑的不同之处在于，它是围绕机场建设而成的，对产业导入与功能布局形成具有支撑力的个性化需求，而很多基础设施建设投资企业或临空偏好型投资企业，对投资落地也有精准化与个性化的需求，两方的"合流"会在全球化背景下形成价值链拉动要素流动与集聚的供需互动，以及由此而来的创新发展。因此，在以理念创新烛照实践创新的认知之上，对航空都市建设进行"量化分析"，不仅可以为地区建设主体提供从战略性对接操作性的建设路径，而且可以为投资商选址提供科学的决策依据。

可以说，"全球航空都市评级指数"是一个具有相应理论基础、能够提供理性分析工作方法、富有实践价值的研究成果。第一，孙天尧先生等在航空都市与全球城市理论基础上汇聚了一大批国内外航空都市领域的专家的智慧，共同参与指标框架建设，使该指标框架不仅具有全球视野，而且具备前瞻性和权威性。第二，指标框架建设中融入了大数据与算法技术，使该"指数"成为一种可利用、可推广、可落地的前沿性科学评估手段。第三，孙天尧先生和航都院®团队在指标框架基础上，建立了全面动态的数据库体系，将数据更新与实际业务相结合，使这一指标框架和分析手段具有持久的生命力。第四，在指标框架下，孙天尧先生及其所在机构陆续开展了多个航空都市实践咨询工作，目前他们正在为"一带一路"沿线国家（如泰国、越南），以及国内重要的临空经济示范区（如郑州、青岛、成都、上海等）提供咨询服务，这些丰富的、落地的实践经验，也不断反哺着指标框架趋于成熟。因此，这本书提出的指标框架及其附带的数据信息体系的实用性值得充分肯定。

航空都市从一个学术概念，发展到对接"量化分析"与工作实践，经历了30余年。这本书提出的"全球航空都市评级指数"是将航空都市理论学术价值和实践价值相结合的标杆工具。众所周知，航空运输是20世纪以来最先进、最快捷的实用交通技术，在其影响下形成的"速度经济""临空产业"，代表的是一种全新的经济发展形态。自第四次工业革命以来，人类正逐渐走向以智能技术为代表的智能世界，其中人工智能、物联网、5G（第五代移动通信技术）以及生物工程等新技术日益广泛地融入社会生活的方方面面，不仅驱动了产业的数字化转型，而且逐渐成为地区经济增长的新动力。在此日新月异的发展大潮中，"全球航空都市评级指数"利用大数据、人工智能技术对航空都市进行"量化分析"，为城市管理者、城市建设者、基础设施投资者提供了一套科学的、操作性强的指导框架和新式方法，必将为城市创新版图带来重要的创新动能，支持我国现代化事业展翅腾飞。

贾康
第十一届、十二届全国政协委员和政协经济委员会委员，
中国财政学会原副会长兼秘书长

# 前言　全球化与城市演进之道

伴随着全球化的发展进程，中国的城市化进程不断推进，并且深受全球政治经济变化的影响。2010年，中国成为世界第二大经济体。作为负责任的大国，中国尝试进一步适应甚至引导全球化发展。在这一阶段，如何保持在世界经济舞台上的地位、推动经济持续增长、保障民生，都是全球化背景下中国不得不应对的挑战。"一带一路"倡议是探寻2008年全球金融危机影响全球经济增长之道、实现全球化再平衡、开创21世纪地区合作新模式的重要路径，有利于推进国际合作，推广中国经验，使中国深度融入经济全球化，并为之做出贡献。习近平主席在世界经济论坛2017年年会开幕式上的主旨演讲中提到，全球增长动能不足，正确的选择是，充分利用一切机遇，合作应对一切挑战，引导好经济全球化走向。近年来中美贸易摩擦、单边主义盛行、英国脱欧等事件都对经济全球化产生了巨大挑战，2020—2021年，新冠肺炎疫情导致全球贸易大幅受挫。在此背景下，克服贸易冲突并建立多边贸易体制、找寻新的发展动力是国际社会需要努力的方向。未来，中国将着力提升经济增长质量和效率，不断激发增长动力和市场活力，积极营造宽松有序的投资环境，大力建设共同发展的对外开放格局。

全球化离不开航空经济的影响与带动。经济全球化的四个主要载体——贸易自由化、生产国际化、资本全球化、科技全球化——都与航空经济密切相关。一方面，开放经济支持要素、商品、服务与货币的自由跨国界流动，[1]降低资本流动限制，强调跨国合作与便利的运输机制，是经济全球化的重要方面。在经济全球化的趋势下，生产力和劳动分工继续在世界各地进行分配，为了达到最合理的企业成本和效率水平，跨国公司形成了广泛的全球化布局。航空经济可以高效便利地服务于跨国公司客流与物流的交换。另一方面，"速度经济"的特质表明企业的经济性主要来自速度而非规模，现代竞争的前沿以世界市场为目标，想要实现贸易、生产的全球化发展，离不开航空引领的速度经济。航空运输开启了速度经济的新时代，适应了国际贸易距离长、空间范围广、时效要求高等要求，成为跨国公司商贸往来的首选运输方式。迄今为止，航空运输是旅行者能够在24小时内安全舒适地从一个地点到达世界另一个地点的唯一方式。航空货运是航空运输的重要部分，尽管目前航空货运的总数量与其他主要运输方式相比微不足道，但航空货运的总价值约占全球货运价值的35%，[2]这一数字还在继续上升。航空业创造出了一幅新的经济图景，与18世纪的运河和港口、19世纪的铁路以及20世纪的高速公路所起到的推动作用一样。

航空运输不同于地面运输和海洋运输，它具有更安全、更可靠的性质，自"丝绸之路经济带"和"21世纪海上丝绸之路"的构想提出后，"空中丝绸之路"应运而生，航空运输对于内陆和陆路交通不便利地区尤为重要，协同"网上丝绸之路"的构建，空运强化了"一带一路"沿线国家和地区之间的经济文化交流，与跨境电商一同形成了跨境贸易往来的有利辅助。近年来，中国正在推动进出口平衡发展，寻求实现多边贸易平衡，缓解贸易摩擦，巩固全球化的产业链和供应链布局，这些举措有利于推进人民币的国际化，推动货币输出和货币流通。进出口平衡离不开由航空运输带动的国际间高速客货流运转、贸易便利及政策创新。

航空运输可以给城市的演进与发展提供重要动力。由于机场的容量和效率影响跨国公司的投资与选址决策,所以巴黎、孟菲斯和郑州等越来越多的国际、国内城市开始重视以机场为核心的经济发展战略,并围绕机场周边进行空间发展规划。这样的发展思想为美国北卡罗来纳大学的约翰·卡萨达博士"航空都市"(Aerotropolis)理论的形成提供了支持。随着越来越多的城市加入航空都市和临空经济的角逐,从机场这一独特视角重新审视城市竞争力的必要性逐步显现。航空都市的基础设施建设、土地使用和经济发展都以一座大型机场为核心,[3] 卡萨达博士认为,航空都市没有明确的外部边界,它的范围是由相关的产业或人与机场的连通关系来决定的。因此,机场的影响力往往会扩展到整个城市,对城市竞争力产生显著影响。

2020—2021年云谲波诡,让我们重新审视全球化、国家发展、城市演进与城市竞争力。本书的构想始于2015年,2017年正式开始写作工作,完成于2021年。在新时代背景下,机场和航空运输在城市与经济全球化的发展中起着重要作用。考虑机场和临空经济的影响,本书构建了一个新的全球城市评级系统,该评级系统称为"全球航空都市评级指数"(简称为GARI[①])。GARI通过叠加城市因素、航空影响因素和速度经济的影响因素,力图全面反映全球化和速度经济等动态因素对城市的影响。我们围绕评级系统展开数据库构建、数据动态更新、数据使用者调研等工作,不断优化评级系统,并借助大数据手段优化数据的积累与应用,简化工作方法,提升研究准确度。后续将基于城市数据库以及研究方法的优化和系统化,力求实现年度报告发布。

---

① GARI 的英文全称是 Global Aerotropolis Rating Index。

在经济全球化与"一带一路"倡议的背景下，GARI将会给坚持走开放型经济发展路线的中国城市，以及其他有意愿融入经济全球化建设的发展中国家城市带来具有实践价值的建议。评级系统研究作为一种对全球城市标准的重构，将为后续城市发展建设、城市间合作与文化交流等相关政策的制定，以及企业与个人投资等具体事项提供帮助。

# 导读　重读全球城市

## 城市选择

全球航空都市评级指数从全球城市（含中国城市）和中国内地城市这两个视角对城市进行研究。

选取研究城市时，需要同时考虑机场和航空都市对城市的影响程度，以及城市数据的获取与可比性等因素。基于以上研究视角和城市筛选准则，我们选取了全球100个城市（含中国城市）以及54个中国内地城市作为研究对象。

全球100个城市研究对象选取：通过对比世界各国的人均GDP（国内生产总值）、产业结构、工业基础、经济贸易开放程度等指标，首先筛选出综合排名靠前的55个国家和地区，接着在这些国家和地区选取公认政治、经济、文化、交通等综合实力较强的2~10个城市，最后在此基础上结合每个城市的机场建设及其对城市的影响程度、潜力，确定100个城市进行综合对比与研究，得出在机场影响下的全球100城排名。

54个中国内地城市研究对象选取：由于数据统计口径不一，中国的城市研究体系暂未包含港澳台地区；中国内地城市的行政级别共分 4 个层级，包括省级的 4 个直辖市、15 个副省级城市或计划单列市、293 个地级市（包含 15 个副省级城市或计划单列市）、394 个县级市。在这近 700 个城市中，通过对比分析，综合选取在经济、交通、文化、教育、工业等多个方面处于较为重要地位的城市，结合机场建设发展对城市的影响情况，筛选出 54 个中国内地城市进行综合对比与研究，得出在机场影响下的中国内地城市排名。

## 评估方法

航空业和速度经济会对城市实力与发展潜力的提升产生直接或间接的影响，因此，通过对现有全球城市实力、竞争力评估体系以及临空经济理论研究的回顾，我们找出必须予以关注的领域和要素，结合在机场影响下逐渐浮现出来的重要城市发展要素，构建出五大维度、三大级别的指标体系。

GARI 包含机场运营规模、城市综合交通与对外连接、城市经济产业水平、人居和社会水平、开放型经济基础这五大维度。该五大维度是 GARI 的一级指标；剖析一级指标的重要组成部分并对单项变量进行归纳，形成二级指标[①]；40 个单项变量作为三级指标，其中定量指标共计 35 个，定性指标共计 5 个。

由于细分的指标变量类别众多，为了最大限度地反映指标对城市竞争力的影响，对于各维度内的评分主要采用了基于降维思想算法的主成分分析法；对于城市综合评分，采用了基于专家打分的德尔菲法。首先，将各项变量数据标准化在 [1，7] 范围内，其中，利用正向化处理的数据表达城市影响负因子；其次，通过统计软件进行主成分分析，评判三级指标变量重要性，多项变量通过线性变

---

① 二级指标是对一级指标的分类与补充说明，本身不作为因子。

换转成另一组变量，最终得到各个城市在一级指标下的得分；接着，对各城市一级指标得分再次标准化在［1，7］范围内，同时结合使用者访谈与专家评分，确定一级指标权重值；最后，加权运算得出各城市综合得分及城市总排名。

在未来的研究中，我们希望通过历年的数据积累和更广泛的合作形成对全球城市持续、动态的观察，并不断完善评级体系，例如优化权重决策方式、扩展研究对象等。

## 数据来源

本书中的定量数据、定性分析的参考数据全部来自官方统计渠道、权威统计机构，以及收集自地图、国际型门户网站的数据。分析的变量数据主要有三种类型：直接客观统计数值，根据多项客观数值转化计算的客观评分，笔者组成的研究小组评估打分。其中，评估打分会综合专家组访谈意见，力求精确客观。有关单个变量的含义及数据源请参阅附录。

## 结论：机场影响下的全球城市排名

### 全球100城排名和发展趋势概述

表0-1　全球100城前50位排名情况

| 城市 | 评分 | 排名 | 城市 | 评分 | 排名 |
| --- | --- | --- | --- | --- | --- |
| 伦敦 | 7.0000 | 1 | 上海 | 5.4604 | 4 |
| 纽约 | 6.1693 | 2 | 新加坡 | 5.2385 | 5 |
| 香港 | 5.5602 | 3 | 巴黎 | 5.1957 | 6 |

(续表)

| 城市 | 评分 | 排名 | 城市 | 评分 | 排名 |
| --- | --- | --- | --- | --- | --- |
| 洛杉矶 | 5.0125 | 7 | 伊斯坦布尔 | 3.6664 | 29 |
| 东京 | 4.9932 | 8 | 曼谷 | 3.6559 | 30 |
| 北京 | 4.7309 | 9 | 雅加达 | 3.6449 | 31 |
| 芝加哥 | 4.7229 | 10 | 吉隆坡 | 3.6381 | 32 |
| 迪拜 | 4.5812 | 11 | 苏黎世 | 3.6055 | 33 |
| 法兰克福 | 4.4395 | 12 | 孟买 | 3.6004 | 34 |
| 迈阿密 | 4.2231 | 13 | 杜塞尔多夫 | 3.5724 | 35 |
| 阿姆斯特丹 | 4.1469 | 14 | 广州 | 3.5702 | 36 |
| 米兰 | 4.0611 | 15 | 日内瓦 | 3.4665 | 37 |
| 悉尼 | 3.9862 | 16 | 布鲁塞尔 | 3.4492 | 38 |
| 台北 | 3.9438 | 17 | 斯德哥尔摩 | 3.4408 | 39 |
| 首尔 | 3.9080 | 18 | 布宜诺斯艾利斯 | 3.4391 | 40 |
| 旧金山 | 3.8780 | 19 | 哥本哈根 | 3.4184 | 41 |
| 莫斯科 | 3.8649 | 20 | 温哥华 | 3.3166 | 42 |
| 多伦多 | 3.8544 | 21 | 波士顿 | 3.2882 | 43 |
| 达拉斯 | 3.8331 | 22 | 深圳 | 3.2739 | 44 |
| 亚特兰大 | 3.7835 | 23 | 华盛顿 | 3.2669 | 45 |
| 马德里 | 3.7728 | 24 | 新德里 | 3.2553 | 46 |
| 巴塞罗那 | 3.7711 | 25 | 卢森堡 | 3.2545 | 47 |
| 休斯敦 | 3.7451 | 26 | 波哥大 | 3.2503 | 48 |
| 圣保罗 | 3.7410 | 27 | 汉堡 | 3.2280 | 49 |
| 华沙 | 3.6751 | 28 | 蒙特利尔 | 3.2260 | 50 |

从表 0-1 的排名结果来看，伦敦、纽约两个国际化大都市仍然保持着全球前 2 的位置，而且其得分与第 3 名相比有较大的优势。中国香港（第 3）、上海（第 4）和北京（第 9）3 座城市进入前 10 名，体现了与美国几乎持平的实力（纽约、洛杉矶、芝加哥进入前 10 名）。进入前 10 名的国家还有英国（1 座城市）、新加坡（1 座城市）、法国（1 座城市）和日本（1 座城市），分布在欧美和东亚地区；进入前 20 名的城市仍然以欧美和东亚地区为主，还包含了中东城市迪拜、大洋洲城市悉尼。

西欧排名前列的城市最为密集，可以看出，英国、法国、西班牙、德国等世界大国中有若干城市跻身前 50 之列，如伦敦、巴黎、法兰克福、马德里、巴塞罗那、杜塞尔多夫和汉堡等。阿姆斯特丹（荷兰）、米兰（意大利）、苏黎世（瑞士）、布鲁塞尔（比利时）、卢森堡（卢森堡）等城市也位于前列。这些城市对应机场的航线国际化程度高，对外辐射能力强。如伦敦这样的国际化大都市、经济中心城市，与北美的洲际连接性较强，希思罗机场在区域机场中对美航线架次占比可达约 17%。

## 中国内地城市排名和发展趋势概述

### 四大一线城市依旧居首，两大国际化都市各有优势

如表 0-2 所示，在总排名结果中，一线城市排序依次为上海、北京、广州、深圳，4 座城市在 5 个维度的表现上均位于前列。广州在 5 个维度中的城市综合交通与对外连接方面，受益于较大的陆路交通客货运量和较强的交通基础设施投入力度，因此这一项的排名以微弱优势高于另外 3 座一线城市。

表 0-2 中国内地城市分项排名分数汇总

| 机场影响城市竞争力水平等级 | 排名 | 城市 | 机场运营规模 | 城市综合交通与对外连接 | 城市经济产业水平 | 人居福利社会水平 | 开放型经济基础 |
|---|---|---|---|---|---|---|---|
| A类城市 | 1 | 上海 | 7.0000 | 6.3379 | 5.3220 | 7.0000 | 7.0000 |
| | 2 | 北京 | 5.7767 | 6.3046 | 7.0000 | 5.4520 | 4.4543 |
| | 3 | 广州 | 4.4533 | 7.0000 | 3.6957 | 5.4813 | 3.0858 |
| | 4 | 深圳 | 3.5278 | 6.5047 | 4.3815 | 4.0078 | 4.5484 |
| B类城市 | 5 | 重庆 | 3.5926 | 6.7506 | 3.4507 | 2.7027 | 2.7951 |
| | 6 | 成都 | 3.7934 | 6.6234 | 2.7427 | 3.5742 | 2.0036 |
| | 7 | 杭州 | 4.1108 | 5.3318 | 3.2561 | 3.4428 | 2.4772 |
| | 8 | 天津 | 3.2779 | 5.5501 | 2.4522 | 2.7990 | 2.6357 |
| | 9 | 南京 | 3.1796 | 5.4063 | 2.6195 | 3.1605 | 2.4869 |
| | 10 | 郑州 | 3.5103 | 5.2495 | 2.4468 | 2.5343 | 1.9946 |
| | 11 | 武汉 | 3.3506 | 4.5694 | 2.8456 | 3.0124 | 1.8624 |
| | 12 | 西安 | 3.6502 | 3.0359 | 3.5229 | 2.9864 | 2.2663 |
| | 13 | 珠海 | 2.7167 | 5.3250 | 2.4960 | 2.2801 | 2.2409 |
| | 14 | 长沙 | 3.1452 | 4.3785 | 2.4500 | 2.7773 | 1.7385 |

航空都市：创新未来城市版图

(续表)

| 机场影响城市竞争力水平等级 | 排名 | 城市 | 机场运营规模 | 城市综合交通与对外连接 | 城市经济产业水平 | 人居和社会水平 | 开放型经济基础 |
|---|---|---|---|---|---|---|---|
| B类城市 | 15 | 青岛 | 2.9906 | 4.3885 | 2.4710 | 2.9493 | 1.8234 |
|  | 16 | 厦门 | 2.7327 | 4.2743 | 2.4655 | 2.9473 | 2.5029 |
|  | 17 | 昆明 | 3.7439 | 3.8446 | 1.7721 | 2.6893 | 2.2109 |
|  | 18 | 无锡 | 2.5458 | 3.9604 | 3.2094 | 2.2491 | 2.2801 |
|  | 19 | 宁波 | 2.6131 | 3.9213 | 2.4514 | 2.7232 | 2.4085 |
|  | 20 | 大连 | 2.5873 | 4.1841 | 2.2592 | 2.6104 | 2.2785 |
|  | 21 | 贵阳 | 2.4622 | 5.4856 | 1.5321 | 1.9920 | 1.4061 |
|  | 22 | 南通 | 3.2652 | 3.4212 | 2.2278 | 1.6947 | 2.2272 |
| C类城市 | 23 | 沈阳 | 2.2791 | 3.6818 | 2.4855 | 2.6526 | 1.9983 |
|  | 24 | 济南 | 2.7592 | 3.2279 | 2.2050 | 2.8634 | 1.7725 |
|  | 25 | 惠州 | 3.0965 | 3.7590 | 1.6818 | 1.6070 | 1.4810 |
|  | 26 | 温州 | 2.7343 | 3.1597 | 1.9111 | 2.0664 | 2.2509 |
|  | 27 | 银川 | 2.1068 | 4.7643 | 1.1429 | 1.8909 | 1.9552 |
|  | 28 | 常州 | 2.4572 | 2.9944 | 2.2163 | 1.9537 | 2.3027 |
|  | 29 | 三亚 | 2.8007 | 4.0964 | 1.1172 | 2.1977 | 1.0000 |

（续表）

| 机场影响城市竞争力水平等级 | 排名 | 城市 | 机场运营规模 | 城市综合交通与对外连接 | 城市经济产业水平 | 人居和社会水平 | 开放型经济基础 |
|---|---|---|---|---|---|---|---|
| C类城市 | 30 | 福州 | 2.3057 | 3.0455 | 2.3017 | 2.2547 | 1.8178 |
|  | 31 | 潍坊 | 2.5692 | 3.2681 | 1.8532 | 1.8288 | 1.5702 |
|  | 32 | 揭阳 | 2.5093 | 4.4389 | 1.0000 | 1.0000 | 1.5467 |
|  | 33 | 合肥 | 2.5449 | 2.5482 | 2.3253 | 2.1605 | 1.5585 |
|  | 34 | 海口 | 2.6312 | 3.5154 | 1.2882 | 2.0398 | 1.4684 |
| D类城市 | 35 | 南昌 | 2.3345 | 3.1578 | 1.9427 | 2.0650 | 1.5359 |
|  | 36 | 石家庄 | 2.8071 | 3.3642 | 1.1582 | 1.7823 | 1.5814 |
|  | 37 | 佛山 | 1.0000 | 4.0889 | 2.2044 | 2.1551 | 1.9106 |
|  | 38 | 泉州 | 2.4145 | 2.7727 | 1.9419 | 1.6928 | 2.0401 |
|  | 39 | 烟台 | 2.6746 | 2.5014 | 1.9811 | 1.8143 | 1.6562 |
|  | 40 | 太原 | 2.3623 | 3.4409 | 1.1274 | 1.9094 | 1.5838 |
|  | 41 | 苏州 | 1.7002 | 2.1856 | 2.2688 | 2.6469 | 0903 |
|  | 42 | 哈尔滨 | 1.9725 | 2.8925 | 1.8730 | 2.6695 | 1.3153 |
|  | 43 | 长春 | 2.0431 | 2.5418 | 2.0480 | 2.1954 | 1.6445 |
|  | 44 | 南宁 | 2.3692 | 2.9370 | 1.4428 | 1.9518 | 1.3846 |

（续表）

| 机场影响城市竞争力水平等级 | 排名 | 城市 | 机场运营规模 | 城市综合交通与对外连接 | 城市经济产业水平 | 人居和社会水平 | 开放型经济基础 |
|---|---|---|---|---|---|---|---|
| | 45 | 东莞 | 1.2365 | 2.1115 | 2.5568 | 2.5155 | 2.6771 |
| | 46 | 西宁 | 1.7595 | 3.6719 | 1.1012 | 1.4085 | 1.3158 |
| | 47 | 徐州 | 2.5330 | 1.9120 | 1.8339 | 1.4224 | 1.3224 |
| | 48 | 台州 | 1.7027 | 2.5558 | 1.5813 | 1.8535 | 1.6933 |
| D类城市 | 49 | 乌鲁木齐 | 1.8329 | 2.4183 | 1.1661 | 2.1478 | 1.3277 |
| | 50 | 兰州 | 2.4946 | 1.2728 | 1.5044 | 2.0074 | 1.3228 |
| | 51 | 金华 | 2.2924 | 1.3265 | 1.5490 | 1.8756 | 1.7430 |
| | 52 | 中山 | 1.2919 | 1.8919 | 1.7278 | 2.0581 | 1.6627 |
| | 53 | 拉萨 | 1.9216 | 1.9157 | 1.3463 | 1.2067 | 1.2787 |
| | 54 | 绍兴 | 1.6000 | 1.0000 | 1.7965 | 2.0172 | 1.9476 |

本次排名中，上海超越北京成为总榜第1，在机场运营规模、人居和社会水平、开放型经济基础方面均展示出明显的优势。但不容忽视的是，在2019年上海仍居国内城市GDP第1的前提下，北京与上海的GDP总量差距在不断缩小，北京的人均GDP超过上海——北京人均GDP在2018年高出上海4.22个百分点，[1]在2019年高出上海4.26个百分点。[2]在城市经济产业水平维度上，北京与上海相比占据了较大优势，在产业结构、高层次人才与世界500强企业入驻数量上，北京都高于上海。而且，北京央企众多，国内一流高等院校云集，以互联网为代表的新兴第三产业对人才和企业的吸引力相对较强，所以在企业所得税、外币存款、IT（信息技术）行业的增加值等方面，北京相对上海具有绝对优势。然而，上海是中国最早启动自由贸易区发展建设的城市，在国际贸易领域占据较大优势：浦东国际机场货邮吞吐量长年保持世界前列、中国大陆第1的位置，上海港目前的集装箱吞吐量也居世界第1，中国国际进口博览会不断强化上海作为全国贸易中心的地位。目前，北京首都国际机场—上海虹桥国际机场的航线是国内最繁忙的航线，京沪高铁是全国盈利最高的高铁线路，这说明一线城市之间也有很强的互补与合作，交通、信息流的往来也更加频繁。

**长三角、珠三角城市群实力雄厚，京津冀城市群城市间差距大**

从城市群的角度看，排名在前10的以长三角城市群、京津冀城市群、珠三角城市群、成渝城市群、中原城市群中的城市为主。进入前20的长三角城市共5个，分别是上海（第1）、杭州（第7）、南京（第9）、无锡（第18）、宁波（第19）；进入前20的珠三角城市共3个，分别是广州（第3）、深圳（第4）、珠海（第13）；而京津冀城市群的核心城市北京（第2）、天津（第8）、石家庄（第36）之间差距较大。长三角城市群中的城市的经济产业基础平均水平普遍较高。同时，得益于区域交通网络的大力建设和港口联动效益，长三角城市群、珠三角城市群的城市在城市综合交通与对外连接和开放型经济基础两大维度上的排名较高，京津冀城市群中的天津得益于港口优势，在这两大维度上也有不错的表现。根据罗植对三大城市群的要素生产率的研究，[3] 北京、上海两大城市与广东省全省的全要素生产率都比较高；浙江省、天津和江苏省与以上地区相比虽然存在一定差距，但全要素生产率值都达到了1~3，整体上位列第二梯队；河北省的全要素生产率在所有区域中是最低的，这一观察结果也从侧面说明，京津冀城市群的地区间差距有待缩小，武义青等人就曾在2015年提出京津冀城市群内部经济密度差距较大。[4]

在北京经济地位不断提升、非首都功能向周边地区疏解的前提下，综合交通中心南移、雄安新区建设等宏观推手推动着京津冀一体化发展。

对于城市群内城市的比较分析，我们将在本书的第四章进行更为详细的研究论述。

**西部城市、中部城市进步显著**

排名结果中十分突出的是西部城市重庆、成都，分列第5、第6，关中地区的西安位列第12，昆明位列第17；此外，中原城市群的核心城市郑州排在第10。需要注意的是，位列前10的重庆、成都、郑州近年来都加大了对交通基础设施的建设，公路网、轨道交通路网的建设里程和覆盖密度都位居国内前列，成都、郑州尤为重视临空经济区的规划建设。重庆是西部地区开放型经济发展最好的城市，除了较大规模的进出口额，自由贸易试验区也发展良好：惠普等多家跨国公司在重庆设立了离岸结算中心，为重庆贡献了不小的纳税规模，也带动了自贸区大量的金融结算业务，强化了与境外金融机构等的合作。从人居和社会水平方面来说，西部城市重庆、成都相比其他城市占据了较大优势，"天府之土"环境优越，人才友好，国际化基底较好，都市区具备了更上一层楼的潜力。

**东北城市、西北城市相对缺乏竞争优势**

通过总排名可见，东北城市中仅大连进入前20，排名第20，沈阳（第23）、哈尔滨（第42）、长春（第43）这3个东北省会城市都位于总排名的后半段；西北城市中，银川位列第27，西宁位列第46，乌鲁木齐位列第49，兰州位列第50。以上城市排名较为靠后，究其原因，其一是机场运营能力落后于同等规模城市，其二是较低的城市经济产业水平不利于城市综合发展。环境限制导致人居和社会水平、开放型经济发展水平偏低。大连是东北城市中排名表现最好的城市，它和青岛都是环渤海地区知名的滨海城市、旅游城市，具有相似的环境和发展历史，在本次总排名中，大连与青岛相差5个位次，细化到5个维度的分项排名，两个城市的得分基本相当。但青岛在机场运营规模、城市综合交通与对外连接、城市经济产业水平、人居和社会水平方面都略胜一筹。青岛从2000年开始经济反超大连，近年来，在高素质人口的吸引力、品牌工业和新兴产业的建设和打造方面，青岛也都呈现明显优势。从机场运营规模来看，青岛流亭国际机场虽然客货运规模都高于大连周水子国际机场，但其航线的国际化程度是弱于大连周水子国际机场的。目前，两个城市都在发展新机场，其中青岛胶东国际机场已经建成，2021年8月正式投入运营，并已于2016年申请获批国家级临空经济示范区。大连金州湾国际机场尚未建成，机场周边的自由贸易区也难以获益，作为重大交通基础设施，城市机场的常态化运营会对城市发展、开放型经济发展产生重要影响。大连金州湾国际机场的建设如果能够得到进一步关注并有序推进，那么对提升城市竞争力将有更多优势。反观西北城市，银川、西宁、兰州和乌鲁木齐均为省会城市，城市综合交通与对外连接维度评分不低，省会城市也有望在机场、多模式交通上集聚更多资源；弱势主要体现在城市经济产业水平、人居和社会水平、开放型经济基础上。在"一带一路"倡议的新机遇下，西北内陆地区的城市有机会借助"陆上丝绸之路"的贯通和"空中丝绸之路"的构建，强化交通优势，提升区域开放度，提高城市的综合竞争力。

# 01

机场遇见全球城市

与全球城市相关的理论研究，以及机场和临空经济的相关理论等，是我们构建全球航空都市指标体系的来源和起点。在本章中，我们首先对现有的城市实力、城市竞争力若干权威指标进行总结与分析，从中提取与交通、效率、速度经济和国际连接性等因素密切相关的指标，作为构建指标体系的第一步；接着结合航空经济、临空经济对城市产生影响的核心方面与要点，对指标体系进行优化。我们在选取指标变量时，侧重于数据是否客观有效且便于获取。

## 什么是全球城市

　　全球城市相关研究总的来说受到约翰·弗里德曼和丝奇雅·沙森理论的影响。1986年，弗里德曼在《世界城市假说》一文中提出，现代意义上的世界城市是全球经济系统的中枢或组织节点，它集中了控制和指挥世界经济的各种战略性功能，是跨国公司总部、国际金融机构和商务服务产业的集聚地，也是全球交通和通信的枢纽。[1] 这一观点首次将城市放到了全球高度。1991年，沙森出版了《全球城市：纽约、伦敦、东京》[2] 一书，认为全球城市是全球资本服务中心,经济活动和金融的重组将推动形成新的全球中心。全球城市网络的形成是基于生产性服务企业的全球关联网络的,因而企业是全球城市网络的作用者。[3] 该理论体系在很大程度上影响了泰勒和奥尔德森等人对于世界城市研究网络的建立。

目前关于全球城市研究有多类排名方式。有一类指标体系从衡量城市可持续发展潜力及人居水平出发,如西门子和经济学人智库提出的亚洲绿色城市指数。联合国人居署的城市指标项目[4](Urban Indicators Program)主要用于监测与评价全球城市"人居议程"和"千年发展目标"的进展状况。该项目开发的代表性指标"城市发展指数"(CDI[①])对应着城市社会发展、消除贫困、环境治理和经济发展等目标。

另一类指标体系从多个维度考量城市综合实力或发展潜力,目前国际上具有代表性的指标有科尔尼公司和芝加哥城市委员会共同发布的全球城市指数(Global Cities Index,GCI),这是最早的全球城市排行榜之一,围绕五大维度(商业活动、人力资本、信息交流、文化体验和政治参与)下的27项标准衡量城市的综合表现。自2015年起,科尔尼公司增加了全球城市展望(Global Cities Outlook,GCO)排行榜,主要评估城市未来的发展潜力。[5] 日本森纪念财团每年发布的全球城市实力指数(Global Power City Index,GPCI)主要以城市的6种功能——经济、研发、文化互动、宜居性、环境和可亲近性——对各类人群的"吸引力"评分来进行城市的多维度综合实力排名。经济学人智库主导研究并发布的另一项指数——全球城市竞争力指数(Global City Competitiveness Index,GCCI)制定了覆盖8个领域的指标体系,从吸引资本、企业、人才与游客的能力等方面来评价城市。2007年普华永道也开始对一些全球城市或中国大型城

---

① CDI,全称 City Development Index,是1996年第二次联合国人居会议指定的,用以衡量城市发展水平。

市进行城市发展机遇方面的评价,也就是机遇之城与机遇之都评价体系。[6]中国社会科学院城市与竞争力研究中心与美国巴克内尔大学联合开展了全球城市竞争力项目(The Global Urban Competitiveness Project,GUCP),其指标体系由产出指标体系、要素环境指标体系和产业竞争力指标体系这三部分组成,使用综合多级的指标体系对城市实力进行评价。

彼得·泰勒于1998年创立的全球化及世界城市研究网络(Globalization and World City Research Network,GaWC)是以全球城市的总部集聚度和网络关联度为单分析维度的研究体系。[7]泰勒等人认为,"城市网络不是一个一般的网络,它具有三个层次的含义——作为构成世界经济的网络层次、作为网络多重中心的城市节点层次、作为创造网络的服务公司次节点层次,并认为后者是最重要的层次,因为它是产生和再现网络的主要过程"[8]。

此外,还有一些特色评估系统和指标,比如以交通为主的全球旅游目的地城市指数(Global Destination Cities Index,GDCI),以人才与科研能力为主的全球人才竞争指数(Global Talent Competitiveness Index,GTCI),好事达保险公司以2014年美国主要城市为研究对象评选的全美十大道路最安全城市[9]等。因研究的侧重点不同,所以研究范围和全球城市的数据、排名结果都会有所不同。

## 全球城市竞争力项目

### 指标体系概述

在《全球城市竞争力报告2020—2021:全球城市价值链——穿透人类文明的时空》中,测度指标包括城市经济竞争力、城市可持续竞争力两个方面。[10]

报告详细评价了1 006个全球城市的竞争力状况,从整体上衡量了全球城市竞争力发展格局，讨论了全球城市发展中的重要理论和现实问题。主题报告关注联合国可持续发展目标，从城市可持续竞争力的视角，创新性提出了一个矩阵式理论框架，并对全球50万人以上城市的联合国可持续发展目标以及可持续城市和社区目标进行了全样本评估。[11]

在2020年的评测结果中，全球城市经济竞争力评估重点关注年轻且高素质人口、环境质量、开放程度、机场和互联网设施、逆全球化和疫情等指向的竞争力，排名前20的城市洗牌，分别为纽约、新加坡、东京、伦敦、慕尼黑、旧金山、洛杉矶、巴黎、深圳、圣何塞、香港、上海、法兰克福、波士顿、都柏林、维也纳、杜塞尔多夫、斯图加特、汉堡、西雅图。科技新贵闯入前10，多个发达的中小都市区闯入前20。相对于2015—2016年而言，纽约和新加坡的经济竞争力排名没变，伦敦上升14名，慕尼黑、巴黎等由于增量减少而下降2名，顶级城市位序仍处于激烈竞争中。

全球城市可持续竞争力则表征城市长期发展的决定力量。重点关注经商便利度和年轻且高素质人口、城市发展质量、开放度、科技企业等指向的竞争力，全球城市可持续竞争力前10的城市分别是东京、新加坡、纽约、香港、伦敦、巴黎、旧金山、巴塞罗那、深圳、大阪。相对于2015—2016年而言，东京、新加坡、纽约位列前3的格局没有变化；香港、旧金山、巴塞罗那和深圳均有上升，其中深圳进步尤为显著；伦敦、巴黎略有下滑。亚洲城市的排名显著提升，2020—2021年，亚洲城市在全球城市可持续竞争力前200名中的数量，由5年前的60城提升至66城。

**指标体系评价**

从全球角度来看，研究发现城市间的软联系逐步主导世界城市体系。在全球城市之间，信息科技和已形成的特大城市主导效应更为显著，全球城市已经形成多中心网络结构。软联系相对于硬联系更广泛、更不平衡、分化更明显。

从中国城市来看，国内一线城市、二线城市的发展表现良好，但中国整体城市之间的发展差距较大，指标中可持续竞争力的部分将是中国新兴大城市完善其综合竞争力的突破重点。

## 全球化及世界城市研究网络

### 指标体系概述

全球化及世界城市研究网络是以英国拉夫堡大学为基地开展研究的。泰勒等人把世界城市网络解释成全球服务公司办公点，并通过它们之间产生的各种"流动"的混合体建立了单分析维度研究体系。通过对公司要素的网络化计算，建立了城市网络的支配性连接、从属性连接、中立连接，并将城市划分为不同等级的支配中心、指挥中心以及通道城市。

被评价的对象城市，将根据"生产性服务业"的世界市场分布选取，生产性服务业包含4个方面：（1）全球会计服务中心，公司拥有两个或更多办公室的所有城市；（2）全球广告服务中心，按年营业额计算的前50家广告公司/集团的名单作为初始数据；（3）全球银行服务中心，世界排名前25的10家银行按资产分列了合适的数据；（4）全球法律服务中心，使用了伦敦排名前30的律师事务所的数据，以及美国排名前250的律师事务所中的100家律师事务所的数据。早期产生315个城市，再在名册中增加：（1）人口超过150万的所有城市；（2）人口超过100万的所有州首府城市；（3）《福布斯》全球企业2 000强总部所在城市。在新标准落实后，名册囊括了超过500个城市，并形成了225家公司和500多个城市的关系矩阵。[12]

2020年的全球化及世界城市研究网络城市分级结果中，排名分为 Alpha（阿尔法）、Beta（贝塔）、Gamma（伽马）、Sufficiency（自给型）4类，名册再一次扩充，包含了全球 394 个城市。Alpha 类别又分出 4 级，Alpha++ 级别中仅有纽约和伦敦两个城市；Alpha+ 级别包含 7 座城市，中国城市香港、上海和北京入榜；Alpha 级别包含 15 个城市，其中无中国城市；Alpha– 级别包含 26 个城市，中国广州、台北进入榜单。在 Alpha 类别中，相比 2018 年的分级结果，中国城市整体未取得新的突破。Beta 类别包含了 Beta+、Beta、Beta– 这 3 个级别，中国有成都、天津、南京、杭州、重庆、武汉、长沙、厦门、郑州、西安、大连、济南共 12 个城市进入 Beta 类榜单。Gamma 类别也包含了 Gamma+、Gamma 和 Gamma– 这 3 个级别，中国城市青岛、苏州、昆明、合肥、台中、海口、福州、哈尔滨、太原共 9 个城市入围此榜单。最后的 Sufficiency 类别包含高等 Sufficiency 和 Sufficiency 两种级别，实力稍弱于前文所述的三大类别，中国有宁波、澳门、乌鲁木齐、珠海、贵阳、南宁、长春、南昌、石家庄、无锡、新竹、呼和浩特、兰州、台南这 14 个城市列入这一类别。[13] 在最新的全球化及世界城市网络排名中，越来越多的中国城市进入世界二线、三线和四线榜单中，并在近年来不断跨越大类获得升级，可见中国城市在世界舞台上的发展潜力较大。

**指标体系评价**

全球化及世界城市研究网络作为用生产性服务业单维度来评估全球城市连接情况及网络作用力的中心性指标，并未将城市的一些硬性指标如规模、GDP 等纳入网络体系中来。

全球化及世界城市研究网络使用的网络体系客观地反映了全球城市的实力。当然，其数据来源基于已有的服务业市场情况和布点情况，对于城市软环境影响的城市发展潜力尚缺乏一定的前瞻性，例如在社会安定性、公共制度、城市生态环境及人居环境、城市文化指数等因素的影响下，企业龙头在选址时的决策可能会受到影响，从而影响城市综合实力，带动世界城市网络体系被动变化。

## 全球城市竞争力指数

### 指标体系概述

全球城市竞争力指数的评价体系包含 8 个领域和 31 个指标，8 个领域包括经济实力、人力资本、制度有效性、金融成熟度、国际事务集中度、物质资本、环境与自然风险、社会与文化特质。其中，经济实力主要通过名义 GDP 和人均 GDP、GDP 增长率等因子综合判定；人力资本主要由劳动力的组成、教育健康水平等相关因子综合判定；制度有效性主要通过财政、税收和法律等有效性评定来体现；金融成熟度下设一个因子，为金融产业的深度和广度（经济学人智库评分得出）；国际事务集中度主要由总部集聚度和智库影响程度等因子综合判定；物质资本主要由交通、工程和通信基础设施的质量来综合评定；环境与自然风险通过灾害风险与管理水平两方面来判定；最后，社会与文化特质主要由人权、犯罪率和文化丰富度等因子综合判定。[14]

这一指标评价体系选取了全球 120 个城市，是从占全球 GDP 总量比例较高的城市中选取的，并结合了城市规模和区域经济重要性。"城市"定义为它所拥有的城市群或大都市区。选取的标准包括人口预计超过 100 万，名义 GDP 预计不低于 200 亿美元等。这 120 个城市大约有 7.5 亿人口，在 2008 年 GDP 总和为 20.2 万亿美元（按购买力平价衡量），约占全球 GDP 总量的 29%。

全球城市竞争力指数以 100 分为满分，按照综合得分及单项得分情况将城市降序排列。城市竞争力综合排名前 60 的城市中，中国香港与法国巴黎并列第 4，另外，中国台北、北京、上海、深圳也进入了这一榜单，但排名均不甚靠前。

**指标体系评价**

全球城市竞争力指数的指标体系中，经济金融的自身实力、国际化程度以及支持全球经济活动的城市软、硬性环境，例如社会文化特质、环境与自然风险等，共同组成了评价城市竞争力的主要因子与领域。这里也可以看出国际吸引力方面是重要的指标，全球城市竞争力指数重视企业、智力资本等要素的国际化程度，目前对经济外部效应不足的中国城市来说是一个较为明显的劣势。

全球城市竞争力指数考量的城市数目多，涵盖类型多样，并且指标体系的构建与数据来源都较为成熟、准确，可作为全球城市网络重构的重要依据。

## 全球城市实力指数

**指标体系概述**

全球城市实力指数根据世界主要城市的"吸引力"（磁力）或吸引人、资本和企业的综合能力对其进行评估和排名。它通过衡量 6 个领域——经济、研发、文化互动、宜居性、环境、交通——来提供多维度的排名，共形成 78 个指标和 26 个索引组。通过各领域得分，得到城市总得分与排名。

2020 年由于新型冠状病毒肺炎全球大流行，城市中工作与生活的方式受到了广泛的影响，全球城市实力指数因而跟进并对指标细节做出了调整。例如，在"工作场所选择的多样性"指标中，增添了"网速"这种影响因素，还增加了"空气质量""航班到发次数""出租车/自行车出行的便利性"等新指标。[15]

全球城市实力指数的另一种排名思路是基于对城市中 5 类人的调研，形成不同视角的排名。这 5 类人分别为：经营者、研究者、艺人、游客、生活者。在评价时，首先向这 5 类人征询他们认为全球城市应该具备的要素，在此基础上，从 78 个指标中跨领域提取与各要素对应的指标，从而计算出该类型的人对该城市的打分与排名。

2020 年的全球城市实力指数选取了 48 个有代表性的世界城市作为研究对象。在综合排名结果中，伦敦、纽约仍当仁不让地位居前 2，与全球化及世界城市网络排名类似；东京、巴黎、新加坡跟随其后，几个城市构成排名前 5。中国城市香港位列第 9，上海位列第 10，北京位列第 15，台北位列第 37。中国城市尽管入榜的不多，但上海、北京相比 2018 年的指标排名，取得了十分显著的位次上升。台北也首次进入排名中。[16]

**指标体系评价**

该指标体系通过统计、问卷、访谈等方式收集数据，所以得分在一定程度上受到被访问人群的主观影响。

从领域制定角度来看，可以发现全球城市实力指数注重城市综合实力和城市的连接性。涉及交通方面的要素包括城市对外交通（如国际航线直达城市数、航空旅客数、航班到发次数）、城市内部及综合交通（如站点密度、机场通行时间）、城市内部交通的便利性（如通勤时间、出租车 / 自行车出行的便利性）等，对城市交通各方面的考量较为理性和完善。

全球城市实力指数是国际最为知名的城市排名体系之一，在指标构架、因子选择方面对进行全球城市实力研究有一定的参考性，但要完善其评分数据库，需要进行大量的数据收集工作。

# 全球城市指数

**指标体系概述**

由科尔尼公司主导对城市进行排名的全球城市指数，围绕5个维度（商业活动、人力资本、信息交流、文化体验和政治参与）下的27项标准来衡量城市的综合表现。榜单就领先城市的国际布局、综合表现、发展水平等提供了专业的建议，便于对不同城市进行比较，了解各城市的核心优势和显著差异。13年来，全球城市指数报告不断完善，最初对来自40个国家的60个城市进行了综合排名，目前已扩展到全球6大地区（北美、拉美、欧洲、非洲、中东、亚太）的151个城市。[17]

2020年科尔尼公司在北京同时揭晓了全球最具竞争力的城市（《全球城市综合排名》）和全球最具发展潜力的城市（《全球城市潜力排名》）的名单。在全球最具竞争力的城市排名中，排名前4的依然是纽约、伦敦、巴黎和东京，北京超越香港，历史性地成为全球第5。独角兽企业的衡量指标，从过去的商业活动衡量GDP、贸易、专业服务业机构等，转变为考虑更多创新类的企业。而旧金山正是得益于大力推动创新创业的发展，综合排名上升9位，跃升至第13名。在全球最具发展潜力的城市排名中，重点关注的人均专利数量、城市私募投资的水平和孵化器的水平这3个指标，都与城市创新有极强的关系。其中，多伦多表现亮眼，排名上升9位，跃居至第2名，与其创新水平的大幅提升和治理的持续改善有很大关系。可见，创新是城市经济和社会发展不可或缺的动能之一，无论是从全球竞争加剧来看，还是从庞大的市场需求来看，创新已经成为很多区域和城市的共同选择。

**指标体系评价**

全球城市指数采用的指标也是多维度、综合性的。由于受信息交流、文化体验和政治参与这几个维度的影响，中国及亚太城市在榜单中的总排名一直不高。指标体系在对外连接方面有一定的侧重，例如商业活动下的《财富》世界500强企业、领先的全球服务企业、航空货运及海运指标，人力资本下的留学生数量、国际学校数量，政治参与下的国际组织指标。

全球城市指数在指标架构方面对重构全球城市网络具有一定的参考价值。

## 机遇之城与机遇之都

### 指标体系概述

机遇之城（针对中国城市）与机遇之都（针对全球城市）的指标体系是由中国发展研究基金会与普华永道联合发布的，包含10个维度：智力资本和创新，技术成熟度，区域重要城市，健康、安全和治安，交通和城市规划，可持续发展与自然环境，文化与居民生活，经济影响力，成本，宜商环境。其下各含若干项二级指标，总共57个变量。

2021年3月机遇之城指标体系采用普华永道城市评估工具对选定的城市进行观察，这个评估工具包括10个观察维度，涵盖经济发展、社会民生、城市基础设施、自然环境、人口、城市治理及城市影响力等多个层面。观察的城市从2014年的15个扩大到2021年的47个，包括：哈尔滨、长春、沈阳、大连、乌鲁木齐、兰州、西安、呼和浩特、太原、北京、天津、石家庄、唐山、保定、济南、青岛、郑州、南京、武汉、常州、无锡、苏州、上海、杭州、宁波、合肥、福州、厦门、长沙、南昌、广州、深圳、肇庆、佛山、江门、中山、东莞、惠州、珠海、成都、重庆、昆明、贵阳、南宁、海口、香港、澳门。城市观察得出的结果如下。北京、上海、广州、深圳依然是发展程度和综合实力较强的 4 个城市,并在各个观察维度都展现领先优势。紧随其后的杭州、南京、成都、武汉、香港表现相对稳定,位列前 10。苏州是 2019 年上榜的城市,此次首次进入前 10,发展势头强劲。在此维度基础上,长沙、南京、西安在智力资本和创新维度中进入前 5,杭州在经济影响力维度中与广州并列第 4,在技术成熟度和文化与居民生活维度中均位列第 5,重庆在区域重要城市维度中位列第 3,苏州在宜商环境维度中位列第 3,并且进入交通和城市规划维度中的前 5,宁波、珠海、南京在可持续发展与自然环境维度中进入前 5。首次纳入观察范围的粤港澳大湾区城市东莞亦有不俗表现,综合排名第 24。长沙、郑州综合排名分列第 11、第 12,成绩斐然。[18]

普华永道发布的针对全球城市的《机遇之都 7》调研报告在 10 个维度上与机遇之城指标体系保持一致,但总变量数增加至 67 个,多于针对中国城市的指标体系。机遇之城与机遇之都这两个指标体系存在一定差异:在智力资本和创新维度上,机遇之都减去了科技投入比例等指标,增加了创业环境、全球大学排名和高等教育人口占比等指标;在技术成熟度维度上,机遇之都选项更多,并注重学校、互联网等软件的网络效率;在区域重要城市维度上,机遇之都对航空连接度的重视高于机遇之城,在机场方面,评价了机场与市中心距离、全球排名前 100 的机场和机场连接度 3 项重要指标;在健康、安全和治安维度上,机遇之都减少了医疗设施、医护资源等通过硬件评估的选项,并增添了其他评估项,例如健康系统表现、政治环境;在交通和城市规划维度上,除轨道交通覆盖面、居民住房保障两项与机遇之城保持一致外,机遇之都的其他指标皆转化为更有国际针对性的指标,如有证出租车、通勤方便率等;在可持续发展与自然环境维度上,机遇之都的相关指标也多于机遇之城;在文化与居民生活维度上,除文化活力、生活质量等指标外,机遇之都增添了娱乐和景点、高龄人口舒适度、年轻城市指数等指标；在经济影响力维度上，两者的相似度较高；在成本维度上，机遇之都保持住宅价格指数指标，其他指标采用税收、租金可负担性等数据来评估；在宜商环境维度上，机遇之城倾向于评估资本市场参与度、外贸依存度这类指标，而机遇之都注重开放程度，例如所在国签证政策、该城市的外国大使馆或领事馆的数量。[19]

《机遇之都7》选取的城市数量达30个，散布在全球6大地区。在城市最新排名结果中，伦敦排名最高，在智力资本和创新、区域重要城市、经济影响力几个维度上也都位列第1。欧洲和北美的城市在榜单上占据优势。中国城市中仅香港排入了第一梯队，即前10名；北京排入中等梯队城市的第9名，主要受交通和城市规划、可持续发展与自然环境、成本、宜商环境维度的影响；上海仅位列第三梯队首位，影响因素与北京类似。

**指标体系评价**

机遇之城与机遇之都指标体系也是多维度评价体系，注重城市的综合与均衡发展能力。机遇之城的体系评价中，数据来源都较为刚性、统一，准确地反映了城市发展潜力。可以看到在长三角城市群表现出强实力的同时，中部、西部的重要城市也表现出良好的发展态势。

机遇之都体系中，我们较为关注的一线城市，如北京、上海的排名不占优势。因此，我们应思考的是，在中国一线城市的经济实力、研发与科技实力不弱的同时，应在哪些方面提升实力，巩固其在全球城市网络中的中心地位。正如唐子来和李粲在《迈向全球城市的战略思考》中提出的，在全球城市的综合影响力中，北京和上海的经济影响力较为突出，而其他影响力（如科技影响力、文化影响力、体制影响力）相对滞后。

总的来说，机遇之都指数是一个较为严谨的多维度全球城市排名体系。在数据来源、分项指标制定方面，对于机场影响下的全球城市网络重构具有可参照性。

## 全球城市的指标综述

前文所述的全球城市指标体系、排名体系，是我们选取因子、构建新评估系统的重要基础。全球城市竞争力项目、全球城市竞争力指数、全球城市实力指数和机遇之城与机遇之都等评价体系都是从城市的多个角度出发，衡量城市的实力、吸引力或发展潜力的，涉及经济产出、产业发展、智力创新、交通基础设施、对外连接与交流、生活成本、营商环境、公共制度、安全与健康、可持续发展、文化吸引力、人口等方面，城市选择方面，关注的多是区域中心型的大型城市。

汇总上述指标体系，我们发现以下特点。

第一，综合交通方面，对交通基础设施的覆盖和运营情况关注度较高。对交通的便捷程度和对外连接水平，部分体系给予充分重视。例如全球城市实力指数将国际空港通行时间、通勤/通学便利度等作为衡量因素，全球城市竞争力项目将一小时飞行圈覆盖的GDP和人口作为考量因子等。

第二，诸多指标对国际化程度的关注度都比较高，包括航线的国际连接度、跨国公司情况、会展业国际化程度、国际知名度、国际居住者和从业者、文化国际化程度、语言的国际化程度等。但是涉及这些国际化指标时，我国大城市在世界500强企业入驻数量、跨国公司数量上占优势，而在文化、居住者等国际性"软实力"上，与同规模全球城市相比有一定差距。

第三，对创新、教育和人才的重视程度高。例如对研发水平的评估、创新应用、专利申请、高校指数、专业人才数、科学技术奖获奖人数等，全球城市实力指数专门列出了研究者数和研究人员的研究意愿等非常具有人才倾向性的指标。

第四，对城市软环境的重视度高。例如将工作场所充实度（全球城市实力指数）、政府效率（全球城市竞争力指数）、养老服务（机遇之城）、交通拥堵状况（机遇之城）、文化设施数量（全球城市实力指数）等列入评价指标，并考量了若干与城市安全、城市清洁和可持续发展相关的因素。这一类指标是本书构建的指标体系中尚未纳入的，也是未来需要重点研究完善的。

第五，各指标体系中部分体系重视信息通信的覆盖面，如全球城市竞争力项目列出了千人移动电话数、千人互联网用户数两个与生活密切相关的通信设施指标。但随着信息和互联网的进一步普及，如5G应用、智慧城市等距离我们的生活越来越近，也许会对提升城市竞争力起到更重要的作用。

本书在构建全球航空都市评级指数、选取指标时，对现有全球城市体系与指标进行了提炼和汇总，尤其提取了与效率、连接度和国际化程度相关的因子，初步构成评价指标的主要类目。下一节将把重点聚焦在与临空经济相关的理论上，将机场影响下的主要城市发展要素进一步整合进来。

## 机场与航空产业是全球经济与城市发展的重要动力因子

### 航空产业是构建全球经济产业的桥梁，是城市发展的重要动力

全球经济形势变化多端，但是航空产业发展迅猛。在全球化时代，机场在全球高价值物流与人流的快速运输中发挥着重要作用，随着企业国际化程度日益增高，远距离、高频次、高价值、高效率的物流与人流需求不断提升。从历史数据来看，航空运输的规模每

15 年就会翻一番，其增长速度超过了大多数行业。有数据显示，2018 年全球的航空客运总量达到 43 亿人次，收入乘客里程突破 8.3 万亿公里，总货运量达到 5 800 万吨，即每天有超过 10 万次航班运送 1 200 万名乘客和价值约 180 亿美元的货物前往世界各地。[20]

航空基础设施与航线网络日益完善。航空运输网络是不断发展的，目前它由 1 300 多条定期航线、超过 31 717 架飞机、3 759 个机场和 170 个空中航行服务提供商组成，无缝连接世界各地的产业。

航空领域已然成为影响全球经济的重要因子。航空运输使全球进入速度经济的新时代，有助于产业内垂直分工与产业的全球化布局，是跨国公司进行商务和货运往来的首选。根据航空运输行动组织（ATAG）的数据，航空产业带来的经济贡献（包含直接、间接、催化等方式）达到 3.5 万亿美元，创造超过 6 550 万个具有薪资优势、与航空业直接或间接相关的工作岗位，相当于英国的经济总量和人口总和。[21] 以与航空直接相关的旅游业为例，当前，每年约有 14 亿出境游客，其中一半以上是乘坐飞机前往目的地的。2016 年，航空业为旅游业提供了近 3 700 万个就业机会，每年为全球 GDP 贡献约 8 970 亿美元。根据预测，未来 20 年，航空交通流量还将增加一倍以上，依托航空发展的产业也将齐头并进，形成航空连通性提升与促进地方发展的良性循环。

机场对区域及城市的发展起着越来越重要的作用。特别是亚太地区，在过去的几十年中创造了非凡的成长神话。亚太地区对航空服务自由化做出的政治承诺，有助于增加区域和国内的联系并增强区域内的贸易。亚太地区的人口和中产阶级的增加也将刺激航空旅行需求。亚太地区成为 2018 年全球航空影响发展程度最高的地区，航空产业催生了 3 020 万个工作岗位，占全球的近五成，创造了 6 840 亿美元的 GDP，占全球的 1/4。

机场对城市的影响自 60 年前就引起关注。从 20 世纪 60 年代开始，基于当时相对完善的航空基础设施和运作体系，欧洲、北美、日本与韩国等国家和地区逐步开始展开针对机场及其周边区域的研究，机场及其周边区域开发与建设的实践经验为临空经济相关研究提供了实证案例，以航空枢纽为中心的城市建设受到广泛关注。[22] 中国航空业发展迅猛，机场对城市的影响显著，自 2004 年机场属地化改革之后，我国临空经济进入发展期。

## 从"航空城"和"空港经济"到"航空都市"：航空对城市发展产生的深远影响

交通工具的变革、技术的进步和全球经济环境的变化对城市与人类活动的发展影响深远。航空运输成为带动经济与城市发展的重要力量。1991 年，卡萨达博士提出"第五波理论"，他认为，第一个冲击波是由海运引起的，主要表现为在一些海港周围出现世界级大型商业中心城市；第二个冲击波是由天然运河引起的，水运成为欧洲、美国工业革命的推动力量；第三个冲击波是由铁路引起的，一些内陆城市（如美国亚特兰大）成为内地商品生产、交易、配送中心；第四个冲击波是由公路引起的，发达国家的大型购物商城、商业中心、工业园区、企业总部开始远离城市中心，汽车与公路解决了居住、上班与购物分离的问题；第五个冲击波是由航空运输引起的，主要是在经济全球化背景下，航空运输适应了国际贸易距离长、空间范围广、时效要求高等要求，成为经济发展的驱动力，是现代化国际经济中心城市迅速崛起的重要依托。

ATAG 发布的近期数据和对未来的预测也再一次证明了第五波理论中的现象。航空产业在 2019 年带来的经济贡献为 3.5 万亿美元，占到全球经济总量的 4.1%。新冠肺炎疫情造成了这一数据的下降，预计到 2024 年前后能够恢复到疫情之前的水平。

全球多个城市也逐渐成为航空积极影响城市发展的典范，例如阿姆斯特丹、巴黎、法兰克福、华盛顿、东京、首尔等。在阿姆斯特丹，史基浦机场成为荷兰国家发展战略中经济增长的引擎，阿姆斯特丹都市区受到机场发展的影响，都市区整体参与临空经济的发展建设。阿姆斯特丹都市区与航空都市的范围是高度重合的，它在机场的影响下建设了多个不同类型的临空发展地区。在全球范围内，"一市两场""一市多场""区域多机场"的现象越来越普遍，巴黎大区正是这种多机场系统趋势中最富有特色的地区之一，该区域内的三个主要机场的功能定位各有差异，在运行过程中协同互补，共同支撑了巴黎大区的经济社会发展。作为"枢纽经济"的重要形式，巴黎大区的临空经济在强化机场区域国际竞争力、促进航空运输产业与区域产业发展融合、带动当地经济进一步发展中发挥了重要的作用。

弗赖德埃姆和汉松[23]、拜尔斯和伊德[24]、卡瓦纳[25]等通过对阿姆斯特丹、新加坡、中国香港、科克等地的机场及其所在区域的案例进行分析，指出大型现代化机场的建设对区域经济与社会发展起着强有力的支持作用。其他国外研究表明，航空客货运量和区域经济、就业之间存在一定关系，航空客货运输将持续作为城市区域经济发展的重要因素，[26]机场运营不仅可以改善本地区与其他地区的经济联系，[27]其优质的航空服务还对城市经济产生了积极影响。[28]吉列尔梅对新加坡樟宜机场和阿联酋迪拜国际机场的研究表明，机场、民航公司和政府的制度创新共同推动了城市旅游业与空港经济的良性互动，使两个城市成为国际著名旅游目的地。[29]

航空运输业进入民用航空时代以来，学者不断地探索机场与城市的相处形式。在民用航空的发展初期，设计师们建议在周边增加服务乘客的娱乐设施与物流功能等。1914年，第一次商业飞行开启了全球民用航空的新时代，机场设计师们一直希望机场与周边城市的发展相融合，希望机场成为周边地区发展的契机。20世纪20年代，欧洲建筑师建议将机场与现有建筑类型相结合，如游乐园、展览厅和火车站。法国著名的建筑师、城市规划师勒·柯布西耶提议在机场周围建造整个新城市。同一时期，美国规划师约翰·诺伦建议在机场附近开发卫星城镇，以便为物流业提供服务。部分美国设计师认为，机场应该与未来主义的新建筑类型，如超市、摩天大楼和停车场等合并。[30]

基于机场对城市的影响，逐步形成了一系列空港经济、临空经济的概念，机场的影响范围不再局限于机场区域内部，而是拓展到空港经济甚至航空都市的范畴。现在被临空经济领域普遍接受的"航空都市"概念，是卡萨达博士对全球空港案例进行实际考察后提出的，但这并不是该词语第一次被提出。"航空都市"最初由纽约商业艺术家尼古拉斯·德桑蒂斯在1939年11月出版的《大众科学》杂志上提出，他在描述纽约摩天大楼楼顶停机坪时用到了这个词，但是当时的含义和现在的航空都市概念没有太大关系。[31]

1956年，美国航空专家麦金利·康威发表《飞行概念》一文，提出了空港经济和空港综合体的概念。他认为空港综合体即以机场为核心，集航空运输、物流、购物、休闲及工业开发等多项功能为一体的大型机场综合体，并提出未来空港经济的发展将对产业区设计以及城市和大都市区的规划产生深远影响。他规划了许多北美飞行社区，最著名的是在佛罗里达州代托纳附近开发的云杉溪小镇，这个小镇现在仍然是世界上最具代表性的飞行社区。1970年，他在佛罗里达州肯尼迪角举办了首次全国飞行发展研讨会。随着航空技术的进一步推进，以及机场周边产业的发展，麦金利·康威在1970年出版的《航空城》（*The Airport City*）一书中初步阐述了航空城的概念与发展理念。1993年，康威在著作《航空城21：21世纪新的全球运输中心》（*Airport Cities 21: The New Global Transport Centers of* the 21st Century）中，首次明确定义了航空城这一概念：围绕国际机场这一中心，引进诱发型、关联型、依赖型产业，以航运服务作为其重要经济支柱进行整体规划的发展区，即综合了商业、生产制造、国际交流、休闲购物、居住等多功能的共同发展圈。在该书中，康威对航空城的发展理念进行了归纳，他将航空城分为5个级别，并总结了各个级别的特征。

卡萨达博士提出"航空都市"模型并成为主流临空经济概念，临空型产业区域布局开始体现出高度的时空相关性。20世纪90年代，卡萨达参与规划和推广"全球运输园区"和"全球运输园区城市"等开发项目，进一步研究交通对城市发展的影响，并将"航空都市"作为最主要的临空开发概念进行阐述。在第五波理论的基础上，卡萨达创立航空都市模型的概念，将"航空都市"这个名词的意义进行延伸。他表示，航空都市的基础设施建设、土地使用和经济发展都以一座大型机场为核心。向外延伸约25公里（根据城市特征呈现不同的空间特性），以机场为核心的发展区域吸引着相关企业在机场周边聚集。航空都市的首要价值是加速了企业在全国乃至全球范围内与供应商、消费者和企业合作伙伴的联系与交流，最终提高企业和区域经济的效率。落户在航空都市区域内的企业，多为现代高科技产业或高附加值的服务业——这些企业比那些位于市区的企业更依赖远程的供应商和客户。

航空都市模型将机场对城市的影响在空间中进行落位，以下辨析一些相关概念的语义。航空城是大型机场的"围栏内"区域，即机场范围红线内的区域，包括机场（航站楼、停机坪和跑道）和机场内的商业，如航空货运、物流、办公室、零售商店和酒店。而航空都市与之不同，它不存在固定边界。卡萨达强调，在速度经济时代，不是距离而是速度决定了区域的临空优势的，因此在具有不同交通特征的城市中，航空都市的空间形态也各有不同。

与此同时，剑桥系统研究所开始对北美、欧洲、日本的多个机场周边开发区域进行调研，建立了经济影响预测和空港地区土地开发规划模型体系，阐述了新建或扩建机场对地区发展的经济影响和规划构架，将临空区域划分为空港区、邻空港区、空港交通走廊沿线可达地区、都市区内其他区位这4类空间。[32]

结合中国国情，国内学者在国外研究的基础上相继提出"空港经济区""临空经济区""空港都市区"等概念。刘武君将机场地区的综合开发分为3个不同的地域概念，即机场地区、机场近邻地区、机场外围地区，并总结出机场综合开发的9大类功能设施，在3个空间层次对应9类功能设施。[33] 文中的"临空经济区"概念由曹允春翻译和定义，他将其解释为航空运输的巨大效益促使航空港周围生产、技术、资本、贸易、人口集聚，形成具备多种功能的经济区域。[34] 除此之外，金忠民[35]、王旭[36]等人也对航空城和航空都市等概念进行了阐述，本质上与卡萨达提出的航空都市的概念相似。

如前所述，几十年来国内外研究都明确了机场对城市发展的重要作用，并将其总结为临空经济的各项概念，其中"航空都市"和"临空经济区"是最为广泛接受的概念和最为认可的临空经济在城市空间中发展的形式。目前全球多个城市都在积极利用机场对城市发展的促进作用，提高城市竞争力。在中国，已批复包括郑州、青岛、成都、重庆、北京、上海等主要城市的机场及周边片区在内的17个国家级临空经济示范区，机场对城市发展的影响在新的时期变得更加具象且具有实践性。

## 机场及航空经济对城市的主要影响方式

国际研究成果表明，机场所在区域的发展受多种因素的影响。包括机场能级与市场、区域交通、腹地经济基础、腹地产业结构与商业吸引力、人居与社会服务条件、城市开放型经济基础等。

卡萨达认为,交通运输方式的改变引发了新型经济区位选择的改变,主要枢纽机场正在引发经济活动的空间集聚。[37]剑桥系统研究所的研究指出,机场市场定位、区域经济交通运输可达性和城市土地开发模式等影响了机场近邻地区土地开发规模和特征,该研究所创建机场经济发展模型,以用于评估机场所在区域的商业吸引力及经济潜力,预测扩建机场设施的未来商业吸引力、土地潜在价值以及效益成本分析,比较机场设施投资可能产生的未来收入。奥马尔进一步细化了要素研究,[38]提出航空城的发展主要依赖以下要素:机场核心区及其未来承载量、周围环境的相互关系(包括城市控制力和产业进入难度)、陆路交通运输网的特点、多模式节点机场所在区域富裕程度和经济福利水平。莫里森认为,除交通可达性外,土地成本和地方政府对房地产投机行为的反应也是航空都市的重要影响要素。[39]

其中,剑桥系统研究所创建的机场经济发展模型的主要指标为:机场区和大都市区的经济特征(如人口、就业情况、国内生产总值、就业率、人口增长率以及空置率等),航空服务功能特征(如国内、国际和洲际服务,包括每日航班数量、服务城市数量、客运量和货运量等),其他机场功能(如通勤、包机、军事、救济等),机场区土地特征(如区域高速公路入口、区域铁路连接、附近商业空间的范围、土地控制、优质办公中心可达性等),城市与大都市市场定位(如城市评级、会议中心的水平与数量、旅游吸引力、贸易/分销中心的水平与数量、金融和服务中心的水平与数量、高科技专业化集中程度、通信/传送中心的水平与数量、航空航天专业化程度、区域或国家企业办公中心的水平与数量、低成本经营场所,以及高管的生活水平)等。输出的结论是:按地点的就业情况,包括在机场、机场附近、机场近郊、大都市区其他地区;按标准工业分类(32类)的机场及其周边的就业情况；直接、间接和引导影响的总就业情况；地区和地方的总收入、净收入和增加值；工业、仓库、办公室、餐厅、零售、酒店和运输活动的总建筑面积和净建筑面积需求等。

肖汉在2019年对临空经济相关文献进行总结后，归纳出更有效发展航空都市的11项内容。第一，连接度。航空都市与其他机场、城市和节点连接的数量和频次越多样化、越密集，便意味着连接度越高，航空都市模型将越有效。第二，智慧基础设施。高科技、设计精密的基础设施将提高航空都市的效率，减少复杂系统操作配合的时间成本，提升对即时价值产业与服务的吸引力，拓展服务功能。第三，特殊监管区或经济政策区。综合保税区、自由贸易区等相关政策的激励措施和通关便利服务将提升航空都市的国际资源吸引力。第四，电子商务与分拨。鉴于互联网通信带动了电子商务的发展，应优先考虑电子商务和分销，以便可以快速响应客户的订单。第五，弹性技术。涉及快速而可靠的信息技术咨询流程，这是经济活动的基本来源，与组装、维修和运输工业产品息息相关。第六，多式联运货运枢纽。将航空、铁路、公路和水路（如果有）全面整合在一起的系统，可减少货物装卸的次数，提高安全性，减少货物的损坏和损失，提高运输效率。第七，商务办公园区和走廊。机场给商务活动提供了便利，容易形成全球高管和专业人士的集聚，商务办公区域与机场的距离和使用效率十分关键。第八，展览与会议中心。它是交流知识、经验、商业资源的最佳场所。第九，酒店、娱乐和零售集聚区。服务设施使航空都市真正成为一个宜居城市，既考虑本地需求，也考虑游客需求，在为城市创造更多就业机会的同时提供匹配的服务。第十，医疗与健康产业集群。为航空都市提供关键的增值服务，同时为医疗旅游等新兴产业提供机遇。第十一，居住区域。在任何城市项目中，混合用途住宅区的价值都是毋庸置疑的。除了是有价值和可货币化的有形资产外，混合用途住宅区还是服务和安置航空都市居民的主要场所。开发高质量的居住区本身就是一门艺术，也是鼓励公众长期与航空都市互动的关键，因此必须包括便捷的交通等一系列城市便利设施和邻里感等因素。

对上述 11 项进行总结，可以将影响航空都市发展的因素归纳为多个方面，包括：机场能级与航空服务（连接度、智慧基础设施），城市综合交通（多式联运货运枢纽），腹地经济产业基础与成本（商务办公园区和走廊、展览与会议中心、弹性技术），人居和社会水平（酒店、娱乐和零售集聚区、医疗与健康产业集群、居住区域），城市开放度（特殊监管区或经济政策区、电子商务与分拨）等。

国内外对机场与航空影响的研究，经总结可以归纳为直接影响、间接影响、促使影响、催化影响 4 个层次。直接影响是指产品所需要的必要活动，包括航空公司运营、交通客货运与餐饮购物等空侧、陆侧必要的机场服务；间接影响是指航食、商务和旅游等辅助服务；促使影响是指直接或间接的产业从业人员，以及旅客和货品所需的支持服务等；催化影响是指机场与其他经济部门的合作方式，比如产业选址和商业投资决策、跨境贸易等，此外，研究者都比较重视电子商务的重要角色。以上几个层次较为全面地涵盖了机场影响的行业范围。

航空行业高层小组是在国际民用航空组织秘书长的一项倡议下建立的，汇集了航空产业核心的 4 个组织，分别是国际机场理事会、民用航空导航服务组织、国际航空运输协会和航空航天工业协会国际协调理事会。航空行业高层小组于 2019 年出版了《航空积极影响报告》，该报告将航空产业对经济发展的影响分为直接影响、间接影响、促使影响、催化影响这 4 个层次。

同时，航空行业高层小组强调了电子商务在近年来的重要作用。随着电子商务产业的全球覆盖与发展，拓展了航空货品类型，培养了新的企业运营和全球消费者习惯，对相关产业的发展方式影响巨大。电子商务产业使航空运输产品的类型，由高价值电子产品、易腐产品、冷链医药等具有时间敏感性和运输高要求特征的产品类型，拓展到所有跨境电商热卖的产品类型，消费者不再只对易腐生鲜产品要求当日达和次日达，他们对所有网购货品的收货时间都有了更高的要求和期待。这使企业不得不采用更快、更安全的运输方式，在涉及跨境商品时，海关与特殊政策的作用也至关重要。电子商务的积极发展反过来对航空运输需求产生重大影响，因为电子商务的效率从根本上取决于航空运输的速度，航空运输帮助制造商和零售商连接到世界各大城市和地区。目前，约有90%的B2C（商对客电子商务模式）包裹是通过航空运输的。2010—2018年，预订国际邮件吨公里（Mail Tonne Kilometres, MTK）的电子商务份额从16%增加到88%，预计到2025年将增长到96%。

除了经济影响之外，航空产业还带来了显著的社会效益，主要体现在以下几个方面：卫生与人道主义援助水平提升，教育机会增多，人才与企业全球联通，基本服务有保障，生活质量提升。

2015年，国际机场协会欧洲分会发布了关于欧洲机场对经济影响的研究，[40]也认为机场对经济有直接、间接、促使和催化4个层次的影响。欧洲机场共创造1 230万个就业机会和每年6 750亿欧元的GDP，占欧元区GDP的4.1%。国际机场协会欧洲分会认为，一个国家的对外连接能力每增加10%，人均GDP就会提高0.5%。

国内学者结合中国航空和临空发展环境，在国外研究的基础上，认为临空经济是机场及其所处的经济环境共同作用的结果。孙波[41]、祝平衡[42]等人认为，机场能级与机场业务规模、机场周边城市及经济腹地对临空经济的发展有很大的影响。孙波认为，机场周边提供税收和就业机会的企业集聚是基础要素。祝平衡认为，大型枢纽机场、综合交通运输体系、临空产业群、繁荣的城市经济以及宽广的经济腹地、大都市区多中心发展、政府开发是关键发展要素。与美国机场呈现的临空经济区模式不同，金忠民认为依托的机场必须是国际枢纽机场，机场所在城市必须是国际化大都市，并且具有强综合实力和经济辐射力。对于城市的能级，孟菲斯等城市规模较小，但航空都市模型的实施效果较好，这使临空性与城市能级成为一个需要考虑区域情况的课题。曹允春认为，推动临空经济发展包含基础、内生、外源3个动力，其中机场驱动力始终贯穿其中，而分工互补、降低交易费用、知识共享、外部经济、规模经济等构成的内生动力，政府行为、竞争环境构成的外源动力，在不同时段与机场驱动力相结合，推动临空经济发展。[43]

有关机场对城市发展影响的评价，国内研究认为影响因子主要包括机场的枢纽特性、腹地资源与发展水平。其中，刘雪妮认为航空政策开放、航空运输业技术进步、对外贸易增长、腹地区域经济发展等是临空经济发展的外部条件，同时，竞争模式、航空客流量、地区经济规模也具有较强带动作用，但是航空货运对流量经济影响不显著。[44]关于货运影响，张有恒持不同意见，他通过对货运与中国台湾经济增长之间的关系进行研究后发现，较之经济增长对货运的带动作用，货运更为显著地推动了经济增长。沈丹阳、曹允春认为，判断临空经济发展情况的要素主要有机场、腹地资源、结构3个方面，并提出一级指标（3个）、二级指标（9个）、三级指标（18个）的临空经济区经济效益指标体系。[45]刘莉利用层次分析法确定指标权重，从临空经济区支撑条件、临空经济区发展水平、临空经济区辐射作用、临空经济区发展环境4个方面进行分析，找到临空经济区发展的优势和劣势。[46]

综合国内研究成果，机场枢纽特性（能级、客货运规模）、综合交通运输体系、机场周边城市经济实力或综合实力、机场腹地因素（资源、经济辐射能力）、产业集群、外源动力（政府行为、竞争环境、对外贸易等）等是影响城市经济发展的主要因素。机场与航空的效应贯彻其中。

综上所述，交通方式的变革是城市发展的重要影响因素，机场与航空运输作为第五个冲击波，成为经济全球化的连接桥梁和驱动力，以及城市经济产业发展、就业提升、区域间贸易的重要推动力，也是现代化国际经济中心城市迅速崛起的重要依托。结合评价全球城市竞争力的主要指标与因子，总结国内外对于机场驱动力和临空经济的研究，初步提取出本书研究的机场影响下全球城市的五大核心维度是：机场运营规模、城市综合交通与对外连接、城市经济产业水平、人居和社会水平、开放型经济基础。

全球的主要城市，特别是亚太地区的城市在第五个冲击波的影响下，需要紧握发展机遇，提升上述主要临空经济的影响，将机场和航空产业的发展与城市的发展相融合，提升城市的总体竞争力，在21世纪保持可持续性高速发展。

## 基于机场影响的全球城市竞争力评估指标：GARI

从临空经济的影响来看，目前国际上围绕多个世界级航空枢纽都已形成或正在发展航空都市，一些非枢纽机场周边也形成航空城、相关产业集聚区或园区，临空经济效应显著。卡萨达认为，真正的航空都市不仅仅是空间定义，而且通常不易于观察。它由公司和频繁的航空旅行者组成，该类人群与行业广泛分布在大都市或城市集群中。[47]因此，在界定机场对城市的影响范围时，我们也倾向于突破园区航空城和临空经济区的概念，考察更为广泛的都市区。正如阿姆斯特丹机场地区委员会将机场的影响范围拓展到都市区范围，并在阿姆斯特丹都市区范围进行营销与国际公司招商。孟菲斯也成立了机场城市联盟，负责孟菲斯都市范围内一系列临空经济相关的规划项目、产业升级和金融政策支持，并与孟菲斯市、谢尔比县和社区重建机构形成合作。

国内外相关研究佐证，机场运营和辐射特性是临空经济的核心驱动力。除了机场客货运能级带来的枢纽特性之外，枢纽机场的腹地资源也是临空经济和城市发展的主要驱动条件之一。美国经济学家小艾尔弗雷德·钱德勒在其著作《看得见的手：美国企业的管理革命》中提出速度经济概念。[48]现代化的大规模生产与分配，其经济性主要来自速度，而非规模。速度经济是因迅速满足市场需求而带来超额利润的经济。临空发展得益于机场的速度优势，拉近了区域之间的距离，正如曹允春提出的，机场周边地区形成的临空经济是速度经济与航空运输互动的产物。机场客货运运营能力对机场或航空城（主要指机场围网范围以内）产生直接影响和间接影响。客运运营方面，除了航空公司和机场在客运服务、飞机维修养护方面的直接收入外，毫无疑问，大量的乘客能够拉动机场的服务业水平，例如餐饮、购物、旅游服务等。货运运营方面，由于机场是全球价值链中最突出的国际物流节点，所以也成为货品和交通转运的支持服务中心。除此之外还有前文提到的促使影响与催化影响，例如，支持客运及衍生的经济部门合作的零售业、大型商业、酒店、会议会展经济、自由贸易区等业态，支持货运及衍生部门与相关部门的多种物流、包装、流通加工、相关制造、总部经济、运输服务、依托机场口岸建立的保税功能等，依托以上业态可以产生一系列生活与生产服务业。因此，机场运营规模的相关指标可以从运营规模和机场腹地辐射能力两方面选取，选取的指标包括航空客运总量、航空货运总量、飞机起降架次、国内航线数量、国际航线数量、旅客吞吐量年均增长率、货邮吞吐量年均增长率、国际航线直达城市数量、出入境旅客数量、出入境旅客份额、一小时飞行圈覆盖人口、一小时飞行圈覆盖GDP。

机场与其他运输部门、城市功能区的联运效率是航空都市区发展的基础。卡萨达博士十分重视地面交通的效率、服务水平，提出了"即时价值"的概念，他认为客货运的总运输时间十分重要。在航空都市模型中，交通连接的时间和成本取代了空间与距离的概念，从而形成了航空都市规划的"骨架"。精心设计的航空都市可以起到"城市管道"的作用，减少空间和时间成本摩擦，同时提升企业与区域间合作的效率。[49]航线、多式交通的连接效率是航空都市核心三要素——速度、敏捷度和连接性——中体现"速度"核心竞争力的部分。因此，首先，我们将机场在城市中的连接度作为城市综合交通部分的核心评价指标，包含空港通行便捷度和空铁衔接便捷度两项；其次，城市运输规模是反映城市交通完善程度的合理指标，由于海运的吨位规模往往大出航运几个数量级，也不具备速度属性，所以在运输规模中选取铁路货运量、公路货运量、铁路客运量、公路客运量四项指标；最后，结合全球城市指标，选取若干指标反映城市综合交通基础设施的建设水平与服务水平，包含公路密度、轨道交通密度、人均道路面积/（全球100城）公共交通服务效率、城市交通基础设施投入。

　　城市经济产业的发展水平，一方面是衡量全球城市发展不可或缺的指标，另一方面是与机场有较强正相关关系的城市核心发展因素。根据国内外学者的研究，城市经济中对临空经济影响较大的要素包括地区经济规模、经济结构和对外贸易情况等，对航空都市发展影响较大的要素包括航空航天专业化程度、高科技专业化集中程度、商务及会展经济情况、机场引导的就业情况等。航空的即时价值产业效应吸引了多种优势产业及行业布局。卡萨达认为，航空的速度与敏捷性使多种生产部门选择在与空港连接便利的区位进行布局，而且这类行业的货物通常需要长途运输，最典型的时间敏感型货品包括行业供应链中的高价值货品、易腐烂产品（如鲜切花、海鲜、生物疫苗等）、温度控制产品（如新鲜水果、活鲜等）、飞机维修运营所需的高级机械零部件等。以航空物流为基础，带动了大量相关物流供应商、即时价值产品制造商以及电子商务，由此推动商业、商务服务及人流往来，高效的客运也带来了相关专业人员、高管人员的技术培训设施。卡萨达的调查发现，即时价值型的行业的产品到达机场的时间一般在 30 分钟以内，更多的是布局在距离机场 15 分钟以内。由此，结合全球城市指标，我们将经济的对外开放程度、总部经济水平、人才与就业水平也作为衡量发展机遇的重要评价因子。在城市经济产业水平维度下，选取的指标包括：城市 GDP、人均 GDP、城市 GDP 增长率、第三产业比重、R&D（研究与试验发展）投入与生产总值比、外贸依存度、实际利用外资占全部固定资产投资的比重 /（全球 100 城）FDI（外国直接投资）、世界 500 强企业入驻数量、城市就业人数 /（全球 100 城）失业率、高层次人才。

  机场的促使影响和催化影响带动了更多人口就业，并带动了国际交流与更多产业部门的合作，从而对人居环境与社会产生影响。机场首先作为人流和物流的集散中心，必然带来信息量的增加。王晓川提出，信息量的增大必然与物流量、商务机会的增加同步，同时也必然带来机场所在地区和城市的文化艺术水平的提高，提升城市形象。[50] 另外，支撑机场周边及城市产业发展和就业人群生活的各类文化、娱乐、服务、配套环境、信息网络以及城市公园等软环境，可以受到正向引导与提升，进而吸引更多投资。卡萨达也认为航空都市必须精心设计，具备吸引人的环境、优秀的社会领域和经济可持续性。前文提到，除了经济影响之外，航空产业还带来显著的社会效益，这主要体现在卫生与人道主义援助水平提升、教育机会增多、人才与企业全球联通、基本服务有保障、生活质量提升等方面。因此，结合全球城市相关指标，提取出若干适用于航空都市发展的评价指标：人均可支配收入 /（全球 100 城）家庭收入中位数、外籍常住人口比重、人均三星级以上酒店数量、会展经济发展情况、国际文化活动次数。以上指标选取偏重国际化因子，也从侧面反映了大都市区的人居水平。

全球化影响下，国际机场易于产生开放型经济政策区域，从而对区域发展起到整体拉动作用。郑州新郑综合保税区就是借助新郑国际机场与富士康厂区的双重驱动力量，实现了对外贸易、口岸经济的腾飞的。2018—2020年，郑州新郑综合保税区的进出口总值一直位居全国综合保税区第2，目前在原有保税加工和仓储物流功能基础上，还开展飞机租赁、检测维修、商品展示交易等业务，累计复制推广自贸区监管创新制度达35项。郑州新郑综合保税区2018年进出口总值为3 415.4亿元，实现七连增，占全郑州市外贸进出口值的83.2%，占全河南省外贸进出口总值的62%，对区域开放型经济的贡献极大，被海关总署称为"小区推动大省的典范"。我国正在进行开放型经济道路探索、具有临空经济发展基础的地区，往往吸引着自由贸易区等特殊政策的倾斜。例如上海浦东机场综合保税区纳入上海自由贸易试验区（浦东国际机场也在2010年就完成了上海口岸进出口额的1/3），成为上海临空服务业的先导区，陆家嘴金融区、金桥经济技术开发区等皆得益于与机场有良好的衔接。上海自由贸易试验区成立至今仍致力创新政府管理和优化监管制度，以"负面清单""国际贸易结算中心"等方式优化国际营商环境。天津自由贸易试验区以国际空港和国际海港为重点，发挥海空联动作用，强化在国际旅游、国际物流、金融领域、电子口岸等方面的开放创新。2019年投入运营的北京大兴国际机场也带动河北自由贸易试验区政策落点周边，河北自贸区的大兴机场片区将重点发展航空物流、航空科技、融资租赁等产业。国外空港自贸区的发展和规划多早于我国。爱尔兰香农自由贸易区是在1960年围绕香农机场开发的，是世界上最早以从事出口加工为主的自由贸易区。[51] 韩国在开发仁川国际机场航空都市时，也将仁川市的松岛、永宗和青萝指定为自由经济区，并设置自由经济区专门行政机构，对境外投资、高新技术产业和服务产业都给予了政策优惠。在国内外也有多种类型、发展情况不一的特殊监管区，例如中国的自由贸易区、综合保税区。美国的对外贸易区等，往往具有封关保税等功能。因此，特殊监管区的发展规模、产业特色和运营管理的情况极大地影响着所在区域及城市，政府的服务水平、海关的效率和信息化程度也是开放经济发展的关键。目前的"海关通关一体化"改革、互联网应用等是我国建成"单一窗口"，在全国实现覆盖的一项重要措施。因此，根据数据收集渠道和可量化情况，选取城市进出口额、特殊监管区发展情况和政府效能这3个可以概括开放型经济发展潜力的指标项。

城市竞争力反映的是城市的综合能力，测评与衡量城市竞争力需要立足城市发展全局，遵循全面性和系统性、层次性和科学性、有效性和可比性等原则，构建一个结构完整、层次清晰、科学合理、可比性强的评价指标体系非常重要。最终本书构建的基于机场影响下的全球城市评价体系命名为"全球航空都市评级指数"，包括机场运营规模、城市综合交通与对外连接、城市经济产业水平、人居和社会水平、开放型经济基础5个维度，以及11个要素层二级指标和40个细分三级指标（见表1-1）。

表1-1　全球航空都市评级指数

| 维度 | 要素层 | 指标层 |
| --- | --- | --- |
| A 机场运营规模 | A1 运营规模 | A1.1 航空客运总量（人），A1.2 航空货运总量（吨），A1.3 飞机起降架次（架次），A1.4 国内航线数量（条），A1.5 国际航线数量（条），A1.6 旅客吞吐量年均增长率（%），A1.7 货邮吞吐量年均增长率（%） |
| | A2 对外连接 | A2.1 国际航线直达城市数量（个），A2.2 出入境旅客数量（人），A2.3 出入境旅客份额（%），A2.4 一小时飞行圈覆盖人口（万人），A2.5 一小时飞行圈覆盖GDP（亿元） |

(续表)

| 维度 | 要素层 | 指标层 |
| --- | --- | --- |
| B 城市综合交通与对外连接 | B1 城市与机场连接度 | B1.1 空港通行便捷度（评分），B1.2 空铁衔接便捷度（评分） |
|  | B2 运输规模 | B2.1 铁路货运量（万吨），B2.2 公路货运量（万吨），B2.3 铁路客运量（万人），B2.4 公路客运量（万人） |
|  | B3 交通基础设施 | B3.1 公路密度（公里/平方公里），B3.2 轨道交通密度（公里/平方公里），B3.3 人均道路面积（平方公里/万人）/（全球100城）公共交通服务效率（评分），B3.4 城市交通基础设施投入（亿元） |
| C 城市经济产业水平 | C1 经济规模 | C1.1 城市 GDP（亿元），C1.2 人均 GDP（元），C1.3 城市 GDP 增长率（%） |
|  | C2 经济结构 | C2.1 第三产业比重（%），C2.2 R&D 投入与生产总值比（%），C2.3 外贸依存度（%），C2.4 实际利用外资占全部固定资产投资的比重（%）/（全球100城）FDI，C2.5 世界500强企业入驻数量（个） |
|  | C3 人才与就业水平 | C3.1 城市就业人数（人）/（全球100城）失业率，C3.2 高层次人才（评分） |
| D 人居和社会水平 | D1 人居水平 | D1.1 人均可支配收入（元）/（全球100城）家庭收入中位数（美元），D1.2 外籍常住人口比重（%） |
|  | D2 社会文化水平 | D2.1 人均三星级以上酒店数量，D2.2 会展经济发展情况（评分），D2.3 国际文化活动次数（次） |
| E 开放型经济基础 | E1 开放型经济基础 | E1.1 城市进出口额（亿元），E1.2 特殊监管区发展情况（评分），E1.3 政府效能（评分） |

# 02

评级模型与城市观察

# 评级方法研究

## 德尔菲法

德尔菲法又名专家调查法，基于定性和定量分析，以打分等形式做出定量评价，具有数理统计特性。该评价方法采用测评专家相互独立的方式，把要评价的内容及判断要素的评分标准发给专家，征求专家意见，同时保证专家之间没有横向联系，然后回收全部专家的意见，汇总之后做出整理再反馈给专家修改，经过几轮征询和反馈，逐步取得具有较高科学性和准确性的预测结果。[1]该方法的特征是采用匿名方式，使专家能够独立地做出自己的判断，经过几轮反馈使专家意见趋同。

德尔菲法的流程如图2-1所示。

德尔菲法依赖于专家的经验与学术水平，全球航空都市评级指数在确定5个维度之间的重要性，也就是5个维度的比例时，采用了德尔菲法。德尔菲法可以征集每个人的观点，避免了群体决策的一些弊端，地位最高的人没有机会控制群体意志。管理者在征集意

图 2-1　德尔菲法流程示意

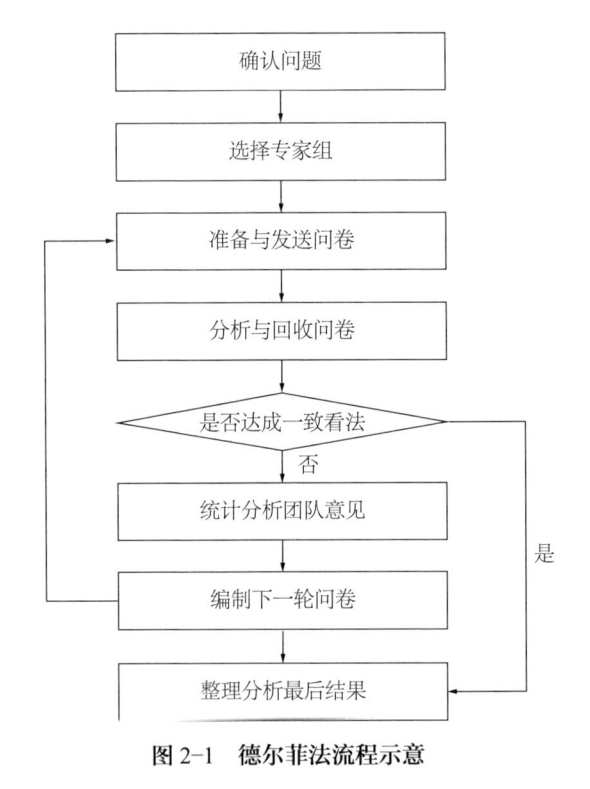

见做出决策时，可以保证不忽视重要观点。另外，由于全球航空都市评级指数的维度为 5 个，所以使用德尔菲法较为方便快捷，能够快速得出所需的数据。

## 专家评分法

专家评分法是定性描述定量，根据指定的打分标准，聘请相关专家，经讨论对指标进行打分，然后对打分结果进行综合计算。专家评分法的打分标准见表 2-1。

表 2-1 专家评分法打分标准

| 序号 | 等级 | 指标 | 评分 |
|---|---|---|---|
| 1 | 好 | >80% | 80 分以上 |
| 2 | 中 | 60%~80% | 60~80 分 |
| 3 | 差 | <60% | 60 分以下 |

专家评分法主要有以下几种计算方法。

一是加法评价。主要是将各个评价指标的得分相加求和，用总分来表示评价结果，公式如下：

$$S = \sum_{i=1}^{n} S_i$$

但是加法评价只能用于评价指标间关系简单的项目。

二是连积评价。主要是将各个评价指标的得分连乘，用乘积来表示评价结果，公式如下：

$$S = \prod_{i=1}^{n} S_i$$

这种方法要求各评价指标间的关系特别密切，若是其中一项指标分数有偏差，就会影响全局，否定整个评价结果。

三是加权评价。先按照重要程度给每个评价指标设定权重，然后用每个指标的权重值乘以指标得分，最后相加，用相加的结果来表示评价结果，公式如下：

$$S = \sum_{i=1}^{n} S_1 w_i s_i \qquad \sum_{i=1}^{n} w_i = 1 \qquad 0 < w_i \leq 1$$

在指标体系的构建中，主要采用德尔菲法确立 5 个维度的重要性，加权计算总分。在计算打分项指标分值时，主要采用专家打分法。加权评价由于可以区分出评价指标的重要性，所以成为主要的评分计算方法。

## 层次分析法

层次分析法是一种将某一个目标影响因素权值的定性与定量相结合的综合分析方法，其基本原理是，将评价系统的各种要素按照一定的所属关系分解为若干层，以"重要性"程度作为统一的参考标准，对同一层次上的若干要素进行两两比较，并将比较结果按重要程度进行量化，求出各要素权重，再进行层次单排序和总排序，最后确立各元素权重值。[2]

层次分析法可以应用于多个领域，例如危险化学品评价、大气环境评价、煤矿安全研究、生态环境评价、教育教学评估、油库安全性评价、交通安全评价以及企业管理等。[3]在一般的评估中，对于一些定性但非定量的元素，只要以合理的标度作为基准，就可以度量各因素的相对重要性，从而为决策提供帮助。但是在城市评价领域，传统的层次分析法存在因主观性太强导致评价结果不准确的问题。

传统的层次分析法主观性较强，针对这一问题，目前的解决方法主要有以下几个。

其一，加强与模糊综合评价等方法的结合，邀请更多专家参与评价以提高判断矩阵的质量，并把定量信息与定性信息进行综合，以提高评价过程的客观性，但其改进方法在现实中的可操作性较低。

其二，主成分分析法与层次分析法相结合，能够克服层次分析法主观因素影响过强的缺点，但是不具有延续性。[4]

其三，专家判断值改为区间值，但会降低专家标度的主观性。[5]

其四，德尔菲法与层次分析法结合，提出了分数标度法或者基于模糊区间的三时估算法，弥补了1~9标度法的不足之处，并且校正比较矩阵，提高了一致性。[6]

其五，熵值法与层次分析法结合，熵值法是定量评价方法，而层次分析法是定性评价方法，二者结合，最终权重即客观与主观的平均，可以在一定程度上提高权值的科学性。[7]

目前国内外关于层次分析法评价算法的文献中，都强调并在一定程度上改进了层次分析法的不足之处。本书设定的全球航空都市评级指数，包含5个维度、40个指标，指标的数量十分大，如果增加指标意味着要构造层次更深、数量更多、规模更庞大的判断矩阵，需要对许多指标进行两两比较，那么评判其重要程度就显得较为困难，甚至会对层次单排序和总排序的一致性产生影响，使一致性检验不能通过。在指标众多的情况下，调整难度高，使受其影响的层次分析法不能普遍用于城市评价中。

此外，如今对科学方法的评价，一般都认为科学需要比较严格的数学论证和完善的定量评估。但现实世界的问题和人脑考虑的问题并不是能简单地用数字来说明的。层次分析法是一种模拟人脑决策的方法，因此必然带有较多的定性色彩。

## 模糊综合评价法

基于模糊概念产生的判断即模糊综合评价法，该方法以模糊变换为基本原理，以最大隶属度为原则，加上准确的数字化手段，全方面考虑被评价对象及与其属性相关的要素，以达到评价对象去模糊化的效果，最终得出比较科学、合理、贴近实际的量化评价结果。模糊综合评价法适用于解决各种非确定性问题。

其方法步骤如下：确定测评城市的因素论域；确定评语等级论域，形成若干等级集合；逐个对被评事物从每个因素 $q_i$ ($i$=1, 2, 3, …, $n$) 上进行量化，建立模糊关系矩阵；通过专家评分法、层次分析法等确定评价因素的权向量；合成模糊综合评价结果向量；对模糊综合评价结果向量进行分析。

虽然在实际操作中，最大隶属度原则为常用方法，但并非通用，如果在不完全适用的情况下勉强采用，可能会损失很多有用的信息，导致评价结果不科学、不合理。而加权平均求隶属等级的方法能够对多个事物进行评价，最后依据其等级位置进行排序。[8]

模糊综合评价法在评级体系构建中的传统应用方式是，在某些需要主观评价的指标项上进行打分。以三级指标空铁衔接便捷度为例进行评分，一个城市在空铁衔接便捷度上的最终得分是由空铁衔接时间和空铁衔接流程两部分的评分构成的。空铁衔接时间的得分与实际高铁/城铁最近站点距离机场的非高峰时段最少通行时间形成反向关系；空铁衔接流程的得分是由专家/使用者来制定各个指标的打分评语集，标准分为优、中、差，相应的分数情况为3、2、1，如表2-2所示。

表2-2 分数与空铁衔接时间、空铁衔接流程的关系

| 分数 | 3 | 2 | 1 |
|---|---|---|---|
| 空铁衔接时间 | 10分钟以内 | 10~30分钟 | 30分钟以上 |
| 空铁衔接流程 | 优 | 中 | 差 |

全球城市评价指标过多，在综合进行城市评分时难以应用模糊综合评价法，因为这样会导致专家工作量太大、评价周期过长，并且时效性很低。

**熵值法**

熵是对系统无序程度的度量。在系统论中，熵越大代表系统越

无序、信息越少、效用值越小、权重越小，熵越小则反之。熵值法基于熵的特性，通过计算指标的熵值来判断要素对系统整体的影响程度，以此来决定要素的权重。指标权重、指标与变化程度正相关。

熵值法主要针对定量因素进行评价，忽略了指标本身的重要程度，有时确定的指标权数会与预期的结果相差甚远，同时熵值法不能减少评价指标的维度，城市评价指标基本都为定性指标，指标数据大多不可获得或不易获得，导致熵值法在城市评价应用中受到很大限制。

**聚类分析法**

聚类分析法也称点群分析法，它是研究多要素事物分类问题的一种数量方法，主要有分层和迭代两种形式。该方法就是分辨、确认每个事物的特有属性，把相同或类似属性的事物归并为一类，使被聚为一类的事物具有高度的相似性。[9]该方法在城市评价体系中主要用于城市等级的聚类，即对城市进行分类。

一般的聚类分析法流程如图 2-2 所示。

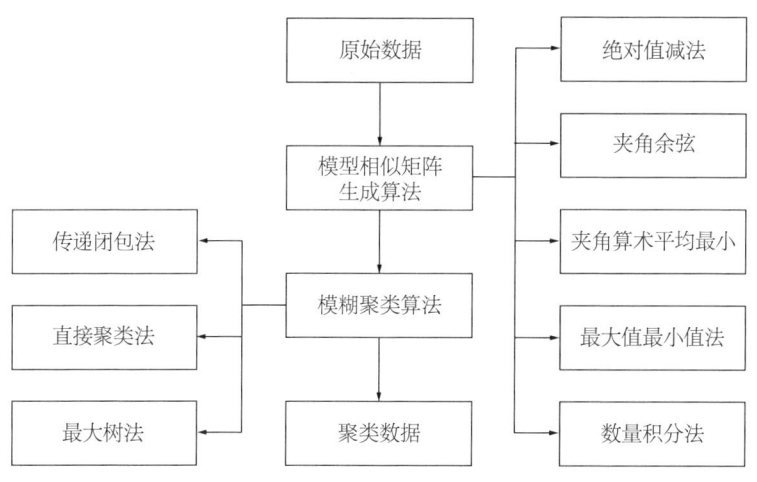

**图 2-2 聚类分析法流程示意**

# 构建全球航空都市评级指数模型

航空都市将是一种充满活力的城市发展形态，因为它拥有融合航空、铁路、公路的多式联运交通体系，可以为高价值的贸易提供高效率与便利化的服务，在地区甚至世界范围内的经济发展中都能发挥重要作用。由此可见，这种以机场为核心的航空都市，其资源汇集程度、基础设施构建程度、城市环境的配置程度和服务运作效率等，都是城市综合竞争力的重要评价因素。

## 评价机制

全球城市评价指标体系反映的是城市的综合能力，测评与衡量城市竞争力需要立足城市发展全局，遵循全面性和系统性、层次性和科学性、有效性和可比性等原则，构建一个结构完整、层次清晰、科学合理、可比性强的评价指标体系。

基于五大维度，构建三级指标的模型，在模型基础上确定每个指标对被测城市的综合影响，即权重，是城市评价能否成功的关键。指标预处理即对指标进行评分，指标评分是否合理也直接影响最终的测评结果。本书中改进层次分析法，通过主成分分析法确定三级指标作用下的各维度（一级指标）得分，二级指标不设权重，通过德尔菲法确定维度（一级指标）的权重，最终加权运算得出城市总分。全球航空都市评级指数模型框架如图 2-3 所示。

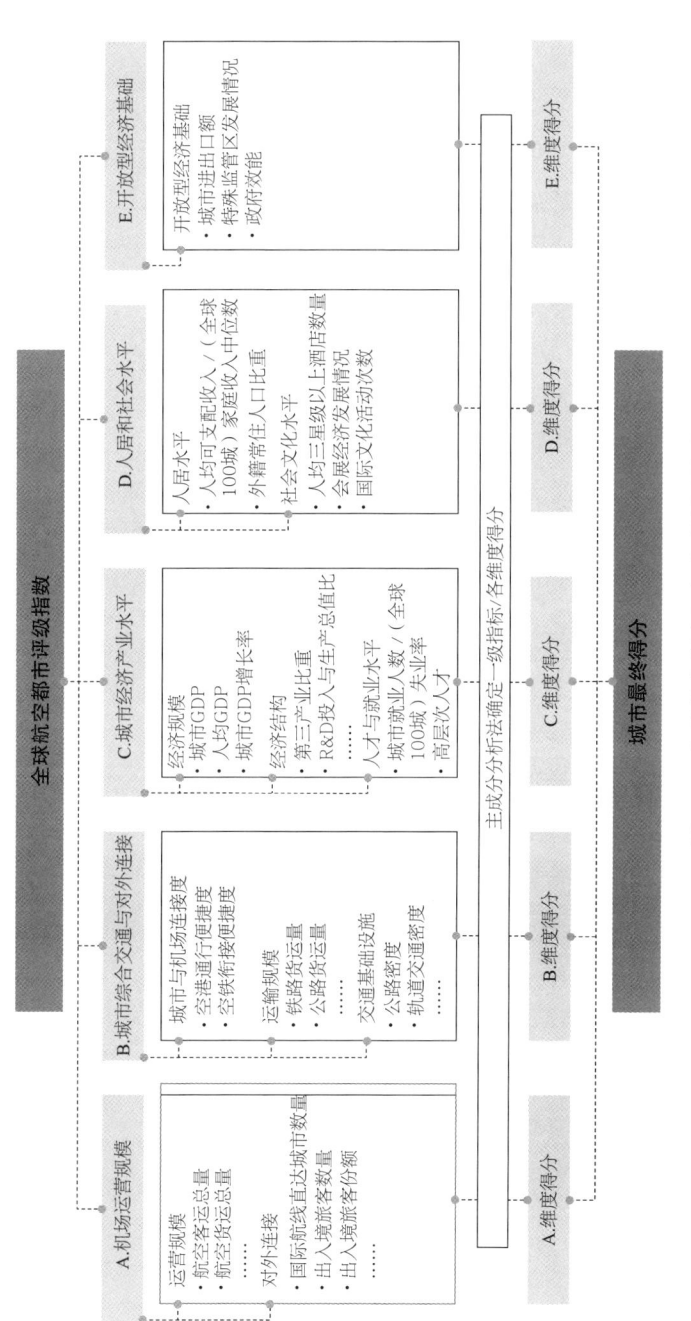

图 2-3 全球航空都市评级指数模型框架

## 主成分分析：降维、确定权重、输出结果

为了使构建的全球航空都市评级指数更加全面且具有代表性，需要用尽可能多的特征参数进行分析，然而各特征参数之间存在数据冗余问题，若完全采用高数据维度的短行程特征值进行分析，虽然会保留采集到的数据的完整性，但由于变量间存在冗余，可能会引起模型复杂、计算量大、误差较大等问题，使构建的体系不具备代表性。

为了解决这些问题，需要对原始数据信息进行降维，本文采用了主成分分析法，将三级指标定义为指标层，对指标层数据进行降维处理，运用主成分分析法可以在最大限度地保留原数据信息的前提下，将原变量线性组合成相互独立的新变量，起到降低数据维度、简化计算的作用，其一般流程如图2-4所示。

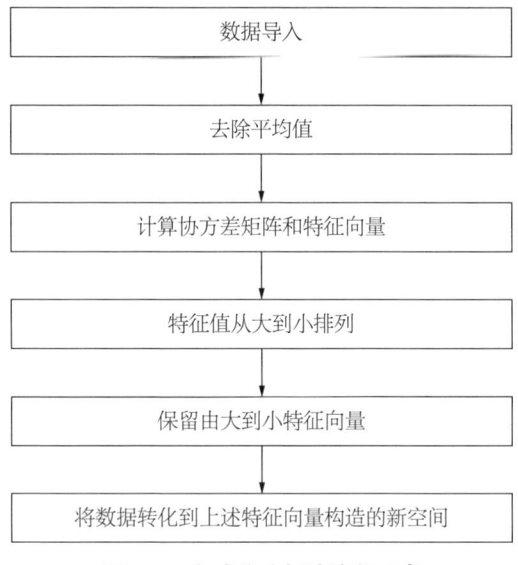

图2-4 主成分分析法流程示意

（1）对原始数据进行标准化处理后，假设样本的观测矩阵为：

$$x = \begin{bmatrix} x_{11} & x_{12} & \cdots & x_{1p} \\ x_{21} & x_{22} & \cdots & x_{2p} \\ \vdots & \vdots & & \vdots \\ x_{n1} & x_{n2} & \cdots & x_{np} \end{bmatrix}$$

由于指标层等特征值具有不同的量纲，而且不同的量纲引起各变量取值的分散程度差异较大，所以总体方差主要受较大变量的控制。若用Σ求主成分，则优先照顾方差大的变量，但有时会造成很不合理的结果。为了消除因量纲的不同产生的影响，常采取Z-Score（Z值）标准化方法，公式如下：

$$X_i^* = \frac{X_i - \mu_i}{\sqrt{\sigma_{ii}}}, \quad i=1, 2, \cdots, P$$

此公式中，$\mu_i = E(X_i)$，$\sigma_{ii} = Var(X_i)$，$\mu_i$为总体数据的均值，$\sigma_{ii}$为总体数据的方差。

（2）KMO（凯泽-迈耶-奥尔金）检验和巴特利特球形检验。对各因素的原始数据进行标准化处理后，在对各因素进行主成分分析之前，有必要对因子指标是否满足主成分分析的要求进行检验。检验方法一般为KMO检验和巴特利特球形检验，下面对这两种检验方法进行简要介绍。

KMO检验统计量是比较变量相关系数与偏相关系数的常用指标，取值范围为0~1，其计算公式为：

$$KMO = \frac{\sum\sum r_{ij}^2}{\sum\sum r_{ij}^2 + \sum\sum p_{ij}^2}$$

此式中，$r_{ij}^2$ 表示变量 $i$ 与 $j$ 的相关系数，$p_{ij}^2$ 表示变量 $i$ 与 $j$ 的偏相关系数。

依照相关研究给出的判定标准可知，一般 KMO 值大于 0.5 时，表示适用于主成分分析，KMO 值小于 0.5 时，表示不适用于主成分分析。

巴特利特球形检验是计算相关系数矩阵的行列式得到的。设 $Y$ 为计算值，$p$ 为其对应的概率，$a$ 为变量的相关系数，若 $Y$ 值较大且 $p<a$，则表示适用于主成分分析，若 $Y$ 值较小且 $p>a$，则表示不适用于主成分分析。

（3）计算样本相关系数矩阵。为了方便，假定原始数据标准化后仍用 X 表示。经过标准化处理后的数据，其相关系数矩阵为：

$$R=\begin{bmatrix} r_{11} & r_{12} & \cdots & r_{1p} \\ r_{21} & r_{22} & \cdots & r_{2p} \\ \vdots & \vdots & & \vdots \\ r_{n1} & r_{n2} & \cdots & r_{np} \end{bmatrix}$$

其中，

$$r_{ij}=\frac{Cov(x_i,\ x_j)}{\sqrt{Var(x_1)}\sqrt{Var(x_2)}}$$

（4）计算相关系数 R 的特征值（$\lambda_1,\lambda_2,\lambda_3,\cdots,\lambda_p$）和相应的特征向量：

$$a_i(a_{i1},\ a_{i2},\ a_{i3},\cdots,\ a_{ip})$$

（5）选择重要的主成分，并写出主成分表达式。主成分分析可以得到 $p$ 个主成分，然而，由于各个主成分的方差是递减的，包含的信息量也是递减的,所以实际分析时,一般不是选取 p 个主成分,而是根据各个主成分累计贡献率的大小选取前 k 个主成分。这里的贡献率是指某个主成分的方差占全部方差的比重,实际也就是某个特征值占全部特征值合计的比重,所以贡献率的公式为:

$$贡献率 = \frac{\lambda_1}{\sum_{i}^{p} \lambda_i}$$

贡献率越大,说明该主成分所包含的原始变量的信息越强。主成分个数 k 的选取主要根据主成分的累计贡献率来决定,即累计贡献率只有达到 80% 以上,才能保证综合变量包括原始变量的绝大多数信息。

(6)计算主成分得分。根据以上步骤可以确定主成分个数,为了使描述对象的特征更加准确,我们将用原始变量的线性组合表示提取的主成分因子,表达式为:

$$F_j = \beta_{j1}x_1 + \beta_{j2}x_2 + \cdots + \beta_{jp}x_p$$

此表达式中,$x_1$,$x_2$,$\cdots$,$x_p$ 为经过标准化处理后的数据,$\beta_{j1}$,$\beta_{j2}$,$\cdots$,$\beta_{jp}$ 为主成分所对应的得分系数。

根据标准化的原始数据,按照各个样品,分析代入主成分表达式,就可以得到各主成分下各个样本的新数据及其主成分。具体形式如下:

$$\begin{bmatrix} F_{11} & F_{12} & \cdots & F_{1k} \\ F_{21} & F_{22} & \cdots & F_{2k} \\ \vdots & \vdots & & \vdots \\ F_{n1} & F_{n2} & \cdots & F_{nk} \end{bmatrix}$$

（7）二级指标得分的计算如下：

$$G_1 = F_{11}e_1 + F_{12}e_2 + \cdots + F_{1k}e_k$$
$$G_2 = F_{21}e_1 + F_{22}e_2 + \cdots + F_{2k}e_k$$
$$\vdots$$
$$G_n = F_{n1}e_1 + F_{n2}e_2 + \cdots + F_{nk}e_k$$

此表达式中，$e_1$，$e_2$，$e_3$，$\cdots$，$e_k$为方差贡献率。

依据主成分得分的数据，进一步对问题进行后续分析与建模，后续分析与建模通常的形式有主成分回归、变量子集合的选择、综合评价等。

（8）德尔菲法确定一级指标权重。根据全球航空都市评级指数整体层次结构对指标进行标度，从而构造判断矩阵。下面列出利用德尔菲法对政府专家进行调查得出一级指标权重的流程。

德尔菲法本质上是一种反馈匿名函询法。其大致流程是：针对所要预测的问题征得专家的意见之后，将意见进行整理、归纳、统计，再匿名反馈给各专家，再次征求意见，再集中，再反馈，直至得到一致的意见。

由此可见，德尔菲法是一种利用函询形式进行的匿名思想交流过程。它有三个明显区别于其他专家预测方法的特点，即匿名性、多次反馈、小组的统计回答。

（9）多维度下的总得分。将各维度的主成分数据标准化，然后依照德尔菲法所得的一级指标的权重，赋予各维度权重，最后得到各城市的最终得分。

$$W = w_1G_1 + w_2G_2 + w_3G_3 + \cdots + w_nG_n$$

此表达式中，$w_1$，$w_2$，$w_3$，$\cdots$，$w_n$为一级指标权重。

# 下一步：划分聚类

**聚类分析法调研**

聚类分析旨在使类间对象的同质性最大化和类与类间对象的异质性最大化。目前主流的聚类方法有划分聚类、层次聚类、基于密度的聚类、基于网格的聚类。对这些聚类方法的特点和适用范围进行调研，得到的结果如表 2-3 所示。

表 2-3　聚类分析法的优点与缺点

| 聚类方法 | 适用范围 | 优点 | 缺点 |
| --- | --- | --- | --- |
| 划分聚类 | 中等体量数量集 | 对于大型数据集而言简单高效，时间复杂度与空间复杂度低 | 容易导致局部最优；需要预设 K 值，并且对 K 点个数选取敏感；对噪声和离群值敏感 |
| 层次聚类 | 小数量集 | 可解释性好，能产生高质量的聚类，可以用于非球形簇 | 时间复杂度高 |
| 基于密度的聚类 | 任意簇形状 | 对噪声不敏感，能发现任意形状的聚类 | 聚类的结果与参数关系紧密，较稀的聚类或离得较近的聚类效果不好 |
| 基于网格的聚类 | 底层数据密度小 | 速度很快 | 参数敏感、无法处理不规则分布的数据、维数灾难等，算法效率以聚类结果的精确性为代价 |

由上表可知，划分聚类和层次聚类的应用较为普遍，但是层次聚类的计算复杂度是 $O(n^2$ 幂$)$，对于本文对多指标大数据样本的处理并不适合，因此本文选择 K-means（K 均值聚类方法）来对数据进行分析。

**聚类分析原理**

K-means 最早由麦奎因于 1967 年提出，其基本思想是，把每个样品聚集到最近均值（重心）类中去。具体计算步骤如下。

第一，选择初始凝聚点和初始分类，比如取 $k$ 个初始凝聚点（重心）。

第二，对所有样品逐一计算它到 $k$ 个凝聚点的距离（通常用欧氏距离作为样品到凝聚点的距离），根据距离的大小将 $n$ 个样品（或变量）分成 $k$ 类，计算公式如下：

$$d_{xy} = \sqrt{\sum_{i=1}^{n}(x_i - y_i)^2}$$

其中，$x_i$ 为样本 $x$ 的第 $i$ 个变量的变量值，$y_i$ 为样本 $y$ 的第 $i$ 个变量的变量值。若某样品到它原来所在类的距离最近，则它仍在原类，否则要将它移动到和它距离最近的那一类。

第三，计算 $k$ 类中每一类数据的重心，若重心与初始凝聚点不重合，则以重心为新的凝聚点并重复步骤二直到所有的样品都不能移动为止，或者如果某一步所有分类的重心与凝聚点重合，则计算过程终止。

K-means 的计算复杂度是 $O(n)$，适合于本文多指标大数据的处理分析。

该算法的运算时间短，而且结构简洁，其类簇之间的区别也很明显，最重要的是由于其时间复杂度为 $O(nkt)$，所以当处理的数据集非常大时，它具有可伸缩性和高效性。其中，$n$ 是样本的数目，$k$ 是类簇的数目，$t$ 是迭代的次数，通常 $k \leq n$ 且 $t \leq n$。

# 示范案例：在城市竞争力评估中的应用

## 观察对象及数据来源

以中国内地城市为例，收集各城市 2014—2019 年的指标层数据，并依据航空都市评价模型形成各维度得分与综合得分。

中国内地城市的指标项的数据主要有三种来源：直接客观统计数值，根据多项客观数值转化计算的客观评分，笔者组成的研究小组结合专家意见的评估打分。中国内地机场的相关数据来自中国民航机场吞吐量统计公报以及航空中心机构（CAPA-Centre for Aviation）合作数据库，中国内地城市的统计数据来自该城市统计局官方网站。

### 实验结果

依照上述建立的主成分分析模型，求解各主成分向量所对应的特征值、贡献率以及累计贡献率，中国内地城市各维度主成分分析后的碎石图如图 2-5 所示。

一般在选取主成分时候，选取特征值大于 1 的主成分，依据规则解释方差及各维度的贡献率如表 2-4 所示。

将分析各个城市主成分后得出的分数，与主成分的贡献率相乘，会得出各个城市在不同维度的分数。

根据全球航空都市评级指数整体层次结构对指标进行标度，从而构造判断矩阵。利用德尔菲法对专家进行调查，专家人数达 20 人，其中涉及临空经济理论研究、城市社会学研究、交通与物流研究和城市规划管理等领域经验丰富的人士。经调查得到一级指标权重，如表 2-5 所示。

维度 A 碎石图

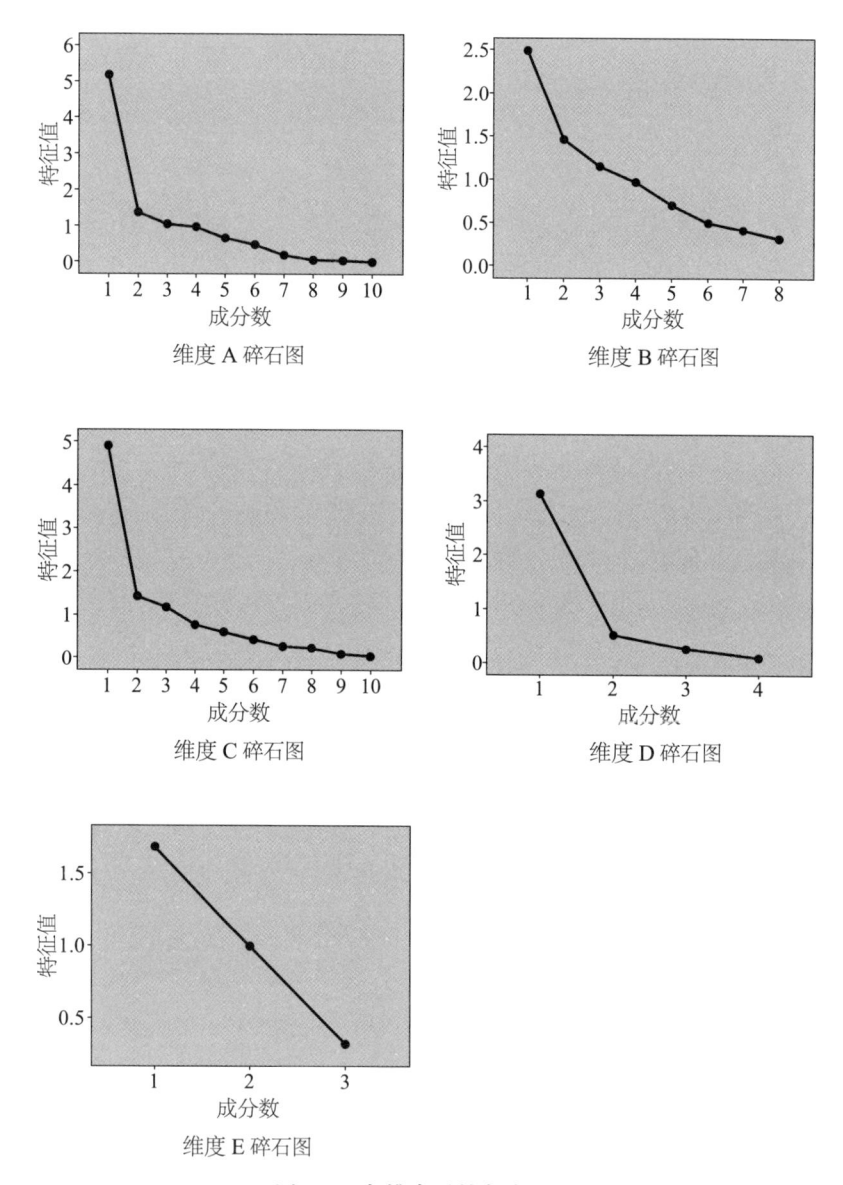

维度 B 碎石图

维度 C 碎石图

维度 D 碎石图

维度 E 碎石图

图 2-5　各维度贡献率碎石图

表 2-4　依据规则解释方差及各维度的贡献率

A 项解释的总方差

| 成分 | 初始特征值 合计 | 方差的 % | 累计 % | 提取平方和载入 合计 | 方差的 % | 累计 % | 贡献率 % |
|---|---|---|---|---|---|---|---|
| 1 | 5.183 | 51.825 | 51.825 | 5.183 | 51.825 | 51.825 | 68.1 |
| 2 | 1.375 | 13.752 | 65.578 | 1.375 | 13.752 | 65.578 | 18.1 |
| 3 | 1.049 | 10.493 | 76.071 | 1.049 | 10.493 | 76.071 | 13.8 |

B 项解释的总方差

| 成分 | 初始特征值 合计 | 方差的 % | 累计 % | 提取平方和载入 合计 | 方差的 % | 累计 % | 贡献率 % |
|---|---|---|---|---|---|---|---|
| 1 | 2.490 | 31.121 | 31.121 | 2.490 | 31.121 | 31.121 | 48.8 |
| 2 | 1.460 | 18.255 | 49.376 | 1.460 | 18.255 | 49.376 | 28.6 |
| 3 | 1.148 | 14.356 | 63.732 | 1.148 | 14.356 | 63.732 | 22.5 |

C 项解释的总方差

| 成分 | 初始特征值 合计 | 方差的 % | 累计 % | 提取平方和载入 合计 | 方差的 % | 累计 % | 贡献率 % |
|---|---|---|---|---|---|---|---|
| 1 | 4.908 | 49.078 | 49.078 | 4.908 | 49.078 | 49.078 | 65.3 |
| 2 | 1.433 | 14.328 | 63.406 | 1.433 | 14.328 | 63.406 | 19.1 |
| 3 | 1.177 | 11.770 | 75.176 | 1.177 | 11.770 | 75.176 | 15.6 |

D 项解释的总方差

| 成分 | 初始特征值 合计 | 方差的 % | 累计 % | 提取平方和载入 合计 | 方差的 % | 累计 % | 贡献率 % |
|---|---|---|---|---|---|---|---|
| 1 | 3.126 | 78.157 | 78.157 | 3.126 | 78.157 | 78.157 | 100 |

E 项解释的总方差

| 成分 | 初始特征值 合计 | 方差的 % | 累计 % | 提取平方和载入 合计 | 方差的 % | 累计 % | 贡献率 % |
|---|---|---|---|---|---|---|---|
| 1 | 1.685 | 56.155 | 56.155 | 1.685 | 56.155 | 56.155 | 62.7 |
| 2 | 1.095 | 33.156 | 89.311 | 1.095 | 33.355 | 89.551 | 37.3 |

表 2-5　全球航空都市评级指数模型一级指标权重（德尔菲法确定）

| 指标名称 | 机场运营规模 | 城市综合交通与对外连接 | 城市经济产业水平 | 人居和社会水平 | 开放型经济基础 |
| --- | --- | --- | --- | --- | --- |
| 权重 | 0.30 | 0.25 | 0.25 | 0.10 | 0.10 |

　　城市在 5 个维度的分数汇总计算之前需要再进行一次标准化，结合一级指标权重，共计 5 个维度、40 个变量，分别对 54 个中国内地城市进行赋权计算，得出城市最终得分和综合排名。

　　将前述主成分计算进行聚类分析，分析结果显示，中国内地 54 个城市在机场影响下的水平可分为 A 类城市、B 类城市、C 类城市和 D 类城市。A 类城市包括上海、北京、广州、深圳，B 类城市包括重庆、成都、杭州、天津、南京、郑州、武汉、西安、珠海、长沙、青岛、厦门、昆明，C 类城市包括无锡、宁波、大连、贵阳、南通、沈阳、济南、惠州、温州、银川、常州、三亚、福州、潍坊、揭阳、合肥、海口，D 类城市包括南昌、石家庄、佛山、泉州、烟台、太原、苏州、哈尔滨、长春、南宁、东莞、西宁、徐州、台州、乌鲁木齐、兰州、金华、中山、拉萨、绍兴。

# 03

全球城市序列重构

## 研究对象选取

随着航空时代的来临，机场成为城市发展的重要动力。本书研究的是机场影响下具有竞争力和发展潜力的城市。故而基于国内外城市发展水平、机场兴起时间、数据收集口径等因素，分别对国际、国内城市进行统计排名。

全球100个城市的选择先根据世界各国和地区的人均GDP、产业结构、三次产业发展水平等情况，选择综合实力较强的国家，结合各个城市的机场建设发展对城市影响程度的不同，最终筛选出100个城市进行研究，得出机场影响下的全球100城排名。

中国内地城市的行政级别共分4个层级，包括省级的4个直辖市、15个副省级城市或计划单列市、293个地级市（包含15个副省级城市或计划单列市）、394个县级市。在这近700个城市中，通过对比分析，综合选取在经济、交通、文化、教育、工业等多个方面处于较为重要地位的城市，结合机场建设发展对城市的影响情况，筛选出54个中国内地城市进行综合对比与研究，得出机场影响下的中国内地城市排名。

## 全球 100 个城市研究对象

全球 100 个城市研究对象包括：伦敦、纽约、香港、北京、新加坡、上海、悉尼、巴黎、迪拜、东京、米兰、芝加哥、莫斯科、多伦多、圣保罗、法兰克福、洛杉矶、马德里、墨西哥城、吉隆坡、首尔、雅加达、孟买、迈阿密、布鲁塞尔、台北、广州、布宜诺斯艾利斯、苏黎世、华沙、伊斯坦布尔、曼谷、墨尔本、阿姆斯特丹、斯德哥尔摩、旧金山、新德里、圣地亚哥、约翰内斯堡、都柏林、维也纳、蒙特利尔、里斯本、巴塞罗那、卢森堡、波哥大、马尼拉、华盛顿、布拉格、慕尼黑、罗马、利雅得、布达佩斯、休斯敦、深圳、波士顿、开罗、汉堡、杜塞尔多夫、亚特兰大、雅典、多哈、达拉斯、哥本哈根、珀斯、成都、奥克兰、温哥华、杭州、奥斯陆、柏林、金奈、布里斯班、达尔贝达、里约热内卢、阿布扎比、天津、费城、南京、武汉、丹佛、开普敦、日内瓦、重庆、西雅图、曼彻斯特、大连、厦门、长沙、青岛、大阪、西安、珠海、郑州、昆明、宁波、无锡、名古屋、贵阳、杜阿拉。

## 中国内地城市研究对象

中国内地 54 个城市研究对象包括：上海、北京、深圳、广州、成都、杭州、重庆、武汉、苏州、西安、天津、南京、郑州、长沙、沈阳、青岛、宁波、东莞、无锡、昆明、大连、厦门、合肥、佛山、福州、哈尔滨、济南、温州、长春、石家庄、常州、泉州、南宁、贵阳、南昌、南通、金华、徐州、太原、烟台、惠州、台州、中山、绍兴、乌鲁木齐、潍坊、兰州、海口、三亚、拉萨、银川、西宁、珠海、揭阳。其中，东莞、中山、绍兴、苏州这 4 个城市尚无民航客运机场。

## 综合排名概述

### 全球 100 城前 50 位排名

表 3-1　全球 100 城前 50 位排名情况

| 城市 | 评分 | 排名 | 城市 | 评分 | 排名 |
| --- | --- | --- | --- | --- | --- |
| 伦敦 | 7.0000 | 1 | 莫斯科 | 3.8649 | 20 |
| 纽约 | 6.1693 | 2 | 多伦多 | 3.8544 | 21 |
| 香港 | 5.5602 | 3 | 达拉斯 | 3.8331 | 22 |
| 上海 | 5.4604 | 4 | 亚特兰大 | 3.7835 | 23 |
| 新加坡 | 5.2385 | 5 | 马德里 | 3.7728 | 24 |
| 巴黎 | 5.1957 | 6 | 巴塞罗那 | 3.7711 | 25 |
| 洛杉矶 | 5.0125 | 7 | 休斯敦 | 3.7451 | 26 |
| 东京 | 4.9932 | 8 | 圣保罗 | 3.7410 | 27 |
| 北京 | 4.7309 | 9 | 华沙 | 3.6751 | 28 |
| 芝加哥 | 4.7229 | 10 | 伊斯坦布尔 | 3.6664 | 29 |
| 迪拜 | 4.5812 | 11 | 曼谷 | 3.6559 | 30 |
| 法兰克福 | 4.4395 | 12 | 雅加达 | 3.6449 | 31 |
| 迈阿密 | 4.2231 | 13 | 吉隆坡 | 3.6381 | 32 |
| 阿姆斯特丹 | 4.1469 | 14 | 苏黎世 | 3.6055 | 33 |
| 米兰 | 4.0611 | 15 | 孟买 | 3.6004 | 34 |
| 悉尼 | 3.9862 | 16 | 杜塞尔多夫 | 3.5724 | 35 |
| 台北 | 3.9438 | 17 | 广州 | 3.5702 | 36 |
| 首尔 | 3.9080 | 18 | 日内瓦 | 3.4665 | 37 |
| 旧金山 | 3.8780 | 19 | 布鲁塞尔 | 3.4492 | 38 |

（续表）

| 城市 | 评分 | 排名 | 城市 | 评分 | 排名 |
| --- | --- | --- | --- | --- | --- |
| 斯德哥尔摩 | 3.4408 | 39 | 华盛顿 | 3.2669 | 45 |
| 布宜诺斯艾利斯 | 3.4391 | 40 | 新德里 | 3.2553 | 46 |
| 哥本哈根 | 3.4184 | 41 | 卢森堡 | 3.2545 | 47 |
| 温哥华 | 3.3166 | 42 | 波哥大 | 3.2503 | 48 |
| 波士顿 | 3.2882 | 43 | 汉堡 | 3.2280 | 49 |
| 深圳 | 3.2739 | 44 | 蒙特利尔 | 3.2260 | 50 |

从表3-1的排名结果来看，伦敦、纽约两个国际化大都市仍然保持着全球前2的位置，而且其得分与第3名相比有较大的优势。中国有香港（第3）、上海（第4）和北京（第9）3座城市进入前10名，体现了与美国几乎持平的实力（纽约、洛杉矶、芝加哥进入前10名）。进入前10名的国家还有英国（1座城市）、新加坡（1座城市）、法国（1座城市）和日本（1座城市），分布在欧美和东亚地区；进入前20名的城市仍然以欧美和东亚地区为主，还包含了中东城市迪拜（第11）、大洋洲城市悉尼（第16）。

西欧排名前列的城市最为密集，可以看出，英国、法国、西班牙、德国等世界大国中有若干城市跻身前50之列，如伦敦、巴黎、法兰克福、马德里、巴塞罗那、杜塞尔多夫和汉堡等。阿姆斯特丹（荷兰）、米兰（意大利）、苏黎世（瑞士）、布鲁塞尔（比利时）、卢森堡（卢森堡）等城市也位于前列。这些城市对应机场的航线国际化程度高，对外辐射能力强。如伦敦这样的国际化大都市、经济中心城市，与北美的洲际连接性较强，希思罗机场在区域机场中对美航线架次占比可达约17%。

## 中国内地城市排名

通过共计 5 个维度、40 个变量对 54 个中国内地城市进行深入研究以及打分，得出综合排名结果如表 3-2 所示。

表 3-2　中国内地城市排名

| 城市 | 评分 | 排名 | 城市 | 评分 | 排名 |
| --- | --- | --- | --- | --- | --- |
| 上海 | 6.4150 | 1 | 宁波 | 2.8903 | 19 |
| 北京 | 6.0498 | 2 | 大连 | 2.8759 | 20 |
| 广州 | 4.8416 | 3 | 贵阳 | 2.8329 | 21 |
| 深圳 | 4.6355 | 4 | 南通 | 2.7840 | 22 |
| 重庆 | 4.1779 | 5 | 沈阳 | 2.6906 | 23 |
| 成都 | 4.0373 | 6 | 济南 | 2.6496 | 24 |
| 杭州 | 3.9722 | 7 | 惠州 | 2.5979 | 25 |
| 天津 | 3.5274 | 8 | 温州 | 2.5197 | 26 |
| 南京 | 3.5251 | 9 | 银川 | 2.4935 | 27 |
| 郑州 | 3.4300 | 10 | 常州 | 2.4655 | 28 |
| 武汉 | 3.3464 | 11 | 三亚 | 2.4634 | 29 |
| 西安 | 3.2600 | 12 | 福州 | 2.4358 | 30 |
| 珠海 | 3.2224 | 13 | 潍坊 | 2.3910 | 31 |
| 长沙 | 3.1023 | 14 | 揭阳 | 2.3672 | 32 |
| 青岛 | 3.0893 | 15 | 合肥 | 2.3537 | 33 |
| 厦门 | 3.0498 | 16 | 海口 | 2.3411 | 34 |
| 昆明 | 3.0174 | 17 | 南昌 | 2.3356 | 35 |
| 无锡 | 3.0091 | 18 | 石家庄 | 2.3091 | 36 |

（续表）

| 城市 | 评分 | 排名 | 城市 | 评分 | 排名 |
| --- | --- | --- | --- | --- | --- |
| 佛山 | 2.2799 | 37 | 西宁 | 1.9935 | 46 |
| 泉州 | 2.2763 | 38 | 徐州 | 1.9709 | 47 |
| 烟台 | 2.2701 | 39 | 台州 | 1.8997 | 48 |
| 太原 | 2.2001 | 40 | 乌鲁木齐 | 1.7935 | 49 |
| 苏州 | 2.1974 | 41 | 兰州 | 1.7757 | 50 |
| 哈尔滨 | 2.1816 | 42 | 金华 | 1.7684 | 51 |
| 长春 | 2.1444 | 43 | 中山 | 1.6646 | 52 |
| 南宁 | 2.1393 | 44 | 拉萨 | 1.6405 | 53 |
| 东莞 | 2.0573 | 45 | 绍兴 | 1.5756 | 54 |

综合排名中，一线城市北上广深仍然位居前4，上海和北京分列第1与第2，广州第3，深圳第4。中部地区城市中，郑州、武汉、长沙进入前20；西部地区城市中，西安、昆明进入了前20；东北城市中只有大连进入了前20。东莞、中山和绍兴这类发展势头优越但暂无民航客运机场的城市的排名则相对靠后。

## 分项排名概述

### 机场运营规模排名

机场运营规模排名从运营规模和对外连接2个二级指标共12个因子进行评价分析。如表3-3所示，上海和北京位居第1与第2，广州位居第3，杭州紧随其后。杭州萧山国际机场近年来的旅客吞吐量在长三角地区持续增长，仅次于上海浦东国际机场和虹桥国际机场，在上海两大机场接近饱和、第三机场尚未开始建设的情况下，杭州萧山国际机场就起到了分担长三角地区航空量的作用。从这一角度来说，在长三角地区打造世界级机场群的航空战略下，南京、宁波、南通、无锡等地可以从机场角度把握更多发展机会，其中，南通依靠打造上海第三机场的机遇，也应结合综合交通水平不断提升的优势，在空港和临空经济定位上融入长三角地区的协同趋势。另外，以成都、昆明、西安、重庆、郑州、武汉等为代表的中西部城市近年来机场表现（如客货运量、增速等）尤其良好，该项排名均比较靠前。

表 3-3 中国内地城市机场运营规模排名（前 30）

| 城市 | 分数 | 分项排名 |
| --- | --- | --- |
| 上海 | 7.0000 | 1 |
| 北京 | 5.7767 | 2 |
| 广州 | 4.4533 | 3 |
| 杭州 | 4.1108 | 4 |
| 成都 | 3.7934 | 5 |
| 昆明 | 3.7439 | 6 |
| 西安 | 3.6502 | 7 |
| 重庆 | 3.5926 | 8 |
| 深圳 | 3.5278 | 9 |
| 郑州 | 3.5103 | 10 |
| 武汉 | 3.3506 | 11 |
| 天津 | 3.2779 | 12 |
| 南通 | 3.2652 | 13 |

（续表）

| 城市 | 分数 | 分项排名 |
| --- | --- | --- |
| 南京 | 3.1796 | 14 |
| 长沙 | 3.1452 | 15 |
| 惠州 | 3.0965 | 16 |
| 青岛 | 2.9906 | 17 |
| 石家庄 | 2.8071 | 18 |
| 三亚 | 2.8007 | 19 |
| 济南 | 2.7592 | 20 |
| 温州 | 2.7343 | 21 |
| 厦门 | 2.7327 | 22 |
| 珠海 | 2.7167 | 23 |
| 烟台 | 2.6746 | 24 |
| 海口 | 2.6312 | 25 |
| 宁波 | 2.6131 | 26 |
| 大连 | 2.5873 | 27 |
| 潍坊 | 2.5692 | 28 |
| 无锡 | 2.5458 | 29 |
| 合肥 | 2.5449 | 30 |

## 城市综合交通与对外连接排名

城市综合交通与对外连接排名从城市与机场连接度、运输规模、交通基础设施3个二级指标共10个因子进行评价分析。如表3-4所示，广州和重庆凭借客货运量以及轨道交通密度的优势位居第1与第2，成都、深圳紧邻其后，上海和北京的轨道交通密度以及公铁客货运量略逊于重庆、成都等城市，分别位居第5和第6。西部城市重庆、成都、贵阳在此项表现突出，综合水平跻身前10。

表3-4 中国内地城市综合交通与对外连接排名（前30）

| 城市 | 分数 | 排名 |
| --- | --- | --- |
| 广州 | 7.0000 | 1 |
| 重庆 | 6.7506 | 2 |
| 成都 | 6.6234 | 3 |
| 深圳 | 6.5047 | 4 |
| 上海 | 6.3379 | 5 |
| 北京 | 6.3046 | 6 |
| 天津 | 5.5501 | 7 |
| 贵阳 | 5.4856 | 8 |
| 南京 | 5.4063 | 9 |
| 杭州 | 5.3318 | 10 |
| 珠海 | 5.3250 | 11 |
| 郑州 | 5.2495 | 12 |
| 银川 | 4.7643 | 13 |
| 武汉 | 4.5694 | 14 |
| 揭阳 | 4.4389 | 15 |
| 青岛 | 4.3885 | 16 |
| 长沙 | 4.3785 | 17 |
| 厦门 | 4.2743 | 18 |
| 大连 | 4.1841 | 19 |

（续表）

| 城市 | 分数 | 排名 |
| --- | --- | --- |
| 三亚 | 4.0964 | 20 |
| 佛山 | 4.0889 | 21 |
| 无锡 | 3.9604 | 22 |
| 宁波 | 3.9213 | 23 |
| 昆明 | 3.8446 | 24 |
| 惠州 | 3.7590 | 25 |
| 沈阳 | 3.6818 | 26 |
| 西宁 | 3.6719 | 27 |
| 海口 | 3.5154 | 28 |
| 太原 | 3.4409 | 29 |
| 南通 | 3.4212 | 30 |

## 城市经济产业水平排名

城市经济产业水平排名从经济规模、经济结构、人才与就业水平3个二级指标共10个因子进行评价分析。如表3-5所示，排名前4的城市与国内一线城市保持高度相似，北京和上海以城市GDP规模、城市就业人数和高层次人才的绝对优势位居第1与第2，深圳紧跟其后位居第3，广州位居第4；东南沿海城市在这一维度表现良好；中西部城市如西安、武汉、成都等表现出较好的上升势头；没有民航客运机场的城市，如东莞等，经济产业基础优势明显，也在该榜单前30名内；其他一些内地城市，由于近年来非常注重人才吸引和产业结构调整，经济产业逐步表现出较强的竞争力。

表 3-5 中国内地城市经济产业水平排名（前 30）

| 城市 | 分数 | 排名 |
| --- | --- | --- |
| 北京 | 7.0000 | 1 |
| 上海 | 5.3220 | 2 |
| 深圳 | 4.3815 | 3 |
| 广州 | 3.5957 | 4 |
| 西安 | 3.5229 | 5 |
| 重庆 | 3.4507 | 6 |
| 杭州 | 3.2561 | 7 |
| 无锡 | 3.2094 | 8 |
| 武汉 | 2.8456 | 9 |
| 成都 | 2.7427 | 10 |
| 南京 | 2.6195 | 11 |
| 东莞（无机场） | 2.5568 | 12 |
| 珠海 | 2.4960 | 13 |
| 沈阳 | 2.4855 | 14 |
| 青岛 | 2.4710 | 15 |
| 厦门 | 2.4655 | 16 |
| 天津 | 2.4522 | 17 |
| 宁波 | 2.4514 | 18 |
| 长沙 | 2.4500 | 19 |
| 郑州 | 2.4468 | 20 |
| 合肥 | 2.3253 | 21 |
| 福州 | 2.3017 | 22 |

(续表)

| 城市 | 分数 | 排名 |
| --- | --- | --- |
| 苏州（无机场） | 2.2688 | 23 |
| 大连 | 2.2592 | 24 |
| 南通 | 2.2278 | 25 |
| 常州 | 2.2163 | 26 |
| 济南 | 2.2050 | 27 |
| 佛山 | 2.2044 | 28 |
| 长春 | 2.0480 | 29 |
| 烟台 | 1.9811 | 30 |

## 人居和社会水平排名

人居和社会水平排名基于人居水平和社会文化水平2个二级指标共5个因子分析评价得出。如表3-6所示，北上广深相对其他城市具有明显优势，上海和广州位居第1和第2，北京紧随其后位居第3，深圳位居第4；在该领域下的指标中，省会城市和旅游城市由于在服务业方面有明显优势，排名也较高；沈阳、郑州、东莞、无锡等城市，该项总体处于中等偏上水平，但由于外籍常住人口比重较低，在与传统开放型城市的竞争中稍显劣势。

表3-6 中国内地城市人居和社会水平排名（前30）

| 城市 | 分数 | 排名 |
| --- | --- | --- |
| 上海 | 7.0000 | 1 |
| 广州 | 5.4813 | 2 |

（续表）

| 城市 | 分数 | 排名 |
| --- | --- | --- |
| 北京 | 5.4520 | 3 |
| 深圳 | 4.0078 | 4 |
| 成都 | 3.5742 | 5 |
| 杭州 | 3.4428 | 6 |
| 南京 | 3.1605 | 7 |
| 武汉 | 3.0124 | 8 |
| 西安 | 2.9864 | 9 |
| 青岛 | 2.9493 | 10 |
| 厦门 | 2.9473 | 11 |
| 济南 | 2.8634 | 12 |
| 天津 | 2.7990 | 13 |
| 长沙 | 2.7773 | 14 |
| 宁波 | 2.7232 | 15 |
| 重庆 | 2.7027 | 16 |
| 昆明 | 2.6893 | 17 |
| 哈尔滨 | 2.6695 | 18 |
| 沈阳 | 2.6526 | 19 |
| 苏州（无机场） | 2.6469 | 20 |
| 大连 | 2.6104 | 21 |
| 郑州 | 2.5343 | 22 |
| 东莞（无机场） | 2.5155 | 23 |
| 珠海 | 2.2801 | 24 |
| 福州 | 2.2547 | 25 |

(续表)

| 城市 | 分数 | 排名 |
| --- | --- | --- |
| 无锡 | 2.2491 | 26 |
| 三亚 | 2.1977 | 27 |
| 长春 | 2.1954 | 28 |
| 合肥 | 2.1605 | 29 |
| 佛山 | 2.1551 | 30 |

## 开放型经济基础排名

开放型经济基础排名主要从城市进出口额、特殊监管区发展情况和政府效能3个因子进行评价分析。如表3-7所示，上海位居第1，分数远高于排名第2的深圳和排名第3的北京，苏州凭借较高的城市进出口额险超广州，排名第4。苏州拥有一处共建机场，但缺乏独立机场，东莞也暂无民航客运机场，两者的进出口额和较好的政府效能为其贸易水平的提升做出了很大贡献，尤其是苏州的出口加工业与上海形成"卡车航班"等高效联动，从根本上承担了比其他城市更多的临空经济职能。至2017年尚无自由贸易区政策的城市排名一般相对靠后，如经济水平较高的无锡、温州、南通、昆明等。

表3-7　中国内地城市开放型经济基础排名（前30）

| 城市 | 分数 | 排名 |
| --- | --- | --- |
| 上海 | 7.0000 | 1 |
| 深圳 | 4.5484 | 2 |
| 北京 | 4.4543 | 3 |

（续表）

| 城市 | 分数 | 排名 |
| --- | --- | --- |
| 苏州（无机场） | 3.0903 | 4 |
| 广州 | 3.0858 | 5 |
| 重庆 | 2.7951 | 6 |
| 东莞（无机场） | 2.6771 | 7 |
| 天津 | 2.6357 | 8 |
| 厦门 | 2.5029 | 9 |
| 南京 | 2.4869 | 10 |
| 杭州 | 2.4772 | 11 |
| 宁波 | 2.4085 | 12 |
| 常州 | 2.3027 | 13 |
| 无锡 | 2.2801 | 14 |
| 大连 | 2.2785 | 15 |
| 西安 | 2.2663 | 16 |
| 温州 | 2.2509 | 17 |
| 珠海 | 2.2409 | 18 |
| 南通 | 2.2272 | 19 |
| 昆明 | 2.2109 | 20 |
| 泉州 | 2.0401 | 21 |
| 成都 | 2.0036 | 22 |
| 沈阳 | 1.9983 | 23 |
| 郑州 | 1.9946 | 24 |
| 银川 | 1.9552 | 25 |

（续表）

| 城市 | 分数 | 排名 |
| --- | --- | --- |
| 绍兴（无机场） | 1.9476 | 26 |
| 佛山 | 1.9106 | 27 |
| 武汉 | 1.8624 | 28 |
| 青岛 | 1.8234 | 29 |
| 福州 | 1.8178 | 30 |

# 04

## GARI 视角下的中国城市群

中国的城市群是促进区域经济增长的重要平台，也是促进区域协调发展的重要依托。2021年3月13日公布的《中华人民共和国国民经济和社会发展第十四个五年规划和2035年远景目标纲要》表示，要推动城市群一体化发展，"优化提升京津冀、长三角、珠三角、成渝、长江中游等城市群，发展壮大山东半岛、粤闽浙沿海、中原、关中平原、北部湾等城市群，培育发展哈长、辽中南、山西中部、黔中、滇中、呼包鄂榆、兰州-西宁、宁夏沿黄、天山北坡等城市群。建立健全城市群一体化协调发展机制和成本共担、利益共享机制，统筹推进基础设施协调布局、产业分工协作、公共服务共享、生态共建环境共治。优化城市群内部空间结构，构筑生态和安全屏障，形成多中心、多层级、多节点的网络型城市群"。

2018年11月18日，《中共中央国务院关于建立更加有效的区域协调发展新机制的意见》发布，该文件提出，"推动国家重大区域战略融合发展。以'一带一路'建设、京津冀协同发展、长江经济带发展、粤港澳大湾区建设等重大战略为引领"，这进一步强化了京津冀城市群、珠三角城市群的重要战略地位。该文件还提出，"建立以中心城市引领城市群发展、城市群带动区域发展新模式，推动区域板块之间融合互动发展。以北京、天津为中心引领京津冀城市群发展，带动环渤海地区协同发展。以上海为中心引领长三角城市群发展，带动长江经济带发展。以香港、澳门、广州、深圳为中心引领粤港澳大湾区建设，带动珠江-西江经济带创新绿色发展。以重庆、成都、武汉、郑州、西安等为中心，引领成渝、长江中游、中原、关中平原等城市群发展，带动相关板块融合发展"。

城市间的跨区域交通也是提升区域合作、拉动中心城市发展的重要一环。伴随着城市群的兴起，必然形成完善的区域公铁联系，以及协同运作良好的机场群。城市群与机场群是相辅相成、相互促进的关系，城市群的发展、壮大和质量提升，离不开高效的综合交通体系和发达的交通基础设施，尤其是具有独特优势的航空业的发展和机场群的建设。机场群的发展也必须以城市群的发展为依托，机场群的建设必须主动适应城市群发展的需要，必须与国家城市化建设的进程和规划相衔接。本书选取了长三角城市群、珠三角城市群、环渤海城市、中部及西部城市等若干城市集合，对集合中的城市开展基于机场影响下的城市竞争力研究。

## 长三角城市群：崛起的世界级城市群

长三角地区是中国经济最具活力、城市层级结构最合理的城市群，是"一带一路"沿线地区与长江经济带的重要交会地带，未来将以核心城市为支点构建南京、杭州、合肥、苏锡常（苏州、无锡、常州）、宁波五大都市圈。长三角城市群包括：上海直辖市，江苏省南京、无锡、常州、苏州、南通、盐城、扬州、镇江、泰州，浙江省杭州、宁波、嘉兴、温州、湖州、绍兴、金华、舟山、台州，安徽省合肥、芜湖、马鞍山、铜陵、安庆、滁州、池州、宣城共计27个城市。目前已建有民航客运机场的城市共计16个，包括上海、安徽省3个城市、江苏省6个城市和浙江省6个城市。2019年印发的《长江三角洲区域一体化发展规划纲要》提出，发挥上海龙头作用，苏、浙、皖各扬所长，加强跨区域协调互动。该文件提出的战略定位是：全国高质量发展样板区，率先基本实现现代化引领区，区域一体化发展示范区，新时代改革开放新高地。长三角机场群的发展对在长三角地区建设世界级城市群具有重要意义。长三角城市群13个重点城市分项GARI得分见表4-1。

表4-1 长三角城市群13个重点城市分项GARI得分

|  | 综合评价 | 机场运营规模 | 城市综合交通与对外连接 | 城市经济产业水平 | 人居和社会水平 | 开放型经济基础 | 排名 |
| --- | --- | --- | --- | --- | --- | --- | --- |
| 上海 | 6.4150 | 7.0000 | 6.3379 | 5.3220 | 7.0000 | 7.0000 | 1 |
| 杭州 | 3.9722 | 4.1108 | 5.3318 | 3.2561 | 3.4428 | 2.4772 | 2 |
| 南京 | 3.5251 | 3.1796 | 5.4063 | 2.6195 | 3.1605 | 2.4869 | 3 |
| 无锡 | 3.0091 | 2.5458 | 3.9604 | 3.2094 | 2.2491 | 2.2801 | 4 |
| 宁波 | 2.8903 | 2.6131 | 3.9213 | 2.4514 | 2.7232 | 2.4085 | 5 |
| 南通 | 2.7840 | 3.2652 | 3.4212 | 2.2278 | 1.6947 | 2.2272 | 6 |
| 温州 | 2.5197 | 2.7343 | 3.1597 | 1.9111 | 2.0664 | 2.2509 | 7 |
| 常州 | 2.4655 | 2.4572 | 2.9944 | 2.2163 | 1.9537 | 2.3027 | 8 |
| 合肥 | 2.3537 | 2.5449 | 2.5482 | 2.3253 | 2.1605 | 1.5585 | 9 |
| 苏州 | 2.1974 | 1.7002 | 2.1856 | 2.2688 | 2.6469 | 3.0903 | 10 |
| 台州 | 1.8997 | 1.7027 | 2.5558 | 1.5813 | 1.8535 | 1.6933 | 11 |
| 金华 | 1.7684 | 2.2924 | 1.3265 | 1.5490 | 1.8756 | 1.7430 | 12 |
| 绍兴 | 1.5756 | 1.6000 | 1.0000 | 1.7965 | 2.0172 | 1.9476 | 13 |

上海以6.4150的综合评价分值高居榜首，高出第2名杭州2.4428分。无论是综合竞争力还是分项竞争力，上海都遥遥领先于长江三角洲的其他城市，显示出作为长三角地区中心城市的雄厚实力，理所当然地成为城市综合竞争力最强的城市。在综合评价分值上，杭州、南京、无锡的综合评价分值虽然也超过了3.0，但仍与上海差距极大。其余城市分值基本在1.5~3.0，差距较小。苏州由于缺乏独立机场，所以在综合城市排名方面并不理想。

## 机场群规模庞大，门户枢纽功能突出

从旅客吞吐量来看，2019年长三角地区各机场旅客吞吐量总计达到2.56亿人次，高于粤港澳大湾区机场旅客吞吐量（2.23亿人次）和京津冀地区机场旅客吞吐量（1.41亿人次），位居中国三大机场群首位。[1] 其中，上海浦东国际机场、上海虹桥国际机场、杭州萧山国际机场、南京禄口国际机场、宁波栎社国际机场、合肥新桥国际机场这6个机场的旅客吞吐总量占长三角地区的84.8%，其他11个机场仅占15.2%。

2019年长三角地区主要城市机场的运输规模与增速情况如表4-2所示。

表4-2　2019年长三角地区主要城市机场的运输规模与增速

| 省市 | 机场 | 旅客吞吐量（万人次） | 区域占比 | 增速 |
|---|---|---|---|---|
| 上海 | 上海浦东国际机场 | 7 615.35 | 29.74% | 30.66% |
| | 上海虹桥国际机场 | 4 563.79 | 17.82% | 18.37% |
| 安徽 | 合肥新桥国际机场 | 1 228.24 | 4.80% | 4.94% |
| 浙江 | 杭州萧山国际机场 | 4 010.84 | 15.66% | 16.15% |

（续表）

| 省市 | 机场 | 旅客吞吐量（万人次） | 区域占比 | 增速 |
|---|---|---|---|---|
| 浙江 | 宁波栎社国际机场 | 1 241.40 | 4.85% | 5.00% |
|  | 金华义乌国际机场 | 202.91 | 0.79% | 0.82% |
|  | 温州龙湾国际机场 | 1 229.17 | 4.80% | 4.95% |
|  | 舟山普陀山机场 | 152.19 | 0.59% | 25.80% |
|  | 台州路桥机场 | 138.13 | 0.54% | 0.56% |
| 江苏 | 南京禄口国际机场 | 3 058.17 | 11.94% | 12.31% |
|  | 苏南硕放国际机场 | 797.34 | 3.11% | 3.21% |
|  | 常州奔牛国际机场 | 405.23 | 1.58% | 1.63% |
|  | 南通兴东国际机场 | 348.75 | 1.36% | 1.40% |
|  | 扬州泰州国际机场 | 297.97 | 1.16% | 25.00% |

资料来源：《2019年民航机场生产统计公报》。

从航线网络覆盖面与网络厚度看，上海浦东国际机场、上海虹桥国际机场、杭州萧山国际机场的网络覆盖范围与网络厚度在机场群中均处于显著地位。上海虹桥国际机场的国内通航点平均日航班频次最高。南京禄口国际机场的国内通航点数量（低于80个）略逊于上述3个机场，但平均日航班频次仅次于上海虹桥国际机场，位居第2。合肥新桥国际机场与宁波栎社国际机场，无论是在通航点数量还是在平均日航班频次上，在6个主要机场中均处于弱势地位。

从国际市场运力投入来看，长三角地区主要机场国际市场座位运力投入最多的为上海浦东国际机场，占82.2%，其次为杭州萧山国际机场，占7.14%，南京禄口国际机场占5.20%，另外上海虹桥国际机场、宁波栎社国际机场和合肥新桥国际机场的国际市场座位运力投入较少，分别占 3.48%、1.15% 和 0.83%。上海浦东国际机场在长三角国际航空运输市场中的地位比较稳固。

可见，处理好上海两个大型机场与杭州萧山、南京禄口、宁波栎社以及合肥新桥这 4 个机场间的关系，是长三角地区机场群协同发展的关键。

根据中国民用航空局确定的中国各机场定位，上海的机场被定位为门户复合枢纽机场，南京和杭州的机场被定位为干线机场。[2]《长江三角洲区域一体化发展规划纲要》也提出巩固提升上海国际航空枢纽地位，增强面向长三角、全国乃至全球的辐射能力。居国际航空枢纽地位的上海浦东国际机场将成为长三角龙头机场，由此以南京、杭州的机场为犄角，以合肥、宁波、温州、无锡的机场为支点，带动长三角机场群协同发展，与地面交通有机融合，打造长三角综合交通网络。将浦东机场建成具有国际竞争力的主枢纽，虹桥机场建成以国内点对点航班和国际优质远程航线为主的区域枢纽，南京和杭州的机场主要发展国内航线和国际周边航线。

## 交通基础设施网络基本形成，水平位居全国前列

长三角地区铁路网密集，公路网发达，水网纵横交错，港口众多，具有通江达海、四面辐射的优越条件，客流、物流、资源流的快速通道畅通，有力推动区域融合发展。城市综合交通发展方面，上海为第一档次，南京、杭州为第二档次，其他城市为第三档次，因为固定资产投资、高速公路里程、商品房销售面积集中于主要大城市，大城市吸引了大量的资金和人口，而且在城市综合交通发展方面，对交通基础设施建设极为重视，所以在城市综合交通与对外连接维度上，上海以 6.3379 分排在首位，其后依次是南京、杭州、无锡、宁波等城市。

2019年，长三角地区铁路营业里程达11 632公里，铁路密度为324.91公里/万平方公里，是全国平均水平的2.15倍。其中，高速铁路营业里程达4 997公里。[3] 长三角地区城市轨道交通发达，截至2017年，上海轨道交通总长达669.5公里，南京轨道交通总长达176.8公里，苏州轨道交通总长达165.9公里，杭州轨道交通总长达132.46公里，宁波轨道交通总长达91.23公里，无锡轨道交通总长达60.9公里，合肥轨道交通总长达89.5公里。[4]

依托以高速铁路、城际铁路、高速公路、长江黄金水道和国内外航线为主通道的多层次综合交通网络，以及国际性、全国性、区域性多层次综合交通枢纽，长三角地区综合运输服务品质逐步提升，服务能力高于全国平均水平。

在综合交通方面，《长江三角洲区域一体化发展规划纲要》提出提升基础设施互联互通水平，并协同建设一体化综合交通体系。在铁路方面，加快推进城际铁路网建设，支持高铁快递、电商快递班列发展。在公路方面，提升省际公路通达能力，规划取消高速公路省界收费站。另外，推进长三角港口协同发展，推动建设信息基础设施网络和长三角工业互联网等。

## 高质量经济产业水平，引领长江经济带发展

长三角地区土地面积合计21.2万平方公里，占全国的2.2%；2019年经济总量为23.7万亿元，占全国的23.9%；常住人口1.5亿人，占全国的11%。其中，上海、苏州、杭州、南京、无锡和宁波的GDP总量超万亿元，占全国万亿元城市数量的37.5%。

在城市经济产业水平上，长三角地区得分排名前4的城市依次是上海、杭州、无锡和南京，其中上海的得分为5.3220，杭州的得分是3.2561，远高于其他城市。这就是说，就城市经济整体水平而言，

上海和杭州具有雄厚的经济基础、发达的市场体系以及丰富的经济资源，并且其经济规模远大于其他城市。城市规模较小，经济发展相对较慢的城市有台州、金华、常州、南通、温州，在城市经济产业水平维度上得分较低。苏州、无锡、南京、常州、杭州在2019年的人均GDP均超过2.1万美元，合肥、金华、台州低于1.8万美元，得分较低，相较于上海周边的城市，生活水平还有待提高。

在城市GDP增速方面，合肥、嘉兴、芜湖、马鞍山、安庆、宣城的GDP增速超过10%，从侧面反映出这几个城市的发展潜力；而南通、常州、盐城、镇江的GDP增速不足6%，其余大部分城市的GDP增速均在8%左右。[5] 杭州、南京、上海等城市在第三产业比重及外贸依存度上的得分比较高，说明这些城市的产业结构比较完善，而常州、台州、温州等其他城市得分比较低，说明这些城市的产业结构亟待优化。在R&D投入与生产总值比以及高层次人才评分中，上海、杭州、南京远远领先其他城市，从侧面说明了大城市对人才的吸引力更高，以及大城市具有更高的科技水平。

## 城市软环境不断提升，协同能力需要加强

人居和社会水平排名基于人均可支配收入、外籍常住人口比重、人均三星级以上酒店数量、会展经济发展情况这4个因子进行评价分析。作为长三角城市群的龙头，上海的人居和社会水平远高于长三角地区的其他城市，杭州、南京紧随其后，宁波、苏州、无锡的发展质量相对较高。此外，南通、台州、金华、常州的人居和社会水平分值尚待提高，表明长三角城市群发展仍存在一定的不平衡现象。

相关专家认为，长三角城市群仍然存在行政区经济现象，应进一步消除行政壁垒，建立统一的市场体系。

开放型经济基础排名主要从城市进出口额、特殊监管区发展情

况和政府效能这 3 个因子进行评价分析。上海口岸已成为服务长三角、辐射全中国的进口商品集散中心，因此在该项评价中得分最高。2019 年上海口岸货物贸易进出口额持续增长。上海海关统计，2019 年上海口岸货物进出口总额为 84 267.90 亿元，比上年下降 1.2%，继续位居世界城市首位，其中进口额为 35 453.00 亿元，下降 2.6%，出口额为 48 814.90 亿元，下降 0.2%，上海继续保持全国最大口岸地位，在长三角地区处于核心地位。[6] 长三角地区对开放型经济的建设力求保持全国前列，《长江三角洲区域一体化发展规划纲要》专章提出高标准建设上海自由贸易试验区新片区，以投资自由、贸易自由、资金自由、运输自由、人员从业自由等为重点，推进投资贸易自由化便利化，打造与国际通行规则相衔接、更具国际市场影响力和竞争力的特殊经济功能区。

## 珠三角城市群：多方联动，建设粤港澳大湾区

2019 年珠三角地区人均 GDP 达到 13 万元，城市化率 85.3%，居全国首位。协同港澳，打造国际一流湾区和世界级城市群，也形成了运量规模大、空域复杂繁忙的大型机场群。此外，珠三角制造业发达：在珠江东岸，以深圳、东莞、惠州为主体，形成了全国著名的电子信息产业走廊；在珠江西岸，以佛山、中山、珠海、广州为主体，形成了电器机械产业集群。广州作为广东省的政治、经济、文化中心，同时又是全国铁路和航空枢纽之一，产业以汽车、电子和化工为支柱，三者占工业总产值的 56%。深圳毗邻香港，奠定了其作为珠三角地区金融、贸易和创新中心的地位。

根据《粤港澳大湾区发展规划纲要》，珠三角九市（广东省广州、深圳、珠海、佛山、惠州、东莞、中山、江门、肇庆）与香港特别行政区、澳门特别行政区共同构成了粤港澳大湾区。粤港澳大湾

区的战略定位是：充满活力的世界级城市群，具有全球影响力的国际科技创新中心，"一带一路"建设的重要支撑，内地与港澳深度合作示范区，宜居宜业宜游的优质生活圈。粤港澳大湾区是区位优势明显、经济实力雄厚、创新要素集聚、国际化水平领先、合作基础良好的地区。在本评价体系中，选取了珠三角九市中的广州、深圳、珠海、惠州、佛山、东莞、中山 7 个城市进行评分对比（见表 4-3），其中中山与东莞并未建有独立机场。

表 4-3　珠三角城市群 7 个城市分项 GARI 得分

| 城市 | 综合评价 | 机场运营规模 | 城市综合交通与对外连接 | 城市经济产业水平 | 人居和社会水平 | 开放型经济基础 | 排名 |
| --- | --- | --- | --- | --- | --- | --- | --- |
| 广州 | 4.8416 | 4.4533 | 7.0000 | 3.5957 | 5.4813 | 3.0858 | 1 |
| 深圳 | 4.6355 | 3.5278 | 6.5047 | 4.3815 | 4.0078 | 4.5484 | 2 |
| 珠海 | 3.2224 | 2.7167 | 5.3250 | 2.4960 | 2.2801 | 2.2409 | 3 |
| 惠州 | 2.5979 | 3.0965 | 3.7590 | 1.6818 | 1.6070 | 1.4810 | 4 |
| 佛山 | 2.2799 | 1.0000 | 4.0889 | 2.2044 | 2.1551 | 1.9106 | 5 |
| 东莞 | 2.0573 | 1.2365 | 2.1115 | 2.5568 | 2.5155 | 2.6771 | 6 |
| 中山 | 1.6646 | 1.2919 | 1.8919 | 1.7278 | 2.0581 | 1.6627 | 7 |

## 机场运输规模大，有待进一步协同

2019 年，粤港澳大湾区的香港、澳门、广州、深圳和珠海五大城市的机场共运送 2.19 亿旅客，货邮吞吐量达 936.9 万吨，机场群的运输规模已经超过纽约、伦敦、东京等世界级机场群，位居全球湾区机场群之首，已具备发展成为世界级机场群的良好市场基础。

在内陆城市中，广州年度航空客运总量7 337.85万人，深圳航空客运总量5 293.2万人，珠海也超过千万达到1 228.3万人。深圳机场运量低于广州机场，香港机场历史悠久、航线发达，广州机场辐射广东省，腹地较大，深圳机场一般辐射深圳和粤东少数城市，国际客运量比例较低。

目前，广州机场和深圳机场都在拓展国际航线，2016年开始，深圳机场以每年10条以上的速度新开国际航线。在新冠肺炎疫情发生前的3年，深圳机场国际旅客吞吐量以每年超过30%的速度增加。深圳机场现有T3航站楼设计旅客吞吐量为4 500万人次，已经超负荷运转。为了适应客货增长，深圳机场的第三跑道也已经开工建设，这一项目的目的是满足深圳机场未来年旅客吞吐量8 000万人次的需求。这一规模和香港机场现在的客运量相差不大。

自2018年珠海机场东指廊改建并投入使用，2019年珠海机场旅客吞吐量达1 228.3万人次，同比增长21.7%；货邮吞吐量达4.64万吨，同比增长24.1%。机场方面，珠海逐渐成为珠三角城市群的最大受益者，按照最先进、最科学的建设方式，迅速走上正轨，最大限度避免弯路。此外，惠州也有空港，航空客运总量188.0万人，货运总量5.5万吨，承载力相对不饱和。

粤港澳大湾区机场群的复杂程度和运输规模已经达到世界级机场群的水平。为了进一步构建世界级机场群和临空产业集群，《粤港澳大湾区发展规划纲要》提出巩固提升香港国际航空枢纽地位，提升广州和深圳机场国际枢纽竞争力，增强澳门、珠海等机场功能。2019年以来，深圳机场的国际航线得到了较大的拓展，香港、广州、深圳都将在国际枢纽机场的地位上强化竞争力，同时需要形成更好的职能分工。2018年世界航线发展大会期间，国家发改委综合运输研究所所长汪鸣表示，不应该再从功能分工的角度去给机场做划分，而应该从产业链分工的角度，让机场找到各自的特长和合作点。[7]

## 多式交通齐全，城际交通需要强化

珠三角城市群各种运输方式齐全，运输体系完善，初步形成以广州为中心，密切辐射各城市及重要城镇，沟通国际、国内的综合运输交通网络。城市综合交通发展方面，广州和深圳为第一档次，珠海和佛山为第二档次，惠州、东莞、中山为第三档次。

珠三角水运发达，港口密集，其中广州港和深圳港已成为国际枢纽港，但城市群对外综合运输通道仍在构建，区域内城际系统也正在积极推进。珠三角城市群客货运输具有总量大、增速快、旅客出行频率高、单位货运强度低的特点，运输结构以公路为主导，铁路份额较低。随着城市群的快速发展，各城市建成区域逐渐连成一片，区域内部分公路逐渐转变为城市内道路，部分城际客流逐步形成城市化的特征，从而对城际交通的建设提出了更高要求。

城际铁路运营里程达650公里，基本形成以广州为核心，纵贯南北、沟通东西两岸的珠三角城际铁路主骨架，实现珠三角主要城市间1小时互通，全省铁路主通道客运快速化、区域城际化。当前，对于城市轨道交通的建设，广东城市轨道交通设施与世界级城市群发展要求不匹配，珠三角铁路（含国铁干线、城际铁路和城市轨道交通）密度约为4.2公里/百平方公里，与巴黎（17.4公里/百平方公里）、东京（11.7公里/百平方公里）、纽约（8.1公里/百平方公里）等世界发达都市圈的水平相差较大。[8] 当前广州与深圳城市轨道交通较为完善，开通里程分别为531.7公里与422.6公里；东莞、珠海、佛山虽然已经开通城市轨道交通，但仍然在发展。[9]

在粤港澳大湾区快速交通网络建设方面，一方面，城际交通联系将得到增强，根据《粤港澳大湾区发展规划纲要》，构建以高速铁路、城际铁路和高等级公路为主体的城际快速交通网络，力争实现大湾区主要城市间1小时通达；另一方面，推进城市内部综合交通将干线铁路、城际铁路、市域（郊）铁路等引入机场。

## 城市经济产业基础佳，产业链合作能力需增强

在城市经济产业水平方面，深圳以 4.3815 分位居首位，排名第 2 至第 5 的城市分别为广州、东莞、珠海、佛山。2019 年，深圳和广州的 GDP 超过万亿元，深圳达到 26 927.09 亿元，广州达到 23 628.60 亿元，远远超出其他城市数倍（见表 4-4）。作为珠三角城市群的核心，从城市级别和所处状态看，广州、深圳两座城市与珠三角地区其他城市已经不处于同一维度。佛山、东莞作为珠三角城市群的两翼，具有承接一线城市产业外溢、人口疏解的优势。2019 年，佛山 GDP 达到 10 751.02 亿元，迈入万亿元大关；东莞 GDP 达到 9 482.50 亿元紧随其后，其名义 GDP 增速达到 14.54%，为珠三角城市中的第 2 位，仅次于珠海。

表 4-4　2019 年珠三角地区各地级市 GDP 数据

| 全国排名 | 城市 | 2019 年 GDP（亿元） | 2018 年 GDP（亿元） | 名义增量（亿元） | 名义增速 | 人均 GDP（万元） |
| --- | --- | --- | --- | --- | --- | --- |
| 1 | 深圳 | 26 927.09 | 24 221.98 | 2 705.11 | 11.17% | 21.49 |
| 2 | 广州 | 23 628.60 | 22 859.35 | 769.25 | 3.37% | 16.30 |
| 3 | 佛山 | 10 751.02 | 9 935.88 | 815.14 | 8.20% | 14.04 |
| 4 | 东莞 | 9 482.50 | 8 278.59 | 1 203.91 | 14.54% | 11.36 |
| 5 | 惠州 | 4 177.41 | 4 103.05 | 74.36 | 1.81% | 8.75 |
| 6 | 中山 | 3 101.10 | 3 632.70 | −531.60 | −14.63% | 9.51 |
| 7 | 珠海 | 3 435.89 | 2 914.74 | 521.15 | 17.88% | 19.46 |

（续表）

| 全国排名 | 城市 | 2019年GDP（亿元） | 2018年GDP（亿元） | 名义增量（亿元） | 名义增速 | 人均GDP（万元） |
| --- | --- | --- | --- | --- | --- | --- |
| 9 | 江门 | 3 146.64 | 2 900.41 | 246.23 | 8.49% | 6.90 |
| 10 | 肇庆 | 2 248.80 | 2 201.80 | 47.00 | 2.13% | 5.46 |

资料来源：深圳市统计局、广州市统计局、佛山市统计局、东莞市统计局、惠州市统计局、中山市统计局、珠海市统计局、江门市统计局、肇庆市统计局。

从各城市的产业构成看，地区生产总值较高的发达城市第二产业占比均较高。佛山、东莞及惠州等城市承担着广州、深圳制造业转移的产业布局任务。广州则继续发挥对外服务贸易中心的作用，以服务业为主的第三产业增加值占三次产业比例高达71.62%。[10] 佛山近几年经济表现抢眼，除了传统的轻工业优势外，佛山在机械设备等工业制造行业逐渐发力，产业布局日渐合理。除了深圳、佛山、广州和东莞，大湾区其他城市规模以上工业增加值相比之下还有较大差距。

城市创新能力方面，2019年广州、深圳R&D投入与生产总值比分别为2.8%、4.2%，发明专利授权量分别为1.08万件、2.13万件。教育方面，珠三角城市群仅有中山大学、华南理工大学等4所"985"院校和"211"院校，相较于其他大型城市群，教育资源瓶颈较大。

## 社会国际化水平较高，开放型经济基础良好

从人居和社会水平出发，广州以5.4813的得分排名第1，深圳以4.0078分紧随其后，东莞、珠海等其他城市处于第三档。人均三星级以上酒店数量和会展经济发展情况是社会文化水平的考量标准，大城市往往资源集中，对人们的社会文化水平影响也很大。但在宜居程度上，这些城市群中的小城市如中山、惠州，生存性价比是阶

段性对外来人口友好的。城市的宜居性往往具有阶段性属性，伴随着城市级别的升高，对于既有居民和新增人口的宜居性会发生不同倾向的改变。

开放型经济基础方面，广州、深圳依旧处于前两位，东莞口岸进出口额突破万亿元，达到 13 418.70 亿元，仅次于深圳的 29 983.74 亿元，超过广州的 9 810.15 亿元。深圳前海自贸区在对外开放创新上取得了比较显著的成果，例如，加快金融业对外开放试验示范窗口建设，为丰富离岸人民币投资产品、探索人民币资产国际定价、推动人民币国际化做出了积极尝试，推出"保税＋社区新零售"模式，还出台了支持港澳青年在前海发展的 36 条优惠政策，积极推进人才特区建设。[11] 除了广州和深圳设有自贸区外，珠海横琴自贸区也值得一提——横琴岛总面积为 106.46 平方公里，自贸区可开发面积约 30 平方公里，容纳了超 6 万家企业，包括 45 家世界 500 强企业、73 家中国 500 强企业落户，横琴自贸区已经成为对接港澳两地的重要合作区。粤港澳大湾区中，深圳、珠海与香港、澳门只有一水之隔，长期以来其国际化程度也较内地其他城市群高，随着交通的发展，经济、政策进一步开放，文化交流也越来越频繁。《粤港澳大湾区发展规划纲要》提出开发高铁"一程多站"旅游产品，优化珠三角地区"144 小时过境免签"政策，优化出入境手续，使粤港澳大湾区更有利于国际旅游、往来等。

## 环渤海经济圈：打造以首都为核心的一体化发展地区

环渤海经济圈位于中国东部沿海的北部地区，京津冀地区是环渤海经济圈的核心，辐射带动环渤海地区以及中国北方腹地，区位特殊、工业密集、城市密布，是北方内陆地区通往世界的重要门户区域。环渤海地区是以京津冀为核心、以辽东半岛和山东半岛为两翼的环渤海经济区域，主要包括北京市、天津市、河北省、山东省、辽宁省，也就是三省两市的"3+2"经济区域，面积51.8万平方公里，人口2.3亿，占全国总人口的17.5%。本评价体系中选取了9个城市（见表4-5），分别是北京、天津、石家庄、沈阳、大连、济南、青岛、烟台、潍坊。

表4-5 环渤海经济圈9个城市分项GARI得分

| 城市 | 综合评价 | 机场运营规模 | 城市综合交通与对外连接 | 城市经济产业水平 | 人居和社会水平 | 开放型经济基础 | 排名 |
| --- | --- | --- | --- | --- | --- | --- | --- |
| 北京 | 6.0498 | 5.7767 | 6.3046 | 7.0000 | 5.4520 | 4.4543 | 1 |
| 天津 | 3.5274 | 3.2779 | 5.5501 | 2.4522 | 2.7990 | 2.6357 | 2 |
| 青岛 | 3.0893 | 2.9906 | 4.3885 | 2.4710 | 2.9493 | 1.8234 | 3 |
| 大连 | 2.8759 | 2.5873 | 4.1841 | 2.2592 | 2.6104 | 2.2785 | 4 |
| 沈阳 | 2.6906 | 2.2791 | 3.6818 | 2.4855 | 2.6526 | 1.9983 | 5 |
| 济南 | 2.6496 | 2.7592 | 3.2279 | 2.2050 | 2.8634 | 1.7725 | 6 |
| 潍坊 | 2.3910 | 2.5692 | 3.2681 | 1.8532 | 1.8288 | 1.5702 | 7 |
| 石家庄 | 2.3091 | 2.8071 | 3.3642 | 1.1582 | 1.7823 | 1.5814 | 8 |
| 烟台 | 2.2701 | 2.6746 | 2.5014 | 1.9811 | 1.8143 | 1.6562 | 9 |

## 大型国际机场多，机场群初具规模

京津冀作为环渤海地区的中心区域，具有极强的辐射带动作用，是环渤海地区经济增长和转型升级的新引擎。如表4-6所示，北京首都国际机场2019年旅客吞吐量为10 001.36万人次，占京津冀地区机场总吞吐量的69.65%；受资源深度饱和限制，北京首都国际机场 2014—2016 年平均增速为 4.1%。天津滨海国际机场 2019 年旅客吞吐量为 2 381.33 万人次，占京津冀地区总旅客吞吐量的 16.27%，全国排名第 19。天津滨海国际机场 2016—2018 年客运发展速度较快，平均增速为 18.23%，2019 年增速趋于平缓，同比增长 0.94%。2019 年，石家庄正定国际机场旅客吞吐量为 1 192.28 万人次，同比增长 5.21%。石家庄机场区域枢纽作用初显，由此可见，京津冀机场协同效应日趋增强，具有国际竞争力的机场群初具规模。

表 4-6　2019 年环渤海经济圈城市的机场运营情况

| 城市 | 旅客吞吐量（万人次） | 年增长率（%） | 货邮吞吐量（万吨） | 年增长率（%） | 起降架次（万架次） | 年增长率（%） |
| --- | --- | --- | --- | --- | --- | --- |
| 北京 | 10 001.36 | -0.96 | 195.53 | -5.7 | 59.43 | -3.2 |
| 天津 | 2 381.33 | 0.94 | -226.16 | -12.6 | 16.78 | -6.4 |
| 青岛 | 2 555.63 | 4.16 | 25.63 | 14.1 | 18.65 | 2.1 |
| 大连 | 2 008.00 | 7.05 | 17.35 | 7.2 | 15.49 | 5.7 |
| 沈阳 | 2 054.40 | 7.97 | 19.24 | 14.2 | 14.53 | 5.6 |
| 济南 | 1 756.05 | 5.71 | 13.52 | 19.0 | 12.99 | 2.5 |
| 石家庄 | 1 192.28 | 5.21 | 5.32 | 15.4 | 9.09 | 1.4 |
| 烟台 | 1 005.29 | 19.21 | 5.71 | 10.9 | 8.64 | 14.5 |

资料来源：中国民用航空局，《2019 年民航机场生产统计公报》。

渤海湾有多个国际性港口城市，如青岛、大连、烟台，这些城市不仅承载着"一带一路"新亚欧大陆桥经济走廊主要节点城市和海上合作战略支点的重任，而且由于其海滨城市的特性，旅游业发展较好，吸引了大量的游客。机场的发展对这些城市极为重要。除京津冀城市群外，青岛与大连的机场规模居于前列。2019 年，青岛流亭国际机场旅客吞吐量为 2 555.63 万人次，同比增长 4.16%；货邮吞吐量为 25.63 万吨，同比增长 14.1%；起降架次 18.65 万架次，同比增长 2.1%；分别位居中国大陆第 16、第 14、第 18。2019 年，大连周水子国际机场旅客吞吐量为 2 008.00 万人次，同比增长 7.05%；货邮吞吐量为 17.35 万吨，同比增长 7.2%；起降架次 15.49 万架次，同比增长 5.7%；分别位居中国大陆第 24、第 20、第 23。2019 年，烟台蓬莱国际机场旅客吞吐量为 1 005.29 万人次，同比增长 19.21%；货邮吞吐量为 5.71 万吨，同比增长降 10.9%；起降架次 8.64 万架次，同比增长 14.5%；分别位居中国第 39、第 38、第 44。机场的发展为环渤海地区城市对外开放提供了强有力的航空运输保障，极大增强了城市群在东北亚地区的竞争力。

民航业作为经济社会发展的战略产业，是现代综合交通运输体系的重要组成部分，是推动产业转型升级的重要引擎。推进机场的发展，有利于实现建设面向东亚的门户机场和"一带一路"综合枢纽城市的目标，形成航空运输服务、通用航空运营、航空研发与制造、临空产业全链条发展的高端航空产业体系，为城市经济发展注入新动力。

## 交通连通性较强，辽宁、山东作为两翼需进一步提升连接度

环渤海地区陆海空交通发达。区域内拥有 40 多个港口，构成了中国最为密集的港口群，海运、铁路、公路、航空运输线路密集，形成了以港口为中心的陆海空立体交通网络，成为沟通东北、西北和华北经济，进入国际市场的重要集散地。已初步形成以京津为中心，以沿海开放城市为扇面，以五省会城市为支点的多功能、外向型的城市群。在城市综合交通方面，北京、天津为第一档次，青岛、大连为第二档次，沈阳、石家庄、潍坊、济南、烟台为第三档次。

环渤海地区的核心区块为京津冀地区，北京是京津冀地区的基

础，京津冀交通一体化的核心是打造"轨道上的京津冀"。未来，国家干线铁路、城际铁路、市郊铁路、城市地铁将构成京津冀之间的4层轨道交通网络。北京是中国铁路网的中心之一，北京铁路枢纽是联结8个方向的全国最大的铁路枢纽。2019年，北京公路里程为22 255.8公里，比上年末增加29.8公里。其中，高速公路里程为1 169公里，城市道路里程为8 307.40公里。[12]四通八达的交通为首都的发展构建起坚硬的骨架。天津境内铁路总里程达到1 285公里，路网密度为10.9公里/百平方公里，居全国第1；高速公路路网密度为10.7公里/百平方公里，居全国第2。密集且完善的公路和铁路设施，支撑起京津冀协同发展的桥梁。京津冀地区另一重要城市石家庄是中国铁路运输的枢纽之一，京广铁路、石太铁路、石德铁路、朔黄铁路交会于此，其中京广铁路是连接中外交通的大动脉，石太铁路是晋煤外运的主要通道。在轨道交通建设方面，北京、天津、石家庄均有地铁规划。截至2019年，北京地铁运营线路共有23条，运营里程711.45公里；天津地铁运营线路共有6条，运营里程233.2公里。截至2020年底，石家庄地铁运营线路共有3条，运营里程约30.3公里。

环渤海地区的青岛、大连、烟台由于其滨海城市的特性，是中国东部沿海重要的经济中心城市和港口城市，是黄河流域和太平洋西岸重要的国际贸易口岸和海上运输枢纽。2018年，青岛累计完成铁路货运量6 280万吨，货运周转量183.04亿吨公里；全年完成铁路客运量3 455万人次，客运周转量96.95亿人公里。[13]2018年，大连各种运输方式客货换算周转量6 900亿吨公里，比上年下降24.1%。其中，货运周转量6 809.9亿吨公里，客运周转量240.2亿人公里，客运周转量增长3.0%。[14]2018年，烟台公路总里程达19 682.16公里，其中高速公路606.8公里；全年货物运输量27 874.71万吨，比上年增长4.8%；旅客运输量7 305.61万人次，比上年增长4.8%。[15]

## 双核驱动经济产业进步，多项政策引领科技创新

环渤海地区属资源型经济区域，自然资源丰富且分布相对集中，易于开发利用。其中，能源储量居全国首位，原油产量约占全国总产量的43%，煤炭探明储量占全国煤炭总储量的60%以上，在中国居重要地位，已探明对国民经济有重要价值的矿产资源达100多种。环渤海经济圈还有丰富的海洋资源和渔业资源，同时是中国重要的农业和畜牧业基地，粮食产量占全国的23%以上，牛羊养殖居中国之首。在城市经济产业水平方面，北京以7分居全国内陆城市首位，一枝独秀，在环渤海经济圈排在第2至第5的分别为沈阳、青岛、天津、大连。2019年，北京和天津的GDP超过万亿元，北京为35 371.3亿元，[16] 天津为14 104.28亿元，[17] 远超其他城市。

京津冀地区是环渤海经济圈的核心，带动着环渤海地区协同发展，但仍存在人均经济水平低于长三角和珠三角，核心城市驱动力量不明显，行政壁垒和区域间差异大等短板。设立雄安新区是调节推动创新发展、疏解北京非首都功能、建设现代化经济新引擎的重要举措，雄安新区也是河北自由贸易试验区的组成部分。这一"千年大计"将推动京津冀一体化和环渤海地区综合发展进程。

此外，该区域产业结构调整凸显新的优势，金融环境正在改善。京津冀已经形成能源、化工、冶金、建材、机械、汽车、纺织、食品8大支柱产业，同时以具有优势的教育、科技资源带动了高科技产业发展，新兴的电子信息、生物制药、新材料等高新技术已成为这一地区的主导产业，天津滨海新区正对国际金融改革进行尝试。

城市创新方面，该区域科技资源和人才资源高度聚集，教育资源堪称中国最优。北京拥有的"985"院校约占全国的1/5，有30余所"双一流"高校。天津有5所"双一流"高校。如前所述，河北

省、山东省和辽宁省的高校总量也很大，环渤海地区可以说是中国知识最密集的地区。但两院院士吴良镛也指出，尽管三省两市各自的科教实力不弱，环渤海地区却没有充分形成有区域特点的发展模式，和长三角地区、珠三角地区的联动发展比起来，缺乏一体化与区域协作能力。如前所述，河北省、山东省和辽宁省的高校总量也很大。1990—2006年，这些地区普通高校数量和在校生规模所体现出的整体培养能力一直很强，三省两市的比例在22%~24%浮动，超过珠三角、长三角两经济圈的总和。

## 对外合作情况不断得到优化

在开放型经济基础方面，北京以4.4543的得分排名第1，天津、大连分别以2.6357分及2.2785分居于第二档，青岛、沈阳等其他城市居于第三档。环渤海地区城市由于历史悠久、环境优越、交通便利，也成为不少国际性会议活动的举办地，例如天津、大连成为世界经济论坛新领军者年会的长期举办地。

在开放型经济基础方面，北京、天津依旧处于前两位。天津自由贸易试验区背靠京冀，辐射东北、西北、华北，是"一带一路"沿线重要节点城市，拥有目前北方最大的港口和华北第二大航空货运基地，开通中欧班列，实现了亚欧运输通道的高效连接，海、铁、空、陆多式联运高效便捷，国际贸易和投融资业务聚集，是中国重要的对外开放平台。大连自由贸易试验区是辽宁自由贸易试验区的主体区域，是引领东北全面振兴的重要增长极，是面向东北亚开放合作的战略高地，是"一带一路"沿线的重要节点城市和国际联运的重要枢纽，目前占地规模59.96平方公里，实有企业25 351家，其中实有外资企业940家，大连片区用大连市1/20的面积集聚了大连市1/10的企业和1/7的外资企业。

# 中原城市群、长江中游城市群、关中平原城市群：中西部崛起的战略支撑

从我国中部、西部区域选择郑州、武汉、长沙、西安这4个具有代表性的城市进行比较和分析，它们分别属于中原城市群（郑州）、长江中游城市群（武汉、长沙）、关中平原城市群（西安）。

中原城市群国土面积约28.7万平方公里。2019年，中原城市群生产总值为707 494亿元，总人口达1.89亿，是半径500公里区域内城市群体规模最大、人口最密集、经济实力较强、工业化进程较快、城市化水平较高、交通区位优势突出的城市群，是中华民族和华夏文明的重要发祥地。中原城市群地处全国"两横三纵"城市化战略格局中的陆桥通道与京广通道交会区域，"米"字形高速铁路网和现代综合交通枢纽格局正在加速形成，立体综合交通网络不断完善。中原城市群的战略定位是：中国经济发展新增长极，全国重要的先进制造业和现代服务业基地，中西部地区创新创业先行区，内陆地区双向开放新高地，绿色生态发展示范区。[18] 21世纪以来，随着国家对中部及内陆地区的重视不断加强，中原城市群的交通干线网络不断强化，经济与对外开放水平不断提升。中原城市群的中心城市是郑州。

长江中游城市群国土面积约31.7万平方公里，是中国面积最大的城市群。长江中游城市群以全国3.4%的土地面积和0.9%的人口创造了9.6%的经济总量，承东启西、连接南北，是中部崛起的战略支撑带。长江中游城市群的战略定位是：中国经济新增长极，中西部新型城市化先行区，内陆开放合作示范区，"两型"社会建设引领区。[19] 长江中游城市群以钢铁、汽车等传统工业为基础，以电子信息、生物工程、新能源等高科技产业为支撑，未来重点推进金融、旅游、文化创意的深度合作。但长江中游中心城市辐射能力较弱，产业结

构不合理，第三产业比重低。长江中游城市群的主要城市有武汉、长沙、南昌，其中武汉处于中心引领地位。

关中平原城市群国土面积 10.71 万平方公里。2019 年，关中平原城市群生产总值为 21 600 亿元，人口 4 107.52 万。关中平原城市群地处中国内陆的中心，是"一带一路"倡议的承载地区，具有区位交通优势显著、历史文化底蕴深厚、现代产业体系完备、创新综合实力雄厚、城镇体系日趋健全等发展基础和特点。关中平原城市群将建设内陆开放新高地，其战略定位是：向西开放的战略支点，引领西北地区发展的重要增长极，以军民融合为特色的国家创新高地，传承中华文化的世界级旅游目的地，内陆生态文明建设先行区。[20] 关中平原城市群以西安为中心，引领陕西，带动甘肃、河南、山西实现跨越式发展。近几年，关中平原城市群致力构建以西安为中心的"米"字形高速铁路网和高速公路网，加强与"一带一路"沿线国家在航空航天、农业、电子信息、装备制造、服务外包、卫生检疫等领域的合作。

三大城市群中，武汉（2016 年）、郑州（2017 年）、西安（2018 年）都在国家发改委批复的 9 个国家中心城市之中。长沙作为中部城市之一，处于湖南、江西、贵州三省的中心地带，2017 年，长沙的 GDP 总值也首次实现了破万亿元。

武汉、郑州、西安、长沙在机场发展、构建航空都市方面，都投入了不小的力量。

武汉正在实施天河国际机场、鄂州顺丰机场（已正式命名为"鄂州花湖机场"）的"客货双枢纽"战略。根据武汉市人民政府于 2017 年发布的《武汉综合交通枢纽示范工程实施方案》，天河国际机场以构建国际门户枢纽机场为目标，构建空铁联运的枢纽一体化换乘机制；鄂州顺丰机场以货运为主，致力推动大型货运机场与区域物流体系有机结合，打造亚洲首个专业航空货运枢纽。同时，推进两大枢纽之间的交通联系，促进两大航空港与湖北自由贸易试验区武汉片区"港区联动"。[21] 其中，鄂州顺丰机场更是提出对标孟菲斯，建设全球第 4、亚洲第 1 的航空物流枢纽，成为中国版航空都市的目标。

郑州航空港经济综合实验区是我国第一个获批的国家级临空经济示范区，也是最早建设出"中国的航空大都市"雏形的区域。新郑国际机场近几年以"以货带客，客货并举"为策略，机场客货运量得到了大幅提升。河南吸引富士康落户航空港实验区，也极大地拉动了航空港实验区人口、经济、外贸进出口额和电子信息产业的增长。

西安临空经济示范区是我国第 12 个国家级临空经济示范区。2019 年在民航局对大陆城市机场吞吐量的统计排名中，西安咸阳国际机场的旅客吞吐量达到 4 722.05 万人次，客货运总量也高于本节选取的另外 3 个城市的机场。西安也是提出构建航空都市的城市之一，在"一带一路"倡议中具有重要的地位，同时是国家发改委确立建设的国际综合交通枢纽城市。西安还有我国最早的航空产业基地，具备产业基础，也具有较强的教育实力，近年来对人才引进与人才建设十分重视。

长沙临空经济示范区是我国第 7 个获批的国家级临空经济示范区。在 2017—2019 年民航局对大陆城市机场吞吐量的统计排名中，长沙黄花机场的旅客吞吐量和货邮吞吐量也高于武汉天河国际机场。长沙致力发挥"空铁一体"优势，实现临空临铁经济融合发展，以及 4 小时航空经济圈建设，开通了至达卡、马尼拉、胡志明、曼谷的全货机航线，并取得了进境冰鲜水产品口岸、进境可食用水生动物口岸、药品进口口岸、进境水果指定监管场地等国家级资质。[22]

从表 4-7 显示的四大城市在机场影响下的城市综合实力看，郑州的城市综合实力以 3.4300 分名列第 1,武汉、西安、长沙分列第 2 至第 4。郑州名列全国第 10,优于其他城市,主要得益于近些年郑州经济的较快发展和人口的快速聚集,以及在机场运营规模、城市综合交通与对外连接、开放型经济基础方面的优异表现。武汉以 3.3464 分名列第 11,极佳的地理位置,九省通衢的便利交通加上重要城市的地位,使武汉具有雄厚的实力。武汉拥有众多高等学府,能够吸引大批高素质人才,为城市综合实力的提升贡献了力量。西安在 4 个城市中排名第 3,拥有卓越的机场运营规模以及开放型经济基础,然而在城市综合交通与对外连接、城市经济产业水平方面的表现欠佳。长沙虽然在 4 个城市中排名第 4,但近些年发展速度较快,具有较好的发展潜力。

表 4-7 四大城市 GARI 得分及排名

| 城市 | 综合评价 | 机场运营规模 | 城市综合交通与对外连接 | 城市经济产业水平 | 人居和社会水平 | 开放型经济基础 | 排名 |
|---|---|---|---|---|---|---|---|
| 郑州 | 3.4300 | 3.5103 | 5.2495 | 2.4468 | 2.5343 | 1.9946 | 1 |
| 武汉 | 3.3464 | 3.3506 | 4.5694 | 2.8456 | 3.0124 | 1.8624 | 2 |
| 西安 | 3.2600 | 3.6502 | 3.0359 | 3.5229 | 2.9864 | 2.2663 | 3 |
| 长沙 | 3.1023 | 3.1452 | 4.3785 | 2.4500 | 2.7773 | 1.7385 | 4 |

**机场发展显著,存在区域竞争**

在机场运营规模方面,西安排名第 1,郑州紧随其后,武汉和长沙分列第 3 和第 4。机场旅客吞吐量最能反映机场的航空旅行价值。旅客吞吐量不仅反映区域资源凝聚力和对外开放程度,同时反映单位空域的最大服务能力。2019年西安咸阳国际机场旅客吞吐量增加5.75%，以4 722.05万人次在4个城市的机场中排名第1，远超其他3个城市的机场。郑州新郑国际机场和西安咸阳国际机场同为我国8大枢纽机场之一。截至2019年，郑州新郑国际机场共有航线242条，比西安咸阳国际机场少104条；完成货邮吞吐量51.5万吨，是西安咸阳国际机场的1.6倍；旅客吞吐量2 429.9万人次；全货运航线34条（其中国际航线占29条），比西安多11条。可以看出，因为旅游业的带动，西安的航空旅客运输发展较好，而郑州的航空物流发展则远超西安。

从入园物流企业看，郑州远多于西安、武汉、长沙，郑州航空物流产业园有中外运中部区域物流网络枢纽项目。此外，卢森堡货航、UPS（美国联合包裹运送服务公司）、俄罗斯空桥货运航空公司、菜鸟"智能物流骨干网"等20多个项目也入驻该航空物流产业园区。从发展情况来看，截至2019年，郑州航空港经济综合实验区实现生产总值800.2亿元，同比增长12%，郑州航空港经济综合实验区生产总值占郑州全市GDP的比重达到7.89%，成为带动郑州经济发展的强劲动力。

**综合交通基建规划建设力度强**

在城市综合交通与对外连接方面，郑州以5.2495分排在首位，其后依次是武汉、长沙、西安。

在城市与机场连接度方面，郑州与武汉在此项中相较于长沙与西安有更为方便的衔接交通，机场内部各航站楼中交通的布局合理，可以有序换乘，并且通过道路交通与轨道交通两大系统，使与市区、机场周边地区和铁路系统的衔接更加紧密。此外，在运输规模方面，郑州是中国公路、铁路、航空、通信兼具的综合性交通枢纽，拥有比其他城市更多的客运量与货运量。交通基础设施方面，武汉实力强劲，轨道交通总长 305 公里，市区道路面积 10 353 万平方米；长沙则在人均方面取得领先优势，公路密度 0.088 公里 / 人，轨道交通密度 0.032 公里 / 人，人均道路面积 18.22 平方米 / 人。

## 经济结构与投资环境有待优化，人才发展不均衡

城市经济产业水平根据经济规模、经济结构、人才与就业水平 3 个指标及 10 个因子评估，西安以 3.5229 分位列第 1。

经济规模方面，2019 年，武汉 GDP 达 16 223.21 亿元，[23] 领先郑州的 11 589.7 亿元，[24] 长沙 GDP 达 11 574.22 亿元；[25] GDP 年增长量方面，长沙达 8.1%，武汉达 7.4%，郑州达 6.5%。西安地处西部，GDP 规模不及其他 3 城，但 2017—2019 年其增长量稳定，分别为 7.7%、8.2%、7.0%，发展潜力较大。经济结构方面，4 个城市的第三产业占比均超过 50%，西安旅游业发达，第三产业占比 58.1%，郑州、长沙紧随其后，武汉第三产业占比 53.2%，为 4 个城市最低。由于外贸依存度反映地区对国际市场的依赖程度，所以是衡量城市对外经济的主要指标，对经济结构影响大，西安作为"一带一路"建设桥头堡，相较其他 3 城更具优势。

人口和人才是经济发展的基础与动力，近年来全国各城市陆续推出的"人才新政"体现出一座城市对于人才需求的迫切程度。2018 年底，长沙常住人口为 815.47 万，对比武汉的 1 108.1 万、西安的 1 000.37 万和郑州的 1 013.6 万人，差距明显。高层次人才占比中，郑州落后于武汉、西安和长沙，全河南省仅有一所"211"院校，郑州的国家级创新平台载体仅为武汉的 1/4，顶尖人才数量仅为武汉的 1/10，在国家科学技术奖项、累计高新技术企业数量、发明专利授权量等创新产出指标值上不足武汉的 1/2。[26]

2005年后人口向东部流动放缓，部分人口回流中西部，集中在武汉、郑州等中心城市。2011年前后，众多中西部城市呈现人口净流出放缓趋势，体现了近10年中西部、长江中游部分地区实力的提升。其中，中西部省份的省会城市（也就是城市群中心城市）是回流人口的主要集聚地。中部地区省份2000年后吸纳流动人口情况如图4-1所示。

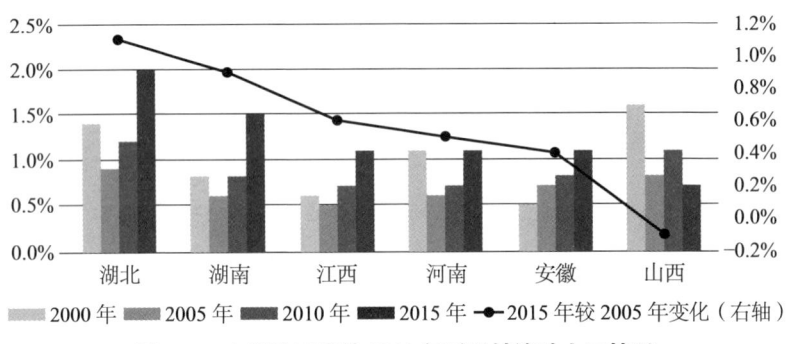

图4-1　中部地区省份2000年后吸纳流动人口情况

资料来源：全国人口普查，全国1%人口抽样调查。笔者参考长江证券研究所《人口迁徙，重塑城市格局》一文绘制。

2019年郑州的外贸依存度是武汉的2.8倍。由此可见，郑州航空都市的建设带动了郑州开放型经济、知识型经济的发展，已经初步具备了追赶先进城市的条件。

## 加大政策文化开放力度，成为中西部崛起重要支撑点

机场和机场溢出效应产生正向影响的城市软环境方面包括社会效应和国际交流以及人居和社会水平。

人居和社会水平排名基于人均可支配收入、外籍常住人口比重、人均三星级以上酒店数量和会展经济发展情况4个因子进行评价分

析。其中武汉相对其他 3 个城市，各因子都具有明显优势，西安紧随其后位居第 2，长沙、郑州分别位居第 3、第 4。在这项一类指标中，旅游城市如西安、武汉，由于在会展业、星级酒店业方面具有明显优势，所以排名较高，在外籍常住人口比重方面，老牌知名城市如西安、武汉在竞争中占据优势。

开放型经济基础排名主要从城市进出口额、特殊监管区发展情况和政府效能 3 个方面进行评价分析。其中西安位居第 1，郑州、武汉紧随其后，而尚无自由贸易区政策的长沙排名最末。郑州在城市进出口额方面远超其他城市，2018 年航空港实验区的外贸进出口总额达到 527 亿美元，占全市的 80% 以上。这得益于郑州航空港经济综合实验区的出口加工区和综合保税区近几年的快速发展。

# 05

## 航空都市发展的策略、原则与导则

本章重点讨论机场影响下城市优化发展的 SPG，即策略（Strategy）、原则（Principle）、导则（Guideline）。

## 城市发展新引擎：建设机场影响下的航空都市区

约翰·卡萨达博士提出，在过去几个世纪，全球经济的发展与世界级大城市的兴起是伴随着交通方式的变革而到来的，就此提出了"第五波理论"。他认为在 21 世纪，航空运输将成为推动经济增长的冲击波，在机场的带动下，空港将成为一个国家和城市经济增长的发动机。[1] 现在，机场已经成为全球生产和商业活动的重要节点，依托机场发展的空港将成为带动地区经济发展的重要引擎。

经济全球化导致全球分工将生产转移到人工成本低廉的国家和地区，并借由发达的航空运输网络运输零部件，以便在特定目的地组装成品，并在电子商务平台完成交易后，配送到特定的消费者手中。由此，全球变成了一个模块化生产网络，特定资源禀赋的地区生产特定的产品模块，并通过信息互联网和卡萨达博士提出的所谓物理互联网（以航空为主的交通网络）进行联通。在这一新的竞争趋势下，城市要想吸引足够的经济要素涌入，或者将本城市的经济要素与外界进行联通以进入全球化生产网络，几乎是不可能离开机场的。

机场依托其在全球生产和商业活动中的重要地位，不断吸引聚集在速度经济模式中具备优势的经济要素，成为 21 世纪商业区位和城市经济增长的关键驱动因素。近年来，阿姆斯特丹史基浦机场、巴黎夏尔·戴高乐机场、迪拜国际机场、仁川国际机场以及孟菲斯国际机场等依托机场发展空港经济，从而促进本地区经济快速发展的成功案例受到了媒体的广泛关注，[2] 越来越多的城市逐渐意识到建设航空对城市的意义，开始争相加入建设航空的竞争中，抢占市场优势。

然而，在各地如火如荼地建设航空时，如何更好地利用城市各项优势资源条件，打造依托机场、建设宜居宜商的充满活力的城市新增长极，更应该受到政府和机场运营商的关注。如何优化机场的服务水平和运营效率？如何提供更好的城市综合基础设施支持？如何完善城市营商环境，加强对外经贸合作、人才引进与人才培养？如何改善城市人居环境，加强社会文化发展与交流？如何优化各项政策服务，提升临空经济区开放程度与优质度？以上问题是每一个正准备建设、建设中的或亟待转型升级的临空地区都应密切关注的。

## 航空都市五大原则

### 优化机场服务水平与运营效率

"完善服务质量标准体系和实施方法"，以及"提高消费者满意度"是我国在《国务院关于促进民航业发展的若干意见》中明确提出的关于民航发展的重要任务。优化机场服务水平与运营效率不仅是机场发展的硬性要求，而且越来越能体现机场综合服务水平的软实力。

根据民航机场为旅客提供服务的性质，可将机场提供服务的内容分为航空性的服务和非航空性的服务。航空性的服务是指机场的工作人员利用机场内设施设备为飞机运行所提供的一系列相关服务，包括航空客运、货运服务以及保证飞机安全运行所需的服务。非航空性的服务是指机场为满足顾客的需求，向旅客提供的航空性服务以外的服务内容，包括机场内的各类免税店、各类商店、餐饮食品服务、机场停车场、交通车辆服务、机场广告经营等服务项目。[3]

整体来看，提升机场航空服务水平，一方面要不断完善机场的硬件设施建设，提高机场自身的运营能力；另一方面要加强机场的对外连接水平，如拓展机场的航线网络、提升出入境旅客份额等。提升机场非航空性的服务水平，可以从提升机场对旅客的服务质量方面来考虑，致力于提高机场的软硬件配套设施。

**通过高效管理等方式，提升机场客货运规模**

结合实际需求，建设高标准跑道、滑行道，建设符合规模要求的航站楼，积极拓展航线，建设自动化的行李分拣系统等，为机场客运、货运提供更高效的服务。

另外，可以在机场范围内大力发展商业休闲娱乐，吸引中转旅客。新加坡樟宜机场连续 7 年获得 Skytrax（对航空公司的服务进行调查的顾问公司）"世界最佳机场"大奖。樟宜机场除了现有的 400 余家特色零售商店和 140 家餐饮店铺之外，还将有 280 家多元化的零售和餐饮商店进驻"星耀樟宜"——樟宜机场中连接三大航站楼的以自然为主题的娱乐、零售综合设施，类型覆盖了全球餐饮、免税购物商铺、特色品牌和艺术文化等，包括人气汉堡品牌 Shake

Shack 新加坡首店、精灵宝可梦日本境外唯一的固定零售店、新加坡国民品牌虎牌啤酒的全球首家概念店和新加坡本土艺术画廊商店 Supermama 等。[4] 机场内百余家商店实施了"价格信得过"计划，确保机场内商品的价格不高于市区知名零售店的价格。同时，机场内还设立了电影院、健身房、游泳池以及中转酒店。机场的空港交通走廊地带逐步开发建设会议中心、商业中心、休闲娱乐中心、研发中心、旅游区等，以此吸引中转旅客，樟宜机场本身也是新加坡特色旅游景点之一，吸引了大量游客，带动了机场周边旅游相关产业的发展。

此外，在机场航空城建设特色商务区，为机场及各大航空公司提供配套服务，成为集航空公司总部基地、总部经济、商业、酒店、休闲娱乐、商务办公、会议会展、贸易、金融等为一体的大型商务区，以此吸引更多的企业入驻，带来大量的人流、物流，促进机场的客货运规模升级。

**增强机场对外连接度**

增强机场对外连接度，最重要的是积极拓展机场的航线网络，加强机场在航线网络中的地位，提高机场的中转率，不断吸引国际旅客，提升国际市场份额等。

2005年，中国民用航空总局出台了《关于促进我国国际航空运输发展的若干意见》，其中有关国际航空货运发展的政策包括：（1）优先开放国际航空货运市场；（2）新成立的国内全货运空运企业，在符合安全运营标准的情况下，可直接申请经营国际航线；（3）设立货运枢纽经营定期国际航班的国内空运企业，在定期国际航班经营许可授权审批中享有优先权。可以看出，目前我国的航空管制正在逐渐放松，民航运输服务市场正在逐步放开，未来有可能吸引更高水平的配套服务企业入驻临空经济区，带来更为先进的管理技术和人才，提高机场的运营效率，吸引更多的客货流。

另外，应积极争取航权的开放，尤其是第五航权及更高等级航权的开放将使开放机场成为更大的客货流中转站，使我国一些大型机场有机会成为国际枢纽机场，吸引国际快递公司入驻，从而为机场带来更大的客货流量和更大的产业集聚力。

**完善机场非航空服务水平**

机场的硬件设施水平往往与机场的等级规模直接相关，提升空间有限；机场服务水平是旅客对机场的服务质量的主要感知，提升空间相对较大。因此，在机场硬件设施短时间内无法提高时，可重点考虑提升机场对旅客的服务质量。

旅客在机场的服务体验主要从进出机场交通、机场标识、机场问询、值机、机场服务文化、航班延误后的服务等几个方面体现，加强这几个方面的体验，可以有效提升机场服务水平。

旅客进出机场的首次体验是进出机场的交通服务，合理的交通组织与管理将会缓解机场的交通拥挤情况，提高运营效率。这对机场停车场、道路的疏导能力有较高要求。另外，旅客吞吐量在 1 000 万人次以上的机场，要能够提供多种交通方式方便旅客出入；旅客吞吐量在 3 000 万人次以上多航站楼的机场，要提供航站楼之间较为便利的交通。上海虹桥国际机场和浦东国际机场在 T1 和 T2 航站楼之间都有便捷的循环班车服务。

旅客到达机场后，标识系统和问询服务对旅客体验较为重要。应在合适的位置设置制作规范、数量适中、风格统一的标识系统，另外，还要在显著的位置设置问询柜台、值机导航、安检导航以及登记导航等，方便旅客出行，给予旅客良好的出行引导体验。

关于旅客值机体验，目前，大多数旅客吞吐量在 1 000 万人次以上的机场的候机楼基本处于饱和或接近饱和状态，资源紧张，普遍存在值机排队等候时间较长的现象。应根据旅客量增加开放值机柜台数量、自助值机柜台数量，另外，自助值机柜台引导标识需在航站楼内显著地点设立；值机柜台的排队方式由直排变为回形排队，并由专人引导，根据机场高峰时段的客流量进行合理安排。

机场服务文化是机场文化的重要组成部分，在机场设施设备基本完备的条件下，机场服务文化是机场作为公共航空运输企业的核心竞争力，是打造机场服务品牌的具体体现。

航班延误后的服务是机场提升服务水平的重点和难点。在航班延时的情况下，若能及时发布信息、合理安排旅客，不仅可以提高机场的旅客满意度，也能提升机场作为公共航空运输服务的社会形象。

**提供更好的城市基础设施支持**

机场作为一种大型公共交通设施，是国家运输体系中的一种。作为城市重要枢纽，机场的规划建设应纳入城市或区域中整体考量。一般来讲，大型机场是城市重要的对外交通设施，是城市内外交通衔接的枢纽，包括与轨道交通和城市道路交通衔接。

大型机场一般是区域型枢纽机场，为周边城市甚至周边国家提供服务，需要设置铁路、城际轨道交通、高速公路等区域性快速交通衔接方式。由于大型机场承担过境功能，一般都处于城市郊区位置，应加强大型机场与城市中心区域以及周边重要城镇的衔接。另外，应综合考虑与其他交通方式的联运，如空铁联运以及与高铁物流的衔接，同时应提高城市基础设施水平，提升信息基础设施新基建的互联互通，考虑未来城市交通发展走向。

### 机场与城市交通衔接

作为大区域城市群的交通枢纽与面向世界的口岸，机场需要加强与区域城市群的联系。目前绝大多数机场都与区域高速路网有较为直接的联系，机场与其他城市的联系还应更多地体现在与跨区域铁路的紧密结合上，只有区域形成整体综合的交通网络，大型机场才能更好地发挥其潜力。

巴黎夏尔·戴高乐机场（以下简称戴高乐机场）位于大巴黎北部市镇（跨弗朗斯地区特朗布莱与弗朗斯地区鲁瓦西），距巴黎市中心25公里。在2019年9月国际机场协会发布的"2018年全球机场客流量榜单"中，戴高乐机场位列第10，新冠肺炎疫情暴发前，即2019年，其旅客吞吐量达到7 615万人次。面对如此庞大的交通需求，戴高乐机场构建快速交通网络，使旅客可以通过A1高速公路、巴黎大区快铁B线、地铁17号线、地铁机场快线等从机场快速到达巴黎市区。其中，A1高速公路贯穿整个机场地区，是进入机场的最主要入口，并且与东面的巴黎环城高速相交，巴黎大区快铁B线直达机场并且能与其他轨道交通换乘衔接，地铁17号线与地铁机场快线计划于2023年建成，将进一步完善戴高乐机场市域轨道交通网络。另外，在戴高乐机场设置机场高铁站，以机场为核心，有3条放射型铁路，通往多座法国及欧洲城市，是欧洲铁路网络的重要枢纽站，使戴高乐机场地区成为欧洲重要的综合交通枢纽地区，奠定了该机场成为欧洲枢纽机场的基础。

**机场与其他交通方式的联运**

机场与其他交通方式的联运主要体现在客运与货运上。机场与其他交通方式的客运联系，主要包括设置合理的联运站点，提供便捷的交通联系、高品质的联运服务等。机场与其他交通方式的联运站包括高铁站、地铁站、城际站、长途客运站等，联运站点的设置尽量靠近机场航站楼，在步行可达范围内最佳，若由于某些实际因素无法达成，联运站点与航站楼之间应设置专门化、便捷舒适的联络线，如机场大巴、APM 系统（自动旅客捷运系统）、PRT 系统（个人城市交通系统）等。另外，一般来讲，航空旅客中商务旅游客群比例较大，该类型人群对服务品质要求较高，提高联运的服务品质，可以吸引更多的高净值客群，为机场及城市带来更多的客流量。

机场与其他交通方式的货运联系，主要包括与机场连接的高铁物流站、快递等货运设施的布局，以及与机场连接的货运联络线设置等。目前，高铁物流是国内外物流业的新起之秀，航空物流虽然与高铁物流在国内市场中存在一定的竞争关系，但在国际市场可以加强协作，最大化发挥各自优势。另外，应充分发挥机场口岸优势，与综合保税区、高铁保税物流园区建立便捷联系，简化监管流程。

**提升城市交通基础设施品质**

提升城市交通基础设施品质，除了完善城市综合交通网络规划建设之外，更应提高城市公共交通的服务质量，满足未来人们对公共交通高品质的需求。应尽力发展智慧交通，提升交通运营效率，缓解城市交通拥堵，以应对未来更大的交通需求量。

## 完善城市营商环境，强化对外合作、人才引进和人才培养

提升临空经济发展的营商环境，可以集聚并吸引更多样化的企业前来布局，使区域经济产业结构不断升级与优化，促进经济发展，临空经济区集聚的一般是知识、技术密集型企业，对人才要求较高，需要增强对高层次人才的吸引与培养。

**广泛构建合作往来，提升机场周边宜商宜业水平**

机场依托其集聚的大量人流、物流优势，不断地吸引物流业、商务服务业、高新技术产业在其周边集聚，形成经济发展走廊或临

空产业园区，从而促进城市的经济发展。建议依托航空优势，为航空客运提供更好的支撑服务，尤其是提升城市与区域的自主创新能力，优化产业链合作的分工层级。唐海燕、张会清等人认为，我国临空经济中位于产业链高端环节的核心零部件研发和生产仍然依赖外部供应，这限制了我国临空产业参与全球化分工的层级和收益，以及临空经济整体竞争水平的提高。[5]因此，优化产业链环节的布局、进一步融入全球化分工的高端市场，以及提供更好的营商环境，成为城市发展临空经济、振兴区域经济的必要举措。

例如，上海虹桥商务区依托空铁联运的综合交通枢纽发展形成的国际商务区，定位为"面向国内外企业总部和贸易机构的汇集地，服务长三角地区、服务长江流域、服务全国的高端商务中心"。据统计，2015年，虹桥商务区核心区社会投资项目总投资额达915亿元，政府配套项目总投资额约60.1亿元；税收方面，核心区3.7平方公里范围内企业上缴各类税收近5亿元，经济效益显著。[6]阿姆斯特丹的泽伊达斯位于阿姆斯特丹主城区南部，位于史基浦机场5~10公里区间范围内，距离中心城区4公里，是典型的机场—城市中心交通走廊上的边缘城市；便利的双向交通优势、宜人的办公环境为其发展提供了动力，该区域办公楼租金超过中心城区，还为阿姆斯特丹提供了6万多个工作岗位。

**发挥机场带动效益，改善经济结构**

临空经济对知识、技术密集型的产业带动力很强，这类产业产品时间价值高，在技术上具有优势，能不断吸引相关产业集聚，促进产业升级，而且产业从业人员和货品都需要相应的支持与服务。因此，建议进行机场影响范围内的产业规划，从而优化经济产业结构，提高区域经济发展潜力。

例如，美国北卡罗来纳州的夏洛特机场和罗利达拉姆机场周边的北卡罗来纳州研究三角园区的临空经济发展模式，具有典型的示范效应。由于选址合理、周边教育科技资源丰富，该园区吸引了众多国际著名企业，包括通用电气、IBM（国际商业机器公司）、思科和杜邦等大型跨国公司在此设立科研机构。北卡罗来纳州研究三角园区主要布局生物医药、微电子学、计算机软硬件、信息技术、环境科学、材料科学等高科技产业，通过不断优化产业结构，逐渐发展成与硅谷、波士顿 128 号公路齐名的美国著名高科技园之一。

另一个典型案例是英国范堡罗机场，该机场积极布局航空展览以及航空相关产业、吸引高端产业集聚。范堡罗航空展是航空航天界顶级的展览之一。2018 年，有来自近 100 个国家的参展商参展，展览覆盖军用、商用、民用、航空、航天等多个领域。据主办方的介绍，2018 年航展首日完成了 464 亿美元的订单，远远超过 2016 年航展首日的 230 亿美元。[7] 另外，该地区依托航展与优质自然环境，打造竞技体育设施，发展航展表演、户外运动、跑车竞技等多种类型的高端竞技体育和表演类旅游项目，航展带动发展起来的特色旅游产业也成为当地收入的重要板块。

**注重人才引进与人才培养**

在人才引进与人才培养方面，应积极完善高层次人才引进计划和培育机制，创新人才引进的渠道，设置奖励、补贴政策吸引高层次人才，同时与高校、科研机构、跨国公司加强合作，共建国家职业教育基地。另外，完善高层次人才需要的生活服务设施，包括医疗、教育、休闲、娱乐、购物等。

## 改善城市人居环境，重视社会文化发展与交流

改善机场航空的人居环境，尤其是提升临空经济聚集的高层次

人才的人居水平，提供对应人群工作、生活所需的高品质配套服务，在完善基本的功能需求的同时，还应充分考虑到该部分人群的精神需求，打造文化交流平台，营造地区文化特色，注重文化发展与交流的国际化程度。

**提升人居环境水平**

人居环境的核心是"人"，要满足人的居住、生活、休憩、工作等功能需求。临空地区应在不断完善与提高城市人居环境水平的同时，注重对需求的考虑。

一方面，我国目前处于机场迅速发展阶段，临空经济区也在迅速崛起，为了更好地满足临空经济区的发展需求，满足临空经济产业集聚人口的人居需求，各临空经济区在规划阶段应考虑以人为本，更多地关注人的工作、生活的基本需求，提供人性化的环境设计，提供完善的配套服务设施，包括学校、医院、公园、文体设施、超市、银行、餐厅、书吧等，全面提高居民的生活质量。例如，华盛顿里根国家机场跑道延长线上布局了长桥公园，浦东国际机场跑道延长线上布局了高尔夫俱乐部等，它们不仅解决了机场跑道尽端土地难以利用的问题，又充当了可供日常休闲和观赏飞机飞行的特色"飞行公园"。

另一方面，随着临空经济区逐渐建设成熟，人居硬件环境设施逐渐完善，应加强对软性人居环境的建设，包括该地区的文化营造、人口素质提升、科技能力创新、管理与服务水平完善等。首先，打造该地区独特的人文精神，针对临空经济产业吸引的人才具有善于创新、喜欢知识共享与交流的特点，临空经济区人居环境建设中应突出这种文化氛围的建设，定期举办社区活动，促进交流。其次，积极完善各项管理制度，主动提供各种工作、生活方面的便利服务。最后，通过宣传、活动策划等方式，树立居民的主人翁意识，营造居民的归属感。软性的人居质量的提升，也将促成硬性环境质量的提升。

**社会文化与交流方面**

机场航空城是对外交流的门户地区，国内外往来、交往的基础设施必不可少。大城市、特大城市在机场周边进行综合开发时，往往会设置大型的国际会议中心、展览展销中心，吸引大量的国内外旅客。通过举办各种活动，包括大型文化艺术活动，吸引世界各地人、财、物、信息的交流，提高机场所在城市的形象并促进社会经济的发展。

巴黎是全球举办高端会议的首选之地，巴黎大区企业发展局、巴黎大区工商会、巴黎大区规划和城建研究所共同发布的数据显示，新冠肺炎疫情下的2020年，巴黎大区共举办446场贸易展，10万多家企业参展，其中外资企业占比30.8%，毫不逊于疫情前；吸引了940万访客，其中外国访客占8.9%；创造了50亿欧元的经济收益和73 300个工作岗位，促成了226亿欧元的营业额（外国客户产生的营业额占比45.6%），签订了700万份交易合同。其中，具有影响力的展览中心有3个，分别是位于巴黎南部的凡尔赛门国际展览中心、巴黎北郊维勒班展览中心和巴黎勒布尔歇展览中心。虽然目前规模最大的是巴黎凡尔赛门国际展览中心，但是巴黎北郊维勒班展览中心独特的交通区位给其带来了更大的发展空间。巴黎北郊维勒班展览中心距离戴高乐机场3.5公里，距离勒布尔歇机场5公里，紧邻巴黎北郊的商务园区以及一个规划新建的经济园区，周边商业商务氛围良好，该中心靠近巴黎的铁路枢纽，周边用地充沛、交通顺畅，是巴黎进一步发展会议会展业的首选。据统计，2013—2015年，巴黎大区十大国际商业展览会中，巴黎北郊维勒班展览中心成功吸引了10 043个参展公司，是凡尔赛门国际展览中心的2.4倍。

## 提升临空经济区开放程度和优质度，优化政策服务

**提升开放型经济基础**

临空经济区的产业大多具有外向型特点，主要为原料或产品出口型企业，或为两头在外的出口加工型企业以及跨国公司的总部。以首都临空经济区为例，区内的生产型企业多为外资或合资企业。其中紧邻空港区制造类和商贸类企业的原材料或经销商品主要来自国外，占所有原材料来源地的比例高达43%。据调查，像JVC（日本胜利公司）、松下、索爱等税收较高的大型跨国公司，其产品出口占比高达80%左右。而从历年的情况来看，临空经济核心区出口供货额大都占到全区出口供货额的80%以上。[8]

大型枢纽机场周边往往能对跨国公司总部、高新技术企业以及物流服务企业形成吸引。2003年韩国在仁川国际机场周边谋划布局仁川自由经济区时，就希望通过经济开放和吸引外商投资等方式实现经济与科技动力的大力提升，以对区域整体发展起到关键作用。自由经济区关联产生许多外商优惠政策，包含税收减免优惠、财政支持、租金优惠和一系列外国人服务等。

因此，建议将临空经济政策与开放经济政策相结合。临空的即时价值属性使临空经济区比一般的工业园区和其他物流枢纽对跨国公司有更大的集聚力。

**加大政府的制度与政策支持**

临空经济区，特别是国家级临空经济示范区，一般都是区域改革创新、合作开放的先行区，在行政管理、人才保障、开发模式、对外贸易、区域合作、海关监管、营商环境构建、金融财税等体制机制创新方面具有先行先试的便利条件，可以通过构建"改革创新、先行先试"的制度高地，培育临空特色产业集群，构建创新型组织

网络体系，分享创新商业模式，提升区内商业氛围。[9]

临空经济的形成和发展与政府政策紧密相关，政府制定相关政策、制度，吸引资金流、商流向临空经济区聚集，为临空经济的健康发展提供保障。例如，加大投资力度，在税收方面给予优惠，吸引相关企业入驻临空经济区，设立保税区，提高通关效率，方便国家间的贸易往来，以及加强信息系统建设等。荷兰政府规定，关税、增值税可以延时缴纳，减免部分企业所得税、个人税收，对于外籍员工子女的教育和服务免税，从而增强对人才、企业的吸引力。再如，仓储、清关等手续实现全天候电子化，可极大提高效率。新加坡樟宜机场建设特殊的仓储设施、货物代理大楼，修建专用道路来推动物流发展，新加坡政府也为FedEx（联邦快递）单独修建了停机坪和24小时通关的海关检查站，大大提高了樟宜机场的货物中转能力和效率。

总之，政策支持可以增强临空经济区内企业的信心，为临空经济发展提供更加广阔的空间。

## 航空都市的衡量指标与118条建议

### 机场运营规模：优化机场服务水平与运营效率（47条）

**客货运运营规模方面**

（1）强化机场起飞、降落架次的排班水平，致力于优化航班波，提升机场中转与连接效率。

（2）提高客运服务便捷度。建立一站式客运服务，简化旅客转机换乘流程，统一完善导引标识系统。

（3）提升客流交通效率。航站楼与航站楼之间、航站楼登机口与安检入口之间快速连接。

（4）提升客流交通效率。有效利用智能化设施等方式提升安检效率，国际机场可充分利用智能化、信息化等手段，提升出入境客流的过关效率。

（5）提升客流交通效率。技术升级，推广应用自助登机牌和电子登机牌。

（6）行李手推车可得性高，组织合理，不影响客流往来。

（7）优化客运行李服务。提升行李托运服务水平，有效利用智能化设施，缩短托运行李领取时间。

（8）优化客运行李服务。对于丢失行李和行李受损现象，形成快速反应机制及优质赔偿机制。

（9）机场公共广播清晰，航班信息显示清晰，机场导览人员需专业、亲切，并具备多语言的服务水平。

（10）民航机场的客运达到一定运力时，建议引入、鼓励宽体客机，提升腹舱载货能力。

（11）大力吸引航空物流公司、大型物流集成商。

（12）货运货品的发展倾向于具备特色和高附加值，体现时间敏感度。

（13）货站的服务应当是一站式、信息化的服务，其先进理念和技术系统应满足大、中、小各类商户的需求。

（14）货站建设应相对集中，货站越分散，效率就越低，甚至可以发展全自动化多层立体货站。

（15）合理利用跑道，均衡单跑道起降峰值，使跑道容量既不至于利用不充分，也不至于高负荷运营。

（16）对于有意向打造多式联运的机场，使用综合数据系统平台，更利于解决许多无缝运输的实质问题。

（17）国际机场口岸充分利用智能化、信息化手段和政策便利化方式，提升货物通关和检测检疫效率。

**机场对外连接度方面**

（1）对机场进行明确的阶段性航线网络定位和规划，对客货运提出清晰的发展路径；强化国内外航线联系，在客运领域寻求重点城市覆盖、区域全覆盖甚至国际重点城市覆盖（如有国际航线），在货运领域寻求重点货源贸易地航线连接或重要货运中转点航线连接。

（2）吸引优质航空公司。强化机场运营、管理效率；给予富有吸引力的政策优惠，吸引国内外优质航空公司与机场合作，甚至布局航空公司基地。上述优质航空公司包含客运航空公司和货运航空公司。积极与航空联盟（星空联盟、寰宇一家、天合联盟）的成员开展合作。

（3）吸引国际旅客，提升出入境旅客份额。

（4）稳步强化机场在客运网络中的地位，提升机场中转率。

（5）对通航点的连接形成一定频次。

（6）应重视并充分扩充高效的宽体客机点对点直飞航线。

（7）进一步开放更高等级的航权。

**非航服务、财政等其他方面**

（1）对投资与运营进行充分的测算策划，分期建设航站楼、跑道等重要基建，以免出现阶段运量不饱和的情况。

（2）航站楼酒店、航空综合体、货站等设施可以采用特许经营模式，承包给具有相应资质的企业进行建设，由此节约机场投资，提高设施运营效率。

（3）机场内应该结合货站，形成"前展后贸"的展示氛围。

（4）在机场内部的航站楼与轨道交通站点、公交站点等重要人流集散点之间提供短驳服务。

（5）结合机场形象建设进行机场周边地区的风貌设计，重点把握城市"第五立面"规划设计。

（6）机场可协同航空都市形成品牌，使航空都市品牌在机场得到充分展示和推广。

（7）注重非航营收的重要程度，强化航站楼服务配套水平。应将机场航站楼打造成一个多功能的综合体，使其具备如办公、会议、休憩、会展、教育、酒店、文娱、儿童娱乐、洗漱设施等的配套服务。

（8）航站楼、机场形象设计。优化航站楼建筑、室内方案设计，形成让人感到安全、放松、干净、舒适的场所；重视机场商业设施，机场内的商业设施是重要功能而非附属品。商业应该具有特色、体验感和趣味性，价格也应适宜、合理。

（9）配套免税商业设施。具有方便可达、品类多样、价格合理、退税便利的免税商店。

（10）商业设施线上线下结合。机场商业设施应结合电子商务和大数据，构建线上线下结合的一站式物流信息平台，如实现终端购物、门对门物流服务，或机场到达领取服务。

（11）航站楼需要具备休憩场所，候机座位设施要便利化，例如就近有充电设施等。

（12）航站楼可成为本地文化及产业展览展示的宣传展厅。

（13）丰富机场饮食，促进机场饮食服务特色化与多元化。饮食服务也应适宜、合理。

（14）强化机场酒店建设。如果不能在航站楼内部建设酒店，那么一定要紧贴着航站楼建设酒店。酒店应具备国际服务水平，最好具有四星级以上标准，并具备本地特色。

（15）机场需充分配备自动取款机，国际机场应具备外币兑换设施。

（16）机场需具备便利的无线网络设施。

（17）提升机场语言服务水平。

（18）机场需具备完善的无障碍通道与无障碍设施。

（19）定期进行航空公司满意度、顾客满意度调查，并据此优化服务水平。

（20）建设生态型机场，降低机场碳足迹与能源消耗，所使用的技术还可以作为机场特色进行展示教育。

（21）提升地方财政对发展型机场的补贴程度。

（22）可以通过腹仓带货的收益反哺客运，促进客运航班持续运营；机场运营、服务的盈利也应充分投入一些不属于大规模基建扩建的领域，诸如机场设施和服务的优化等。

（23）运量规模大的机场可以通过公司上市的方式进行融资。

## 城市综合交通与对外连接：提供更好的城市基础设施支持（16条）

### 机场与城市交通连接方面

（1）建议在重要的城市节点设置城市航站楼，城市航站楼应提供高效的行李托运服务。

（2）机场航站楼需要成为一个综合枢纽，如果航站楼可以结合地面交通场站打造立体枢纽，则会形成重要的支撑体系。

（3）从机场过境的城际交通应具备多种可以选择的线路（如公路、公交大巴、出租、中运量交通、城际铁路、轻轨地铁等）。线路的丰富度越高越好，公共交通的类别和服务频次越多越好，服务价格越低廉越好。

（4）对于有多种客运换乘方式可供选择的机场，可以充分引导旅客使用新的换乘方式。

（5）机场快线、公交、轨交等公共交通线路，需要在机场与城市中心的连接线路上的重要区域设置站点，覆盖临空产业服务业密集区、城市重点人流集聚地区。

（6）对机场停车设施进行充分设计，提升停车场与客运到发点的联系能力与连接效率。

（7）加强交通管理，缓解机场周边由于旅客进出机场产生的大量交通拥堵情况。

（8）优化机场过境免签政策与服务，优化境外游客从机场到城市的"软性联系"。

**机场与其他交通方式联运方面**

（1）合理设置空铁联运站点。考虑空铁转运衔接，建议在机场航站楼内设置铁路站点，或铁路站点与航站楼之间有十分便捷的步行可达性或专用轨道交通线；在铁路站点与机场航站楼之间的距离超过步行可达时，考虑在铁路站点内部设置机场的前置航站楼功能，并置入行李提前托运乃至旅客提前安检等功能。

（2）建议布局在机场航站楼的铁路站点不作为铁路终点站，而是作为过境站，避免由于两大枢纽终点合并带来过于集中的客运集疏运需求。

（3）考虑高铁物流的发展，研究空铁货物的类别、数量与快速衔接方式。

（4）连接机场与铁路货运站、公路货运站等相关货运枢纽的车行线路应保持畅通与通行效率。

**城市交通基础设施方面**

（1）提升城市综合交通中各式公共交通的服务质量与信息化程度，具备可支付的公共交通基础设施。

（2）提升城市慢行交通环境与慢行交通覆盖率，优化慢行交通服务设施。

（3）考虑未来型交通方式（如自动驾驶、无人机）的发展，预留发展空间。

（4）合理安排静态交通，建议非道路停车90%以上，预留未开发地段，相应预留停车空间。

## 城市经济产业水平：提升城市营商环境，强化对外合作、人才引进和人才培养（24条）

**经济促进方面**

（1）积极构建与发达经济产业城市的合作往来、航线连接。

（2）在与产业链条有关联或协作的地区构建航线，或其他便捷的交通线路。

**经济结构方面**

（1）与机场相关的产业布局要吸引和速度经济契合度高的企业而非规模经济企业，将产业发展与航空客运（较高净值）和航空货运（高附加值、时间敏感度高的产品）的需求相结合。

（2）产业发展规划方面，考虑到市场的不确定性，建议形成产业招引的负面清单，其重要性胜过正面清单。

（3）注重产业研发，加大对重点产业研发及成果转移的扶持力度。

（4）建立重点产业（如航空产业、多式联运、生物医药、电子信息、临空商务服务等）的专项扶持引导基金，或引导资金项目。

（5）改善营商环境，在航空都市形成舒适、入驻率与配套较为饱和、国际化的办公氛围。

（6）注重引进优质的物流电商企业。根据航空物流、供应链物流和电子商务供应商等物流企业对区域的贡献程度，予以补贴、优惠或奖励。

（7）冷链物流产业要求运输速度，冷链设施距离机场越近越好。

（8）生物医药和食品产业可以结合本地实际情况，简化审批登记流程或建立多部门共同参与的信息共享平台。

（9）注重引进优质的物流电商企业，促进传统航空货运向电子商务这类新型商务运作方式转型。

（10）制定相关政策，吸引与临空产业相关度高的企业入驻，根据企业对区域的贡献程度，予以补贴、优惠或奖励。

（11）发展会展业，会展产业需要打造完善的配套设施、良好的社会环境和较高的连通性。

（12）注重商业业态的培养，产业选择应多元化，吸引更多商业，汇集更多信息。

（13）高端产业服务（如跨国公司、总部商务、咨询、金融等）一般依托航空都市的高净值产业。新发展的临空经济区不必急于导入，但需要为其预留发展空间。

（14）针对不同人群，导入多层次的城市服务业，服务业必须具备外籍人士服务能力与配套标准。

（15）考虑对导入的重点企业实行土地与税收方面的优惠政策。

（16）提高创业便利性，大力支持创新创业；可以建立平台发展科创产业，提供相应的政策与发展空间。

（17）将新技术应用纳入长期发展计划中，如无人机、区块链、人工智能等。

**人才引进与人才培养方面**

（1）形成临空经济区的产业特色，吸引年轻人，引领风尚。例如，可以以科技或人文要素吸引年轻人才。

（2）大力导入高端人才、紧缺人才和高水平教育机构，形成人才培育机制和重点产业的人才输送源头。

（3）建立服务于产业的教育体系，可以为产业发展提供支撑。

（4）设置国际高端人才签证、办事等服务的"绿色通道"。

（5）对导入优秀人才的环境进行优化，包括租住房供给与优惠，公共服务、子女就学等方面的优惠。

## 人居和社会生活：改善城市人居环境，重视社会文化发展与交流（17条）

### 人居水平

（1）提升城市环境对航空客流的吸引力，体现城市生活与临空特色文化交融的风貌。

（2）提倡用地混合与集约发展。

（3）配备符合国际指标的居住设施，营造具有国际气息的人文社区，配备特色化居住与社区服务。

（4）配备符合国际指标的居住设施，保证公共设施的覆盖率在7平方米/人以上，并位于步行可达范围内。

（5）配备符合国际指标的居住设施，充分结合航空优势，布局国际化的医疗康养设施。

（6）构建尺度适宜、步行友好的"密路网"型街区，生活型街区周界建议在1公里以内为宜。

（7）TOD（以公共交通为导向的开发）原则，提高对连接主城区与机场沿线轨道交通站点的重视度，确保主要公交设施处于步行可达范围内。

（8）鼓励底层零售商业。

（9）充分利用屋顶绿化、水体、道路绿化、飞行公园等方式，实现机场与城市环境的融合，保障绿色发展，形成良好的生态系统与生态环境。

（10）临空区域可充分利用技术手段实现隔音降噪，以便发挥混合功能。

**社会文化与交流方面**

（1）构建国际化的语言环境，包含外语普及程度、外语标识、双语教育等方面的提升，培训并配备具备外语能力的工作人员。

（2）发展国际贸易。打造服务于航线沿线、符合城市特征、具有国际化服务标准的会议会展功能，提供专业化的会议会展服务与相关配套业态。

（3）强化文化建设，举办文化活动。提升文化的多元开放程度，体现国际化和本地融合的特色文化。

（4）导入具有特色、服务良好的多样化餐饮和娱乐项目，使之能够服务于各类人群。

（5）结合机场导入度假型旅游项目，并使之与大型民航机场、通航机场建立便捷的交通联系；配套各类人群，打造多样化的酒店服务。

（6）配套各类国际化运动设施，运动与活动多元化。

（7）在设定临空经济开发区的城市中，需要构建可持续的、城市与开发区一体的"投资—开发—回报"的资金财务体系。

## 开放型经济基础：提升临空经济开放程度和优质度，优化政策服务（14条）

（1）发展外贸，积极推动全球化，优化对外贸易开放度（如资本比例、货币政策等），拓展进出口业务；推动跨境电商进出口向规模对等靠拢。

（2）结合航空优势与速度经济优势提升开放程度，充分实现更多高品质货物的进出口。

（3）发展口岸经济，结合现状与定位制定独特的口岸发展战略。

（4）发展口岸经济，积极确保口岸具备国际资质和有关认证，如国际航空运输协会的CEIV（独立医药物流验证中心）认证体系。

（5）发展口岸经济，数字化、现代化口岸管理，提升效率；仓储、清关等手续实现全天候电子化，实现7×24小时的海关服务制度。

（6）发展口岸经济，借助信息基础设施，塑造高效先进的口岸监管体系，有效融入"全国通关一体化"。

（7）发展口岸经济，综合保税区的选址要充分与机场跑道相结合，提高与机场货运区的连接效率；综合保税区内的产业布局选址也应考虑地缘属性。

（8）合理化的临空布局，结合与机场区域的距离，对各类临空产业进行布局选址，不建议临空相关度低、附加值低的产业类型在机场周边地区落位，集群化发展优势产业。

（9）合理化的临空布局，围绕机场跑道的用地，需要规划为最有价值/效率的产业用地，并进行相应的预留。

（10）合理化的临空布局，争取自贸区的选址与国际机场充分结合。理想状态下自贸区可以紧邻机场，如果不能，则应该加强与机场之间的交通联系。

（11）外商投资便利化，优化外商投资事务窗口办理的服务质量和效率，实现营商审核、通关等的便利化。

（12）举办进出口主题的大型国际化会展会议活动。

（13）协同城市国际化环境建设，优化自贸区宜居宜业环境。

（14）对于在自贸区进行生产型、研发型设备进口或进行科研成果转移的企业，考虑税款或其他形式的补助与奖励。

随着航空都市理论的完善与实践经验的积累，笔者将会不断修订并完善关于航空都市建设的建议。

# 06

**航空都市：新时代，新故事**

本章结合大众、媒体及研究机构对于全球城市现有的普遍认识和研究素材，综合考虑机场规模、机场知名度、机场对于城市的重要程度、临空经济和城市的特殊要素等情况，对机场、城市进行双向筛选，进而根据 GARI，汇总案例进行剖析，力求通过翔实的分析，提出切实的经验启示。

案例涉及的城市有 12 个，包括上海 / 长三角地区（中国）、巴黎（法国）、北京 / 京津冀地区（中国）、阿姆斯特丹（荷兰）、华盛顿（美国）、丹佛（美国）、杭州 / 长三角地区（中国）、赫尔辛基（芬兰）、郑州 / 中原地区（中国）、孟菲斯（美国）、路易斯维尔（美国）、库尔勒（中国），根据前文指标研究所选取的研究对象，以及笔者工作接触到的特殊案例，分析它们的机场或临空经济区特征。

选取的城市与机场涵盖多种级别和类型。上海、巴黎、北京、阿姆斯特丹和华盛顿是国际化大都市，上海浦东国际机场、北京首都国际机场、巴黎戴高乐机场是国内外航线丰富的大运量国际机场。丹佛、杭州、赫尔辛基为经济体量中等偏上的城市，机场航线广泛覆盖国内各区域并面向国际，其中赫尔辛基作为芬兰首都，其机场航线的国际化程度相对更高，这 3 个城市都具备一定的国际文化交流知名度。孟菲斯与路易斯维尔的机场分别是联邦快递和 UPS 总部的所在地，城市的发展受到航空经济、航空货运的影响很大。而郑州近几年的迅速发展也离不开新郑国际机场、航空港经济综合实验区的带动，郑州借鉴了孟菲斯等地的发展路径，作为中国内陆的经济地理中心，它采用"以货带客，客货并举"的策略建设航空港。库尔勒作为典型的内陆城市，处于丝绸之路经济带核心区——新疆，也处于重要的陆路交通通道节点上，可以借助航空的契机强化枢纽中转地位，并借势融入"空中丝绸之路"。

此外，从城市/大都市区/城市群与机场的关系来看，上海和巴黎均为"一市多场"的格局，其中上海以浦东国际机场为主、以虹桥国际机场为辅，[1]巴黎则以戴高乐机场为主、以勒布尔歇机场和奥利机场为辅。北京的机场布置为"双枢纽"格局，大兴国际机场作为新机场与首都国际机场共用客源，缓解首都国际机场过于饱和的压力，两大枢纽机场共同构成面向世界、覆盖全国的大型国际航空枢纽。荷兰阿姆斯特丹通过以航空港为核心的枢纽航空港战略（Mainport Strategy）及交通枢纽的发展，与机场的临空功能建设等协同作用，使史基浦机场周边形成了世界知名的临空经济区。华盛顿都市区是美国第六大都市区，拥有三座机场，形成了多机场的格局，三座机场分别是华盛顿里根国家机场、华盛顿杜勒斯国际机场以及巴尔的摩/华盛顿瑟古德·马歇尔国际机场。由于首都效应、机场的枢纽作用和便捷的城市规划等，华盛顿里根国家机场及其周边催生了临空商务区和总部经济，这将是本书讨论的重点。丹佛通过机场枢纽地位的确立、国际国内客运的拉动和自身对生活质量的把控及重视，使城市航空产业、临空经济获得了不错的发展。杭州是我国电子商务产业最先集聚并形成规模的地方，也是我国首个跨境电子商务综合试验区的诞生地，杭州临空经济示范区也在积极推进临空经济与综合保税、跨境电商的结合。芬兰首都赫尔辛基作为具有稳定经济发展模式的高福利、高赋税国家的代表城市,以机场为核心的航空都市计划是其优化投资环境、吸引外部人才、解决地方经济疲软的有效动力,由此诞生了"Aviapolis"(由芬兰万塔市规划的商业区)。同时,郑州、孟菲斯、路易斯维尔等城市借由航空货运等产业的发展优势,获得了更快速的经济发展、更强的招商吸引力和产业服务能力。

**基本信息**

- 城市区位：中国·上海
- GARI 总排名（在 100 个国际城市中）：4
- 人口规模：2 428.14 万人（2019 年）
- 核心机场：上海浦东国际机场（PVG），上海虹桥国际机场（SHA）
- 机场总客运规模：12 179.14 万人（2019 年）
- 机场总货运规模：405.78 万吨（2019 年）
- 国际航线占比：43.56%
- 综合交通特色：虹桥综合交通枢纽是中国首个将机场与高铁深度结合的交通枢纽，上海港为世界第一大海港
- 城市经济总量：5 450 亿美元（2019 年）
- 城市人均 GDP：229 469 美元（2019 年）
- 城市群信息：上海位于长三角城市群，是其中心城市。长三角城市群主要包括苏浙皖沪四省市全部区域，建设面向全球、辐射亚太、引领全国的世界级城市群，同时长三角城市群也是"一带一路"与长江经济带的重要交会地带
- 特殊监管区发展情况：上海综合保税区包括洋山保税港区、外高桥保税区和上海浦东机场综合保税区；上海自由贸易试验区包括外高桥保税区、外高桥保税物流园区、洋山保税港区和上海浦东机场综合保税区、金桥出口加工区、张江高科技园区和陆家嘴金融贸易区
- 发展特色：上海以浦东国际机场及临港新片区为主，以虹桥国际机场为辅，形成"一市两场"的空间布局结构，其中浦东国际机场以长途客运为主，虹桥国际机场以短途客运为主。通过机场的发展带动周边城镇发展，促进上海打造国际枢纽地位

图 6-1　上海虹桥商务区与虹桥枢纽

图片来源：孙玮琳绘制。

# 上海：双枢纽助力全球城市

20世纪初，孙中山先生曾在《建国方略》里提出以上海为中心建设"东方大港"的设想。东海之滨，巍巍华亭，百年时光已逝，上海已经成长为一座充满活力的国际化城市。20世纪90年代起陆家嘴金融中心的崛起、21世纪初世界博览会的举办，以及近年来中国国际进口博览会对全球目光的吸引，都见证了上海发展成为中国对外开放的主要门户。这个门户一方面向外连接全球城市网络，另一方面向内辐射中国辽阔的腹地。

## 世界的上海

诚如孙中山先生将上海定位为"东方大港"，上海现在已经成了名副其实的世界级大都市。在全球化及世界城市研究网络发布的《世界城市名册2020》中,上海在世界一级城市队列中排名第5,前4名分别是英国伦敦、美国纽约、中国香港及新加坡。在1999年的GaWC城市排名中,上海仅在世界三级城市队列,短短20年的时间里,上海发生了翻天覆地的变化,世界排名迅速跃升。GaWC的城市评价体系中的排位重点并不在于城市本身的规模或者经济,而在于描绘城市经济与全球经济商务联系网络。这说明上海的开放程度越来越高,与世界经济的联系越来越紧密。依照本书前文构建的评级指数——GARI,在全球100城排名中,上海综合得分为5.4604,排名世界第4,中国内地第1。在世界城市网络中,上海显然已经成了一颗不容忽视的璀璨新星。

放眼亚太地区的主要城市,例如北京、上海、香港、东京、首尔、新加坡等全球100城排名靠前的城市,上海在其中综合排名第2,仅次于香港(见表6-1)。在客运量排名全球前20的大型枢纽机场中,上海浦东国际机场位列第9,低于其城市综合排名。在客运量方面,上海浦东国际机场落后于北京首都国际机场、东京羽田国际机场和香港国际机场,因此若能够改善综合机场客运量、航线竞争力和机场服务等方面,将有助于上海GARI排名进一步提升。

表6-1 亚太城市GARI得分、排名及其机场排名

| 城市 | 综合得分 | 亚太枢纽城市排名 | 机场 | 全球客运量排名 | 全球货运量排名 |
| --- | --- | --- | --- | --- | --- |
| 香港 | 5.5602 | 1 | 香港国际机场 | 8 | 1 |
| 上海 | 5.4604 | 2 | 上海浦东国际机场 | 9 | 3 |
| 新加坡 | 5.2385 | 3 | 新加坡樟宜机场 | 19 | 12 |
| 东京 | 4.9932 | 4 | 东京羽田国际机场/东京成田国际机场 | 5(羽田) | 9(成田) |
| 北京 | 4.7309 | 5 | 北京首都国际机场 | 2 | 16 |
| 首尔 | 3.9080 | 6 | 仁川国际机场 | 17 | 4 |

资料来源:机场运量排名数据来源于2018年国际机场协会发布的《世界机场交通报告》。

2019年，上海市地区生产总值近4万亿元人民币，约合5 450亿美元，相当于同期一个瑞士、两个芬兰、三个匈牙利的全国生产总值，可谓"富可敌国"。按常住人口计算，上海人均生产总值达到15.71万元，[2]同时上海居民人均可支配收入居中国榜首，这再次证明了上海作为中国第一经济城市的地位。长期来看，长三角一体化发展战略的实施和全球城市的影响力将为上海带来商务旅客的稳定增长，消费升级带动旅游业发展成为上海航空客运市场持续升温的重要动力。作为全球排名前列的货运枢纽，浦东国际机场连接着广阔的中国腹地和全球市场，上海的城市发展将创造旺盛的航空运输市场需求。浦东国际机场和虹桥国际机场的双枢纽发展布局是上海国际航运中心建设的重要组成部分，也是上海自由贸易试验区建设的重要支撑。

自2018年开始，中国国际进口博览会开始在上海举办，至今已经连续在沪举办3年。举办进博会是中国坚定支持贸易自由化和经济全球化、主动向世界开放市场的重大举措，体现了中国以上海为突破口向外开放的政策趋势。为什么选择上海举办进博会呢？中国世界经济学会副会长、上海社会科学院世界经济研究所研究员张幼文表示，进博会选择上海，除上海城市发展具备硬件基础之外，更重要的是因为上海的软实力。随着我国成为世界第二大经济体、第一大货物贸易国和第二大对外直接投资国，发展更高水平的开放型经济更加迫切。中国第一个自贸区就在上海，它作为我国高水平开放的城市代表，处于中国对外开放的前沿地带。

**依托两场发展临空经济**

2019年，上海浦东国际机场和上海虹桥国际机场旅客吞吐量合计达到约1.22亿人次，货邮吞吐量合计405.78万吨（见表6-2），分别占到了长三角机场群运量的 51% 和 75%。

表6-2 2019年两场主要统计指标

| 机场 | 国际出港航班量（架次） | 国内出港航班量（架次） | 出港运力（万座） | 国内/地区航线（条） | 国际航线（条） | 旅客吞吐量（万人次） | 货邮吞吐量（万吨） |
|---|---|---|---|---|---|---|---|
| 上海浦东 | 100 308 | 127 493 | 4 419.88 | 115 | 107 | 7 615.35 | 363.42 |
| 上海虹桥 | 7 592 | 123 002 | 2 414.44 | 78 | 2 | 4 563.79 | 42.36 |

资料来源：《2019年民航机场生产统计公报》，CAPA数据库。

从目前航线分布来看，虹桥国际机场国内航线较多，浦东国际机场国际航线较多，两场航线分工明确。虹桥国际机场利用良好的区位优势，入驻产业主要服务于国内航线，结合虹桥火车站打造综合枢纽，发展虹桥商务区，服务于长三角地区，提供商务、商业、娱乐服务等相关设施。浦东国际机场位于上海东侧临海地带，目前新的上海东站（普铁、高铁混合运营）正在建设当中，未来有望与浦东国际机场形成第二个大型综合枢纽，高起点、高投资带动周边商务区发展迅速，入驻产业将主要服务于国际航线，服务于国际商务活动、高端制造业、航运、国际旅游等产业的发展。

**虹桥枢纽及临空经济发展**

（1）虹桥综合交通枢纽

虹桥国际机场距上海市中心13公里。根据上海航空枢纽的规划，虹桥国际机场将形成以境内点对点运营为主、境内中转为辅的基本格局，同时承担城市和地区通用航空运营机场的功能，并保留国际航班的备降功能。2019年，虹桥国际机场旅客和货运吞吐规模已分别达到4 563.79万人次和42.36万吨。

虹桥火车站距虹桥国际机场2号航站楼约450米，拥有30条股道、16个站台，[3]有京沪高铁、沪宁城际铁路、沪杭客运专线、沪杭城际铁路等线路，另外还有待批复的高铁线——北沿江高速铁路。无论是乘飞机抵达虹桥国际机场，还是搭京沪高铁列车抵沪，都可以方便地换乘轨道交通、长途汽车、公共汽车或磁悬浮列车，步行换乘距离约为200米。高速铁路、城际和城市轨道交通、公共汽车、出租车以及与机场紧密结合的虹桥火车站与虹桥国际机场共同形成了上海虹综合交通枢纽，在全国范围内开创了高铁与机场融合建设的先例。

（2）虹桥商务区与临空经济示范区的发展建设

虹桥周边地区多种业态依托其综合交通枢纽，发展形成了商务区形态。为实现虹桥商务区综合开发和管理，2010年1月《上海市虹桥商务区管理办法》公布，划定虹桥商务区范围为东起外环高速公路、西至G15沈海高速、北起G2京沪高速、南至G50沪渝高速的区域，[4]总占地面积86.6平方公里。其中，主功能区面积26.34平方公里，重点开发的核心区面积4.7平方公里，包括1平方公里的国家会展中心项目。

虹桥商务区处于长三角城市轴的关键节点，与周围主要城市距离均在300公里以内，借助内部综合交通枢纽可在一小时内通达长三角都市圈。其独特的区位、交通优势以及早期相对上海市中心较低的土地成本，极大地方便了企业入驻、获取信息、调配资源、开拓市场。因此，商务区吸引了大批企业入驻，初步构建了以总部经济、会议展览、商务商贸、科技研发等现代生产与生活服务业为主体的产业体系。

2016年12月，国家发改委、民航局联合批复，同意支持上海虹桥临空经济示范区建设。示范区规划范围北起天山西路到苏州河区域，东临淞虹路至外环线区域，南至沪青平公路，西迄七莘路，占地 13.89 平方公里（见图 6-2）。其中虹桥国际机场区域占地 7.15 平方公里，为示范区总面积的约 51.5%，与虹桥商务区主体功能区有较大区域重合。示范区另一重要组成部分，是拥有 20 余年发展历史的上海虹桥临空经济园区，园区毗邻虹桥国际机场，规划总面积为 5.14 平方公里，聚集了高端企业总部、信息服务业和现代物流业三大产业，已入驻企业 1 000 多家，其中总部型企业 300 多家，世界 500 强企业 10 家。[5]

凭借独特的区位优势，依托世界最大的综合交通枢纽以及一流的商务服务与支持创新的营商环境，上海虹桥临空经济示范区集聚了众多著名企业的总部，形成巨大的产业发展优势，已成为上海发

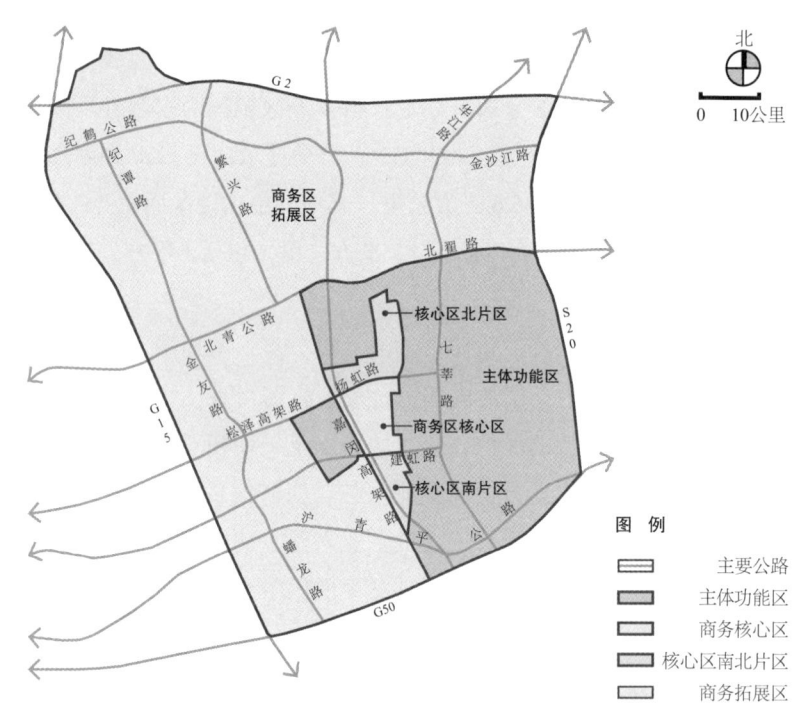

图 6-2　虹桥商务区、临空经济园区、临空经济示范区范围示意
图片来源：笔者根据规划材料绘制。

展现代服务业黄金走廊的西部核心,也成为连接整个泛长三角地区、长江流域地区的一个最具活力和辐射力的现代服务业集聚区。上海力争在近期将虹桥临空经济示范区建设成国际航空枢纽、全球航空企业总部基地、高端临空服务业集聚区、全国公务机运营基地和低碳绿色发展区。

根据2018年9月发布的《上海虹桥临空经济示范区发展规划(2018—2030年)》,示范区将建设面向未来的现代航空港区,形成"一核三区"的总体布局(见图6-3)。其中,"一核"指的是虹桥机

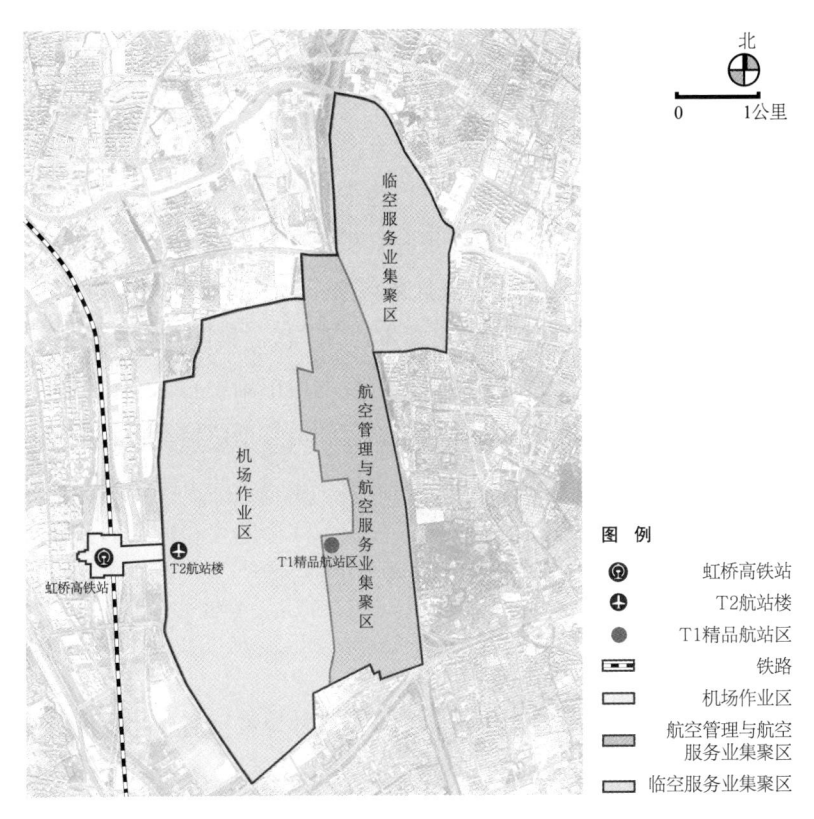

图6-3 虹桥临空经济示范区"一核三区"布局规划

图片来源:笔者根据规划材料绘制。

场 1 号航站楼精品航站区，主要功能包括值机、安检及交通集散等机场航空地面服务；"三区"由西至东分别为机场作业区、航空管理与航空服务业集聚区、临空服务业集聚区。围绕这一布局，结合大数据、物联网、云计算、人工智能等技术构建智慧机场。到 2030 年，示范区将配合虹桥国际机场与浦东国际机场共同构建上海国际航空枢纽核心竞争力。[6]

上海虹桥临空经济示范区的设立加速了相关临空产业的集聚，提升了虹桥商务区产业的"密度"，中国国际进口博览会的举办进一步拓展了虹桥地区城市职能的"广度"。

选择在虹桥举办首届中国国际进口博览会，是因为虹桥具备大交通、大商务、大会展三大区域优势。上海政府致力推动虹桥地区高端商务、会展、交通功能深度融合，进一步增强连通国际的枢纽功能。进博会作为全球唯一以进口为主题的国家级博览会，包括国家贸易投资综合展、企业商业展和虹桥国际经济论坛三部分。2019 年 11 月，第二届进博会在上海虹桥举办，共吸引了 181 个国家、地区和国际组织参会，3 800 多家企业参展，达成累计意向成交 711.3 亿美元，比首届增长 23%。由此，虹桥的城市副中心功能和国际开放枢纽地位愈显。第三届进博会是新冠肺炎疫情防控常态化条件下我国举办的一场规模最大、参展国别最多、线上线下结合的国际经贸盛会。据统计，第三届进博会共吸引 124 个国家和地区的企业踊跃参展，展览总面积近 36 万平方米，共展示新产品、新技术、新服务 411 项，其中全球首发 73 项。按一年计，第三届进博会累计意向成交 726.2 亿美元，比上届增长 2.1%。

2019 年 11 月 13 日，上海发布《关于加快虹桥商务区建设打造国际开放枢纽的实施方案》，将虹桥商务区拓展至 151.4 平方公里。根据此方案，到 2022 年，虹桥商务区总体发展质量将达到国际一流中央商务区水平，集聚一批高能级贸易主体和功能型平台，形成若干总部经济、平台经济、数字经济、会展经济等现代产业经济集群，成为带动区域经济高质量发展的重要引擎。到2025年，虹桥商务区服务长三角、连通国际的枢纽功能将不断提升，成为具有世界水准的国际大型会展举办地，成为总部企业、国际组织和专业机构的首选地，成为国际商务资源集聚、贸易平台功能凸显、各类总部企业活跃的经济增长极，基本建成虹桥国际开放枢纽。[7]

**浦东枢纽及临空经济发展**

（1）浦东综合交通枢纽

浦东国际机场于1999年建成，位于上海长江入海口南岸的滨海地带，距上海市中心约30公里，距虹桥国际机场约50公里，由地铁及浦东"两环一道"与市中心连接。浦东国际机场借S32申嘉湖高速、S26沪常高速、G1503绕城高速、上海长江大桥、沪宁高速公路、沪杭高速公路等多条高速公路连通长三角周边省市。

浦东国际机场有2座航站楼和3个货运区，截至2017年9月，总占地面积为82.4万平方米，拥有4条跑道和218个机位，其中有135个客机位。2019年，浦东国际机场旅客吞吐量达7 615.35万人次，全球排名第8；货邮吞吐量达363.42万吨，保持全球排名第3。[8]机场三期扩建工程正在推进，预计于2025年全面完工。2019年8月，该项目核心工程竣工并投入运营，标志着浦东国际机场可满足年旅客吞吐量8 000万人次、货邮吞吐量570万吨的运行需求。不同于仅有两个国际航点的虹桥国际机场，浦东国际机场的航点和航线遍布全球。以直飞航线的数量来看，亚洲地区航线最多，欧洲次之，日本和美国是与浦东国际机场航线衔接最多的两个国家。就运力而言，上海浦东—日本关西、上海浦东—韩国首尔仁川、上海浦东—日本东京成田是排名前3的国际航线，同时也是航班量排名前3的航线，上海浦东—香港则是航班密度最高的航线。由此得见，浦东国际机此外,《上海市城市总体规划（2017—2035 年）》明确提出"提升浦东、虹桥和洋山枢纽等国际（国家）级枢纽功能,结合浦东国际机场新增铁路东站（祝桥）"。上海东站位于浦东新区祝桥镇,目前正在建设当中,建成后将成为仅次于虹桥站的上海第二大客运火车站,分散上海其他三个火车站的客运压力,极大优化长三角地区铁路网络,增强区域可达性,同时也将与浦东国际机场形成综合交通枢纽。

2019 年末,上海市政府明确提出要将浦东综合交通枢纽打造为"立体交通配套功能的综合枢纽"和"统筹区域一体化发展带动的综合枢纽",目标是"虹桥枢纽 2.0 升级版"。2020 年 7 月上海市政府批复同意《上海浦东综合交通枢纽专项规划》,将上海东站原规划的 10 站台 22 线扩大至 14 站台 30 线,规模堪比虹桥火车站。上海东站与浦东国际机场将组成新的"空铁联运"交通枢纽,将上海与南通、嘉兴港区、杭州、苏州、湖州、宁波等长江三角洲重要城市连接,同时规划预留上海—舟山—宁波通道的接入方式。轨道交通形成"5 条市域线 +2 条市区线 + 多条局域线"的布局。[9]

（2）浦东临空经济区

有别于已设立的虹桥临空经济示范区,浦东临空经济区规划时间较晚,是上海临空经济发展的后起之秀。2015 年,以祝桥区域为主体的航空城建设正式列入上海市"十三五"规划,浦东临空经济区的空间范围大致得窥。祝桥地区东接上海高铁东站和浦东国际机场,西临上海迪士尼度假区,南拥商飞总装基地,北靠空港保税区,是中国建设国际航运中心的腹地和中国大飞机产业的基地。航空城核心区北至闻居路,南至 S32 申嘉湖高速,西至川南奉公路,东至机场围场河,总用地面积约 7 平方公里（见图 6-4）。

浦东新区的"十三五"规划,计划以航空城的建设带动祝桥、

**图 6-4 祝桥航空城的规划范围**

图片来源：笔者根据规划材料绘制。

川沙和惠南等周边区域的发展，包括在祝桥地区发展航空制造和物流产业，在川沙地区布局高端商务功能，在惠南地区培育航空培训和产业工人居住功能等。上海国际机场股份有限公司董事长贾锐军在规划之初表示，参考国际经验，预计上海的航空城建设能产生1 000亿元左右的营业收入，拉动周边25万人就业。[10]

（3）浦东综合交通枢纽带动浦东新区各个板块的发展

在浦东新区"4+4"布局中（见图6-5），航空城被列入与陆家嘴、张江平级的重点发展区域，即以陆家嘴、保税区、张江、金桥4个成熟开发区推动世博前滩地区、临港地区、国际旅游度假区、航空城4个新兴区域建设。在此过程中，航空城的打造势必反哺现有开发区，辐射新兴建设区，带动多产业驱驰，实现范围经济。

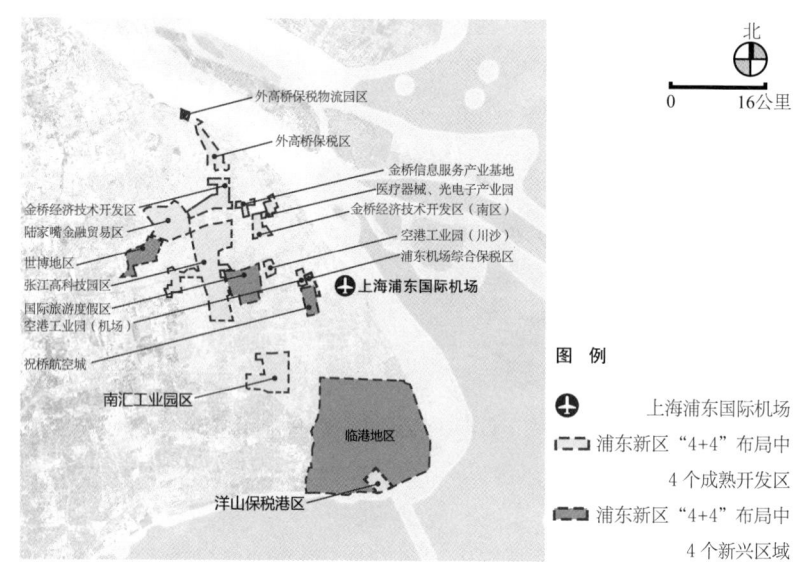

图6-5 浦东新区"4+4"布局

图片来源：笔者根据规划材料绘制。

下文以张江高科技园区和上海国际旅游度假区为例进行说明。

张江高科技园区创建于1992年7月，是张江国家自主创新示范区的核心园区，园区规划面积79.7平方公里，其中有37.2平方公里于2015年4月经国务院批准纳入上海自由贸易试验区，距虹桥国际机场25公里，距浦东国际机场21公里，车程约30分钟。园区正加速打造两大产业集群："医产业"集群，涵盖医药、医疗、医械、医学的医疗健康产业；"E产业"集群，基于互联网和移动互联网的互联网产业。[11]

2017年，张江高科技园区各项经济指标表现亮眼（见表6-3）。招商引资成绩尤为显著。全年引进外资新设项目108个，引进内资新设项目2 465个，吸引内资注册资本291.05亿元。至2017年底，园区共有跨国公司地区总部49家，占上海市的7.8%，占浦东新区的17.4%；从业人员达32万，高端人才集聚。

表6-3 2017年张江高科技园区各项经济指标

| 经济指标 | 规模以上工业总产值（亿元） | 税收收入（亿元） | 一般公共预算收入（亿元） | 固定资产投资（亿元） | 吸引合同外资（亿美元） | 实到外资（亿美元） |
|---|---|---|---|---|---|---|
| 金额 | 3 007.90 | 343.32 | 84.65 | 250.28 | 66.46 | 13.77 |
| 同比增长（%） | 10.60 | 6.90 | 5.20 | 2.20 | 205.28 | 35.39 |

资料来源：根据浦东年鉴编纂委员会2017年发布的《浦东年鉴》指标整理。

张江高科技园区的产业规模和招商引资能力，尤其是其对外资的强势吸引，激发了总量庞大的货物运输和人员出行需求，为浦东交通枢纽带来相当体量的业务量。同时，浦东航空枢纽的建设正好满足了医疗健康产业和互联网产业发展对信息"新"和交流"快"的要求。二者互为助益，相得益彰，将形成良性循环。

上海国际旅游度假区位于航空城西侧，距浦东国际机场约12公里，距虹桥交通枢纽约30公里，规划面积约24.7平方公里，其中核心区面积为7平方公里。国际旅游度假区重点培育和发展主题游乐、旅游度假、文化创意、会议展览、商业零售、体育休闲等产业，打造现代服务业高地。

上海国际旅游度假区核心区内已建成上海迪士尼乐园及相关娱乐、购物设施。自2016年6月16日向公众开放以来，上海迪士尼乐园2016—2018年分别接待游客560万人次、1 100万人次和1 180万人次，人均消费达2 000元以上。[12] 2011—2016年建设期间，项目固定资产投资对全市生产总值年均拉动0.44%，年均拉动新增就业

6.26万人次。[13]另有两个主题公园在开发之中，核心区周围也将建设多个旅游、影视、生态产业园。

迪士尼乐园持续的品牌号召力成就了浦东国际机场一支稳定的旅客流。上海东站的建立、浦东国际机场的过境免签服务又增强了迪士尼度假区整体对国内外游客的吸引力。随着航空城建设的不断完善，这种双赢效应越发明显。

综上，浦东国际机场和航空城之于浦东新布局的重要性可以一窥，而其对于浦东建设的积极意义不仅限于此。受益于临空经济的发展，浦东老中心——川沙地区得以复兴，成为上海潜力最强的主城片区。浦东国际机场的影响力也推动着上海自贸区发展理念的革新。2019年8月，上海自贸区临港新片区设立，完善的国际运输条件、较好的产业基础和配套条件是新片区选址的关键因素。新片区的定位超越了原有的"国际高标准自由贸易园区"，强调打造"更具国际市场影响力和竞争力的特殊功能经济区"。具有临空指向的产业，如生物医药、人工智能、航空航天和总部经济成为临港新片区建设的重点。可见，浦东国际机场的经济作用已是上位规划编制中不可忽视的影响因素。

**两场协同效应**

上海是典型的"一市两场"城市。"一市两场、两位一体、合理分工、互为备降"是上海航空枢纽战略规划发展的优势和有利条件。两场协同对上海、长三角地区、全国乃至全世界的积极影响正从多个方面显现出来。

（1）两场对接优化城市和地区交通格局

在城市内部，两场目前由地铁2号线和快速公路相连（见图6-6）。为实现虹桥国际机场与浦东国际机场高效对接，上海计划建设的机场联络轨道系统——机场联络线——已于2019年6月开工建

图 6-6　上海虹桥—浦东机场联络线规划

图片来源：笔者根据规划材料绘制。

设，预计 2024 年完工。机场联络线（虹桥站—上海东站）是轨道交通线网中的东西向市域线。根据上海的规划，机场联络线线路总长约 68.6 公里，途经徐汇区、闵行区、浦东新区 3 个行政区，全线设置 9 座车站，线路设计速度最高为 160 公里 / 小时，全程在一小时以内。在沿线各个站点，机场联络线还能与上海地铁的其他线路实现换乘。机场联络线的设立可以有效分担地铁 2 号线的客流，改善虹桥国际机场与浦东国际机场间的交通联络，完善城市整体交通系统。由此，虹桥国际机场和浦东国际机场借助机场联络线完成"合并"，两场将实现境内外的无缝对接。

在更大的空间层面上，建设中的上海东站将与浦东国际机场形成浦东综合交通枢纽，虹桥与浦东"双枢纽"搭建了上海联系外部的桥梁。根据两场的功能定位，虹桥主国内，重点服务于长三角地区；浦东主国外，是上海的门户。上海东站的建立既辅助虹桥，提升长三角的区域可达性，又为浦东输送客流，方便国内外游客出入（见图 6-7）。虹桥与浦东分工协作建成亚太地区的核心枢纽机场，共同成为世界航空网络的重要节点。

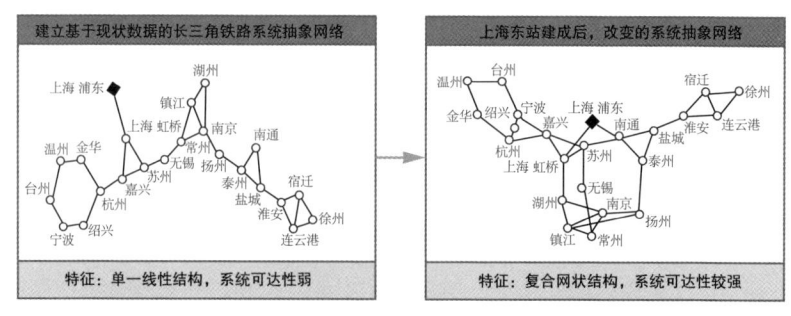

图 6-7　上海高铁东站优化浦东枢纽的城市群可达性分析

图片来源：笔者根据长三角铁路线网规划理念，依托数据分析得出。

（2）双机场联动推进周边地区产业升级

虹桥综合交通枢纽周边地区在 20 世纪 90 年代初是工业集聚地，坐落着原来的上海市西工业区、长风工业区和江桥工业园，它们分别是虹桥临空经济园区、长风生态商务园区和上海西郊生产性服务业集聚区的前身。[14] 伴随着交通条件的变化，虹桥周边地区的城市功能发生了质的变化，产业转型既是必然结果，也是内在要求。经过二十余载努力，依托虹桥枢纽，周边地区已形成以总部经济为核心，以高端商务商贸和现代物流为重点，以会展和商业为特色，其他配套产业协同发展的产业格局。

浦东新区在 20 世纪 80 年代后期由多个区县的地域合并而成，是上海占地面积最广、人口最多的市辖区。区内各地产业结构差异明显，既有现代服务业发达的陆家嘴金融贸易区，以及高端制造业集聚的张江高科技园区，也有港口运输、仓储业发达的外高桥保税区（以及近年来新建的洋山深水港区和临港新城）。早期的浦东还包括大片农业区，这其中含有今浦东机场的一部分占地，制造业基础薄弱，现代服务业更为落后。但随着浦东国际机场的建设，临空经济初具规模，浦东新区也形成了现代服务业和先进制造业共同发展的产业结构体系。

两场联络线和上海东站的建设将在上海市形成完整的对外服务网络。两场的联系将更加紧密，中转效能将得到提升，高效的分工协作也将成为可能。未来，浦东机场综合枢纽地区也将形成与虹桥地区并列的现代服务业集聚地之一，但服务对象有所差异。浦东机场国际枢纽地区将充分发挥区位优势，以面向国际的外向型服务为主，与虹桥地区形成错位联动发展。在上海综合浦东新区的规划中，虹桥国际机场与浦东国际机场搭起的"东西轴线"，将是上海面向世界的服务经济主导区域和上海建设国际经济、金融、贸易、航运中心的核心载体。

（3）机场枢纽拉动城市副中心格局改变

1999年上海提出的城市规划确定了4个城市副中心——徐家汇、五角场、真如、花木，分布在城市的4个方位，在上海外环以内布置"一主四副"的公共活动中心格局。2018年发布的《上海市城市总体规划（2017—2035年）》将上海主城区的范围从外环扩大为"中心城区+主城片区"。4个主城片区分别是虹桥、宝山、川沙、闵行，每个主城片区中有一个城市副中心。

其中，虹桥主城片区规划范围88平方公里，与虹桥商务区基本重合，预计常住人口43.4万，就业人口70万~75万，包括核心区、机场片区、西虹桥、南虹桥、北虹桥和东虹桥六大区域。核心区位于机场片区西侧，和西虹桥片区共同支撑起城市副中心。[15]

川沙主城片区为城市副中心，服务人口100万~150万，承担区域公共服务中心与面向国际的功能。浦东新区总体规划分区指引中明确，川沙城市副中心应围绕上海国际旅游度假区，加强与康桥地区中心联动发展，辐射川沙主城片区及周康航浦地区。规划范围东至浦东运河，南至迎宾高速，西至外环高速，北至川杨河，面积约26.9平方公里。详细规范方案目前未出，但已明确从川沙与迪士尼度假区、浦东综合交通枢纽的联系展开的研究思路，基于交通区位优势，分析与川沙副中心门户地位相适应的发展目标以及面向国际和市域范围所带来的功能定位。[16]

上海城市副中心的设立原则将交通优势带来的经济便利作为考虑要素。分别依托虹桥和浦东临空经济发展形成上海城市副中心及中心镇，既是对原有城市结构的升级，也是航空都市理论在上海进行实践的重要表现。

## 长三角地区联动

上海地处中国东部沿海经济发展带与长江经济带的交会点，其直接腹地长三角地区是中国目前经济发展速度最快、经济总量规模最大、最具有发展潜力的经济板块。长三角城市群已位列世界第六大城市群，世界500强企业中的大多数在此投资，上海机场半径300公里的腹地内包含长三角地区的8个主要工业、科技园区，相关产业与航空关联度高，主要产业为电子信息、汽车、石化、成套设备、精品钢材和生物医药等。

2019年12月1日，中共中央、国务院印发了《长江三角洲区域一体化发展规划纲要》，规划范围的中心区包括原长三角城市群26城和浙江省温州市，共计27个城市。规划到2025年，长三角一体化发展取得实质性进展。该规划纲要的细化发展目标包括："合力打造世界级机场群。编制实施长三角民航协同发展战略规划，构建分工明确、功能齐全、连通顺畅的机场体系，提高区域航空国际竞争力。巩固提升上海国际航空枢纽地位，增强面向长三角、全国乃至全球的辐射能力。规划建设南通新机场，成为上海国际航空枢纽的重要组成部分。优化提升杭州、南京、合肥区域航空枢纽功能，增强宁波、温州等区域航空服务能力，支持苏南硕放机场建设区域性枢纽机场。完善区域机场协作机制，提升区域航空服务品质。加强航空货运设施建设，加快合肥国际航空货运集散中心、淮安航空货运枢纽建设，规划建设嘉兴航空联运中心。统筹空域资源利用，促进民航、通用航空融合发展。深化低空空域管理改革，加快通用航空发展。"

2018年，在全国37个千万级旅客吞吐量机场中，有7个位于长三角地区，分别是上海浦东国际机场、上海虹桥国际机场、杭州萧山国际机场、南京禄口国际机场、宁波栎社国际机场、温州龙湾国际机场、合肥新桥国际机场（见图6-8）。上海浦东和虹桥居于前两位，旅客吞吐量分别突破7 000万人次和4 000万人次；宁波栎社、温州龙湾和合肥新桥的旅客吞吐量虽然刚刚突破千万人次，但增速均超过20%，分别为24.8%、20.8%和21.5%，具有相当大的发展潜力。[17] 这7个机场为打造长三角世界级机场群奠定了基础，南通新机场的落成也将为世界级机场群分工协作增添助力。

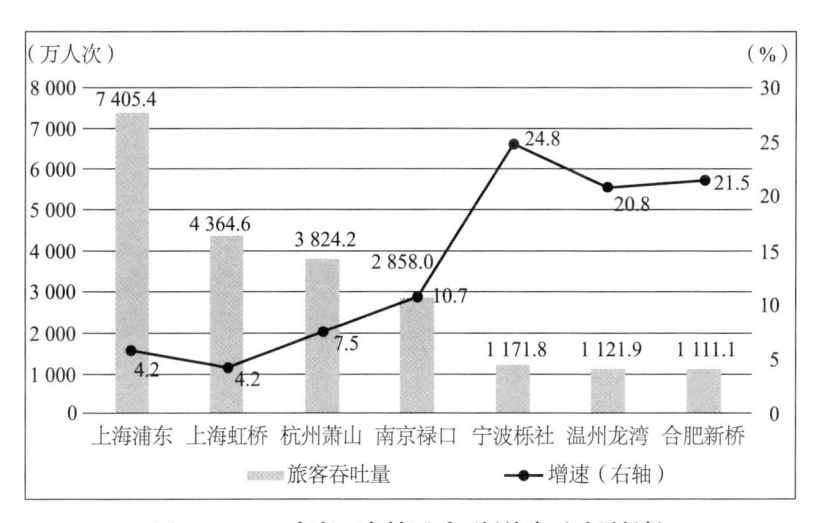

图6-8 2018年长三角地区千万级旅客吞吐量机场

地方经济绩效与机场表现相对应。2018年，长三角城市群GDP总和达到17.8万亿元，同比增长7.14%，高于全国平均GDP增速6.6%，27城中有20个GDP增速超7%（见图6-9）。作为核心城市

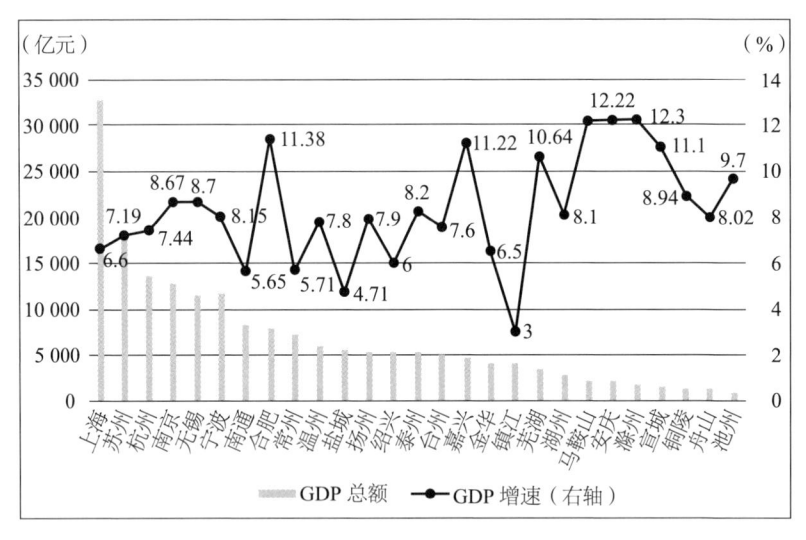

图 6-9　2018 年长三角 27 城 GDP 情况

的上海拥有最大的经济体量，GDP 总额为 32 679 亿元，增速 6.6%，持平于全国平均水平。杭州、南京、宁波、合肥的 GDP 增速分别为 7.44%、8.67%、8.15%、11.38%，合肥的 GDP 增长尤其明显，并且合肥都市圈平均增速超过 10%。

无论是机场排名还是地方经济，上海的表现都一骑绝尘。协调上海两场与区域内其他机场的关系，是打造长三角世界级机场群的关键。以提升上海国际航空枢纽功能和国际竞争力为主，推动各机场的合理分工定位、差异化经营，加快形成良性竞争、错位发展的格局是目前达成的共识。同时，借助上海的资源优势、加速地方潜力释放是实现长三角一体化发展的重要内容。合肥等内陆城市在很长一段时间内受区位、交通等因素的限制，未能得到良好开发，长三角世界级机场群的建设为此类城市的发展提供了契机：加强区域内资源流动，避免资源过度聚集于上海形成"顶端优势"；提高对外开放水平，在国际层面发挥地方比较优势，吸引外资和开展贸易。

## 小结：双枢纽带动上海飞跃

在上海成为国际大都市的征程中，双临空枢纽功不可没。虹桥和浦东综合交通枢纽共同构筑起上海连接内地、通向世界的空中走廊，又依据差异化的功能定位在周边形成产业集聚，衍生出两个临空经济区，主要服务于长三角地区和国际市场。上海综合枢纽在优化区域交通格局的同时推动着地区产业升级、城市规划革新，是打造长三角世界级机场群的中坚力量。

当前，伴随中国经济新常态化，提升经济发展质量、实现新旧动能转换是新时代赋予的命题。上海作为中国经济的标兵，自然也成了新发展求索之路上的先驱者，依托双枢纽发展临空经济、建设航空都市成为思路之一。迄今，浦东与虹桥两场共建的成果初现。未来，两场协力将为上海和长三角地区的经济发展提供更多可能，在建设航空都市的探索中，上海模式亦将为后继者提供参考。

**基本信息**

- 城市区位：法国·巴黎
- GARI 总排名（在全球 100 城中）：6
- 人口规模：1 216.87 万人（2019 年，巴黎大区）
- 核心机场：巴黎夏尔·戴高乐机场（CDG），巴黎奥利机场（ORY），巴黎勒布尔歇机场（LBG）
- 机场总客运规模：7 615 万人（2019 年）
- 机场总货运规模：215.6 万吨（2019 年）
- 国际航线占比：88.43%
- 综合交通特色：巴黎大区具有完善的公路、地铁、铁路和高速铁路网络；戴高乐机场充分利用竖向空间，在交通中心将高铁、地铁及巴士进行了融合
- 城市经济总量：6 690 亿美元（2019 年，巴黎大区）
- 城市人均 GDP：55 016 美元（2019 年，巴黎大区）
- 都市区信息：巴黎大区是法国首都巴黎的首都圈，其以巴黎为中心，包括巴黎省、上塞纳省、塞纳-圣但尼省、瓦勒德马恩省、塞纳-马恩省、伊夫林省、埃松省和瓦勒德瓦兹省，共计 1 276 个市镇
- 发展特色：巴黎大区是法国的经济中心和最大的工商业城市，是欧洲最重要的交通中心之一。随着社会的发展，机场逐渐成为新的经济增长极，而巴黎大区以戴高乐机场、奥利机场、勒布尔歇机场为主形成多机场系统。区域范围中的 3 个主要机场功能定位各有差异，在运行过程中又协同互补，3 个机场共同支撑了巴黎大区的经济社会发展

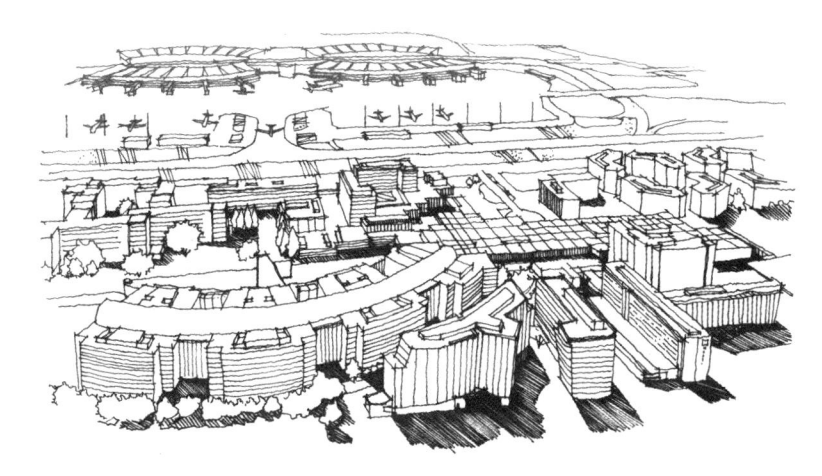

图 6-10　巴黎戴高乐机场枢纽

图片来源：孙玮琳绘制。

## 巴黎：多机场国际都市区临空发展之路

巴黎大区的发展与区域交通体系的建设息息相关，巴黎机场集团统一运营的三个核心机场各司其职、错位发展，便利的地面轨道及公路交通网络将机场与城市重要节点紧密相连，两个重点临空经济区域的发展与大巴黎的发展紧密结合，对巴黎在全球化竞争中重回世界舞台起到了至关重要的作用。临空经济成为强化城市国际竞争力、促进临空偏好型产业与区域产业发展融合、带动当地经济进一步发展的重要动力。

### 戴高乐机场的发展历程

巴黎戴高乐机场建于 20 世纪 60 年代，一开始仅发挥交通走廊功能，慢慢成为交通枢纽，并在周边形成物流功能区，到 20 世纪 80 年代成为巴黎的产业中心，90 年代以后，随着地区功能的完善，商务功能增强，戴高乐机场发展成欧洲的商贸核心。

戴高乐机场位于巴黎东北 25 公里处的鲁瓦西，机场周边交通便捷，拥有高铁、高速公路、快速轨道交通、有轨电车等，快速连接巴黎市中心与欧洲城市。机场创造了 26 万个工作机会。戴高乐机场以机场建设运营为先导，建设标志性的建筑带动区域形象，吸引了大量临空产业的导入，带动了大量的人口，推动了本地经济的发展和区域价值的提升。依托机场建设，该地区已发展成为国际化程度极高的航空都市。

## 巴黎的多机场系统

巴黎大区的机场系统由三个层次构成（见图 6-11）：第一层次为大型国际航空枢纽（戴高乐机场），第二层次为区域型枢纽（奥利机场）与大型公务机机场（勒布尔歇机场），第三层次为一般通用航空机场。其中，戴高乐机场与奥利机场为运输机场，勒布尔歇机场为大型公务机机场，这三个机场均归巴黎机场集团管理。

### 欧洲第二大机场戴高乐，客货运全球领先

以法兰西第五共和国第一任总统夏尔·戴高乐的名字命名的戴高乐机场，是欧洲主要的航空中心，始建于 1966 年，于 1974 年正式启用。目前，戴高乐机场发展成为客运量仅次于伦敦希思罗机场、货运量超越它的欧洲第二大机场，共有 7 座航站楼，不同的航站楼分别为不同的航空联盟提供服务，负责不同的国际区域、申根区域。

### 高品质国际机场奥利，特定目的地的更高效衔接

因奥利机场临近市中心的优势区位，巴黎机场集团正在将其打造为欧洲舒适度和服务标准最高的机场，现代化的服务设施逐步完

善之后，机场内的换乘以及与城市其他节点公共交通的连接都将更为便利。由于疫情原因，2020年3—6月，奥利机场被迫关闭。

**欧洲第一商务机场勒布尔歇，打造高端专属体验**

1919年启用的勒布尔歇机场是巴黎的第一座民用机场，并且直至1932年奥利机场启用前，其都是巴黎大区唯一的民用机场、欧洲第一大商务机场。该机场通过为商务旅行者提供高端服务，带动机场业务量增长，从而刺激当地的经济活动。机场拥有15条商务航线，每年有约54 000架次的起降量。此外，除了机场本体外，也有一些与航空相关的公共设施设址于机场范围内，例如航空航天博物馆。同时，该机场还是重要的航空工业中心，拥有超过100家航空维修企业，配套有航空器材、设备供应商以及机场运营服务商等。

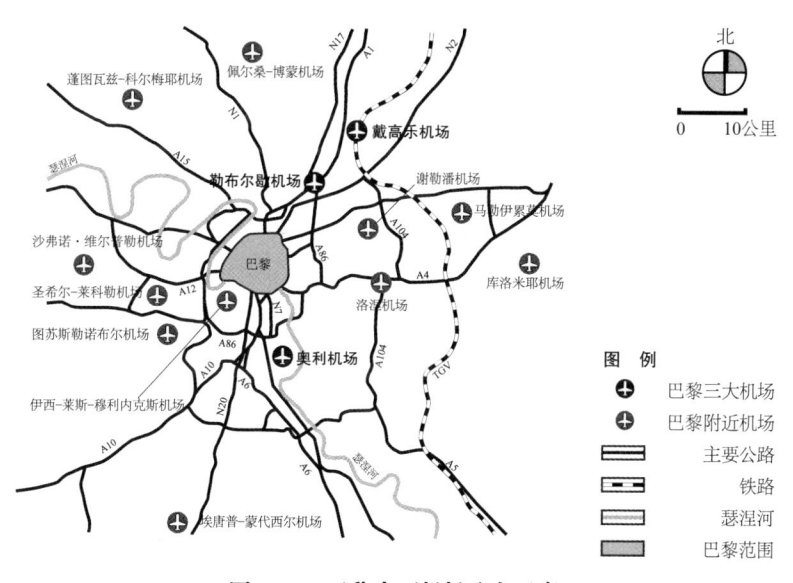

**图6-11 巴黎大区机场分布示意**

图片来源：笔者根据规划材料绘制。

## 临空区背后的推手——巴黎机场集团

巴黎戴高乐机场、奥利机场和勒布尔歇机场都由巴黎机场集团建成、发展和管理。巴黎机场集团是全球最大的机场投资运营集团之一，业务范围覆盖机场融资、设计规划、机场运营等。巴黎机场集团在全球范围内运营管理26家机场，全球航点达到290个，120个国家的150多家航空公司在巴黎机场集团旗下机场运营。2018年巴黎机场集团旅客量为1.08亿，实现收入45亿欧元（见图6-12），其中航空相关板块收入为19亿欧元，零售与服务业收入10亿欧元，不动产收入2.65亿欧元，国际与机场开发收入14亿欧元，[18]是全球市值第二大的机场集团。良好的经营业绩使巴黎机场集团成了一流的大型机场管理公司，创造了约12万个就业岗位。

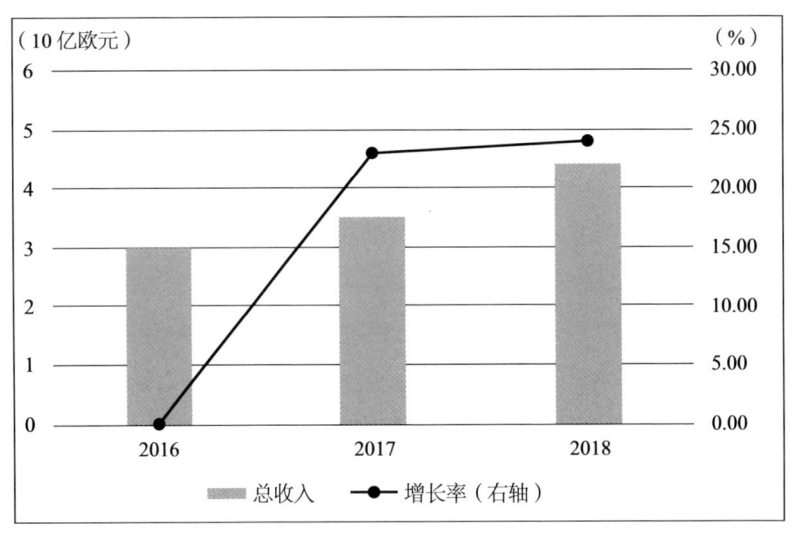

图6-12 巴黎机场集团2016年底至2018年的总收入与增长率

资料来源：CAPA数据库。

巴黎机场集团的战略规划文件对3个机场提出了不同的定位，认为戴高乐机场适合长途和中转交通运输；奥利机场是一个更具"人性化"的机场，便于航空公司使用，对"点对点"交通更为有效；勒布尔歇机场则专注于公务航空运输，这使戴高乐机场和奥利机场能够专注于民用航空运输。[19] 3个机场不同的定位形成了不同的机场特征（见表6-4）。

表6-4 巴黎3个机场的信息

| 中文名称 | 定位 | 跑道 | 客运量2018年 | 航线量 | 起降架次 | 客运航空公司 | 货运量 | 航线覆盖的国家和地区 | 连通城市 | 连通机场 | 可用货运吨公里 |
|---|---|---|---|---|---|---|---|---|---|---|---|
| 戴高乐机场 | 全球长途和中转交通 | 2 700×60米<br>4 200×45米<br>4 200×45米<br>2 700×60米 | 7 223.0万人次 | 306条 | 48.3万次 | 113家 | 43 019吨 | 115个 | 281座 | 291个 | 2.39亿 |
| 奥利机场 | "人性化"的现代机场 | 2 400×60米<br>3 650×45米<br>3 320×45米 | 3 312.1万人次 | 142条 | 22.9万次 | 31家 | 9 088吨 | 48个 | 135座 | 138个 | 0.36亿 |
| 勒布尔歇机场 | "民用航空+通用航空"高端体验 | 2 665×60米<br>2 991×45米<br>1 853×45米 | | 商务/公务航线 | 5.4万次 | | | | | | |

资料来源：CAPA数据库。

## 多机场的协调发展

戴高乐机场与奥利机场的航线侧重错位。两个机场都可连接法国境内和国际城市,但航线网络布局存在着分工差异。

戴高乐机场建成后,航空企业到戴高乐机场运营的积极性并不高,在政府的强力推动和巴黎机场集团的配合下,奥利机场的许多国际航班转移到了戴高乐机场,形成了目前戴高乐机场主营国际和洲际长航线,奥利机场主营法国国内、西欧、北非、加勒比地区航线,并为支线与低成本航空服务的格局。[20]

戴高乐机场与奥利机场的国际市场份额均较高,但两个机场在国际市场的运作有差异。根据民航资源网发布的案例分析,首先在国际航班运力座位分布方面,两个机场的共同重点市场为西欧。受欧洲的历史、地理等因素影响,法国与西欧等国家的经贸往来比较密切,西欧是两个机场的共同重点市场。除此之外,奥利机场在北非与加勒比地区运力投入相对较多,戴高乐机场则重点在北美洲、中东、东北亚、中东欧、非洲中西部运营。虽然在西欧地区有较多的重叠市场,但对两个机场全部国际重叠市场上的运力投放情况进行对比后发现,除罗马菲乌米奇诺机场、巴塞罗那机场、阿尔及尔机场与马德里机场是共同的重点市场外,在其他市场及通航点,两机场会有不同偏重。

虽然两个机场都有运力投入,但其中一个机场会拥有较高的相对优势。奥利机场虽然通航点数量不及戴高乐机场的一半,但在法国国内市场中占有绝对优势,奥利机场的国内通航机场数量高于戴高乐机场,并且国内航班平均日频次也高于戴高乐机场。

**临空经济区的形成**

三个错位发展的机场形成了两个主要的临空经济区(见图6-13),即巴黎戴高乐机场与勒布尔歇机场共同形成的临空片区,以及围绕着奥利机场的临空片区。在巴黎机场集团、中央政府、地方政府和其他公私合作伙伴与组织机构的共同推动下，两个片区在过去多年间得到了阶段性发展。多方合作的关注点主要集中在地区品牌塑造、就业机会营造、培训和市场营销等方面，因此依托两个临空片区形成了两个主要的品牌：奥利国际（Orly International，成立于2006年）运营的奥利巴黎（Orly Paris），这是奥利机场的临空片区；GIP Emploi Roissy CDG[①]（成立于1998年）、Hubstart（巴黎大区戴高乐以及勒布尔歇机场地区联盟，成立于2009年）运营的戴高乐-勒布尔歇临空经济区。

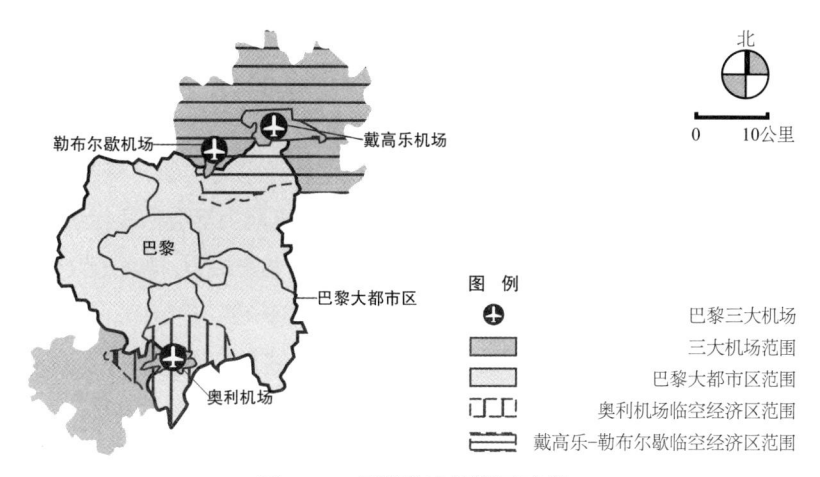

**图 6-13　巴黎临空经济区示意**

图片来源：笔者根据相关规划绘制。

巴黎戴高乐机场与勒布尔歇机场共同形成的临空片区占地面积达420平方公里，是巴黎大区土地面积的3.5%，拥有巴黎大区总人口的6%（约70万人），提供30万个工作岗位，占巴黎大区工作岗位的5%。与奥利机场的临空片区不同，法国和巴黎大区政府直接

---

[①] GIP Emploi Roissy CDG 是一组公共和私人合作伙伴，它们指导协调合作伙伴行动，以满足大鲁瓦西-勒布尔歇地区的企业和居民的就业及技能需求。

将戴高乐机场区定义为大鲁瓦西-勒布尔歇地区推动的 25 个就业区（2016—2017 年）之一。完善的公路、高速公路、地铁、铁路、高速铁路网络不仅使整个区域成为一个整体，更是连接了巴黎其他重要的商业区，使其成为众多国际贸易和投资的首选之地，该区域也因此成为巴黎大区乃至整个法国的主要商业区之一。[21]

奥利机场的奥利巴黎地区占地 105 平方公里（相当于巴黎市的面积），横跨两个片区、19 个镇，覆盖超过 40 万居民，提供了 19 万个就业岗位。2009—2017 年，当地政府委托奥利国际进行奥利巴黎片区的品牌运营，将该地区定义为国际目的地。除此之外，多方合作出台的各项政策与规划也是推动片区发展的重要工具，从 2008 年开始成为片区经济发展与就业策略的重要指导。2015 年，巴黎大区与中央政府为促进大巴黎经济、就业和创新计划的实施，将巴黎大区划分为 25 个"就业区"，与 2016 年创建的巴黎大都会形式相结合，所以奥利巴黎区域被分成了两个就业区。有专家认为，两个片区的管理或将对奥利机场的临空经济区进一步发展形成一定障碍。

航空都市理论认为，临空经济的影响范围不是固定的，其经济及社会影响将覆盖机场所在城市或区域。有研究表明，巴黎临空经济的影响边界已经跳出两个临空区的范围，例如戴高乐-勒布尔歇临空经济区的职工有相当一部分选择居住在临空经济区北部的上法兰西大区，因为该地区噪声影响更小、消费成本更低，生活环境也更好。

## 发展中的问题及解决

戴高乐机场所在的鲁瓦西地区的发展历程并非一帆风顺。因为鲁瓦西地区位于大巴黎的郊区，在产业、人才等基础条件较弱的情况下，机场等大型交通设施入驻后，这里先后出现了诸多问题，包括相互竞争的众多城市项目，道路拥堵，农田和开敞空间的过度消耗，由于缺乏培训或劳动力类型不匹配而使许多居民难以获得工作等。

各级政府针对上述问题出台了多项规划，中央政府出台的区域总体规划中包含大量与鲁瓦西地区和戴高乐机场片区相关的规划决策，主要包括：建立戴高乐机场与巴黎市中心的走廊；对戴高乐机场以南的城市发展进行规定，保护该平台以北和东北的农地和农村地区；呼吁巴黎进行多中心式发展，承认鲁瓦西戴高乐机场地区是"欧洲重要中心"，旨在满足具有国际可达性要求的高价值企业的需求。2000 年以来，不断出现公私共同进行戴高乐周边片区集体治理的机制倡议，2003 年，机场地区的主要私营运营商（法国航空、巴黎机场集团、雅高酒店集团、联邦快递、法国电力集团等）创建了 Pays de Roissy CDG，这是一个非营利性组织，旨在促进鲁瓦西地区集体土地模式发展以及提高机场的社会接受度。另一个重要步骤是在 2011 年成立了法国大鲁瓦西保护协会，该组织聚集了更大的鲁瓦西机场地区（三个部门的 69 个直辖市）中所有的地方政府，以促进成员之间的合作，并权衡与该地区发展有关的政治决定。

有趣的是，戴高乐-勒布尔歇临空经济区的发展也反向推动了奥利机场临空区的整合发展，形成了积极的良性竞争局面。曾经在很长一段时间内，奥利机场临空经济区所在地的大多数当局都不认为需要就机场问题进行合作，有时各方观点甚至是完全对立的，例如一些群体看重机场对税收的提升，致力创造更多就业机会，但另一部分群体受噪声影响严重，并且未因机场的存在而获得经济利益，这两类群体之间合作难度非常大。

**临空经济区与城市发展**

巴黎的两个临空经济区都呈现出复杂的城市结构和混合功能，

包含了大型商业园区、物流区、购物中心、多种形式的住宅等各项功能片区，同时，便利的地面交通网络也促成了区域的高可达性和城市肌理。虽然戴高乐-勒布尔歇临空经济区保留了大量的农业用地，西南部密集的城市开发与东北部的自然农业保留共生，巴黎奥利区域则紧邻市中心，被西部和北部的商业及物流区，南部和东部的居住区包围，但无论对于原本的郊区或城区，临空经济的引入和开发概念的使用都给了片区整合城市空间、优化片区环境、吸引发展投资、增加区域活力的机会。

戴高乐-勒布尔歇临空经济区所在的鲁瓦西地区就是交通改变城市片区命运的典型代表。位于郊区的鲁瓦西最初是以农业为主的片区，1970年鲁瓦西地区被定位为交通走廊，开始拓展制造业和物流仓储等产业类型，在高速公路沿线建立工业和商业中心，但因为动力有限，并没有吸引太多投资者的目光；1974年，戴高乐机场开始运营，交通枢纽成为鲁瓦西的新角色，随着巴黎北部展览中心和巴黎北部2号商业中心项目的落成，借助逐步引导戴高乐机场国际、国内航线网络不断完善，鲁瓦西地区成为物流、展示、会议、商业等功能集聚的综合片区，地区形象也得到了明显提升。随着大巴黎计划的推进，完善的公路、高速公路、地铁、铁路、高速铁路网络逐步建立，鲁瓦西地区逐步发展成为国际可达性高、产业环节丰富、地面交通完善的投资高吸引力片区。

## 小结

巴黎的临空经济发展相较于其他城市更为复杂：多机场的格局，巴黎大区、巴黎都市区多个不同区域规划，从中央到地方政府出台不同的政策及规划，涵盖多个群体的利益相关方协调机制，这些都在巴黎临空经济发展的过程中设置了大大小小的挑战。但巴黎还是通过将临空经济作为城市和区域发展的重要积极因子，逐步实现了机场、临空经济区与城市和区域共同发展。这些措施可以总结为：统一的机场集团管理，政府的积极参与，造就良好的多机场分工和良性市场竞争局面；来自公私不同部门与集体的利益相关方通力合作，助力两大临空经济区差异化协调发展，实现复杂行政区划和多项规划政策的落地；两个临空经济区之间也形成了良好的错位竞争关系，依托不同的区位和本地发展基础，带动不同产业和功能方向的优质资源集聚；最重要的一点是，将巴黎大区的发展计划与临空经济的相关规划和政策措施融合起来，相互促进，在实现临空片区的区域角色升级的同时，也帮助区域交通及产业系统进行新一轮整合，帮助巴黎重返全球核心城市前列。

## 基本信息

- 城市区位：中国·北京
- GARI 总排名（在全球 100 城）：9
- 人口规模：2 153.6 万人（2019 年）
- 核心机场：北京首都国际机场（PEK），北京大兴国际机场（PKX）
- 机场总客运规模：10 314.8 万人（2019 年）
- 机场总货运规模：196.27 万吨（2019 年）
- 国际航线占比：35.38%
- 综合交通特色：首都国际机场与大兴国际机场将成为首都地区的国际化"双枢纽"机场。大兴机场将实现全国首个真正意义上的大型一体化综合交通枢纽，方便快捷的综合交通体系设计可以使未来新机场公共交通出行比例达到 50% 以上
- 城市经济总量：5 126.2 亿美元（2019 年）
- 城市人均 GDP：23 803.3 美元（2019 年）
- 城市群信息：北京位于京津冀城市群，京津冀城市群主要包括北京、天津两大直辖市以及部分河北省和河南省的城市。京津冀城市群是中国的政治文化中心，也是中国北方经济的重要核心区
- 特殊监管区发展情况：北京天竺综合保税区是唯一一家空港型综合保税区，中国（河北）自由贸易试验区包含大兴机场片区 19.97 平方公里。大兴机场片区主要承担建设国际交往中心功能承载区、国家航空科技创新引领区、京津冀协同发展示范区的责任
- 发展特色：北京首都机场与大兴机场构成"一市两场"格局，但又不同于一般的"一市两场"，北京两座机场为同等级机场，共用客源，以缓解首都机场过于饱和的压力，形成"双枢纽、双临空经济区"格局。大兴机场与其临空经济区的特殊区位将带动京津冀一体化发展，并改变北京"北重南轻"的格局

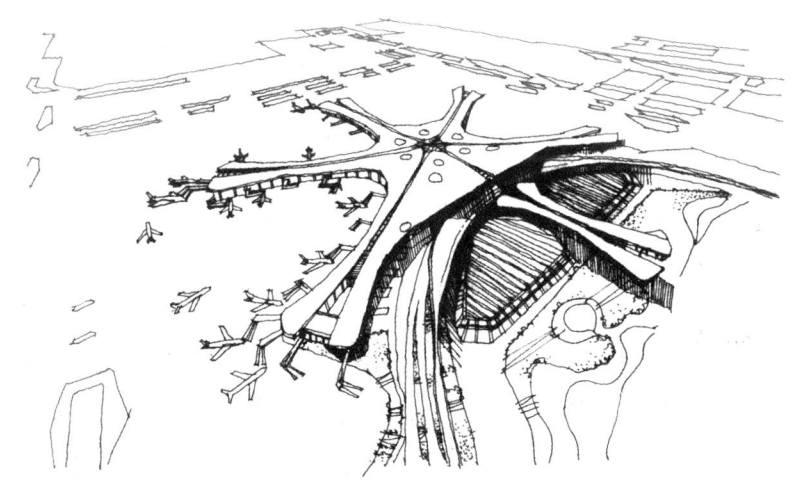

图 6-14 北京大兴国际机场

图片来源：孙玮琳绘制。

## 北京：国际双枢纽机场助力京津冀世界级城市群起飞

2019 年 9 月 25 日，北京大兴国际机场迎来了首飞，为新中国七十华诞献上了一份大礼。这只坐落在京津冀中央的金色凤凰，与首都机场一道构成了京城南北呼应的国际双枢纽，是国家的动力源。双枢纽与京津冀其他机场一道带领京津冀城市群进入了世界级城市群的跑道，昂首蓄势起飞。跨入新的发展时期，京津冀交通枢纽体系的构建、开放性政策的加持和国际化临空产业链的完善，为其发展升级和协调平衡提供了新机遇。

### 双枢纽势在必行，首都与大兴共同打造双国门国际竞争力

在经常前往北京首都国际机场的乘客眼里，首都机场虽然航线丰富、选择多样，但也常常遭遇地面交通拥堵和航班的高不稳定性。

这座设计运力为 8 600 万人次的中国国门机场，早在 2018 年旅客量就已突破一亿人次大关，连续多年稳坐全球机场客运量亚军宝座。基于北京的航空运输业务量增长速度快、市场需求极大、客运量仍持续增长等现象，为了缓解首都机场的空中压力，北京第二机场的建设运营成了各方持续关注的焦点。

关于新机场建设的多项政策与规划相继出台，《"十三五"时期京津冀国民经济和社会发展规划》提出，在"十三五"期间，京津冀地区将打造国际一流航空枢纽，构建世界级现代港口群。《推进京津冀民航协同发展实施意见》提出，2030 年，北京"双枢纽"机场成熟运营，国际竞争力位居世界前列。[22]《北京"一市两场"转场投运期资源协调方案》提出，确定两场功能定位与发展目标；制定两场转场投运原则以及大兴国际机场投运计划，最终形成两场协调发展、适度竞争的国际"双枢纽"机场格局，推动京津冀机场建设成为世界级机场群。

迎着祖国七十华诞的号角，备受注目的北京大兴国际机场在 2019 年 9 月 25 日迎来了首飞，作为祖国生日的献礼。当日，南航、东航、国航、中联航、河北航、首都航、厦航的飞机从大兴机场起飞，揭开了大兴机场正式启用的序幕。大兴机场的建设是一项世纪工程，被定义为"国家动力源"。工程总投资 799.8 亿元，带动配套投资超过 4 000 亿元，建设阶段带来 1.3 万亿元的经济贡献，超过 8 万人直接参加机场建设项目，被英国《卫报》誉为"世界新七大奇迹"之首。[23] 目前，大兴机场已建成北航站楼、4 条民用跑道与 1 条军用跑道。规划到 2021 年，大兴机场将实现每年 4 500 万人次的客运需求，以及高峰小时进出港 1.26 万人次的容量需求。规划到 2040 年，形成"6（民航）+1（军航）"的跑道格局，总体承载达到客运量约 1 亿人次 / 年，货邮吞吐量 400 万吨 / 年，起降架次 84 万架 / 年，跻身全球运量领跑机场行列。

2019年"双十一"期间,大兴机场俨然成为北京热门的新景点之一(见图6-15),在大兴机场自拍后上传至网络平台,成为占据社交媒体的热门话题。作为拥有广州大剧院、南京青奥中心、伦敦伊顿广场等多个知名作品的国际著名建筑师扎哈·哈迪德的遗作,大兴机场美轮美奂的"凤凰展翅"、曲线曼妙的C形柱支撑、多面玻璃构成的透明采光面、5个航空码头辐射以确保可在8分钟内到达所有登机门的独特设计,向世人展现了北京建设世界顶尖机场的决心。除了设计本身,大兴机场的各项高科技带来的卓越的用户体验令世人啧啧称奇。特别是"智慧大脑"系统——以智慧机场为目标的信息系统,将实现协同驱动机场的智能出行。这一综合系统以云计算、大数据、物联网等技术平台为基础,搭建航班生产运行服务、旅客运行服务、空侧运行管理、综合交通管理、安全管理、商业管理、能源管理、货运信息管理、环境信息管理9大业务平台,共包括19个平台、68个系统。这一系统的协同运转成就了大兴机场的种种"智慧"表现:统筹减少航班各节点等待时间,提升航班

**图 6-15　北京大兴国际机场内部**

图片来源:笔者拍摄。

正常率；大数据精准画像提供私人定制服务；智能标签实现行李全流程追踪；智能视频分析主动识别安全风险……从高质量建设到高科技带来的高水平运营，大兴国际机场全方位展示了我国的科技实力。[24]

　　卡萨达博士强调，服务于市场的是航空公司而不是机场本身，因此两场的资源配置至关重要。首都机场与大兴机场目前正在遵循合理化路径进行资源配置，力求共同形成国际领先的"双枢纽"机场格局。2015年民航局下发《关于印发京津冀机场航线航班网络优化实施办法的通知》，提出首都机场实施"三不增三引导"，"三不增"即不增货运包机、不增国内客运加班、不增国内货运正班，"三引导"即引导机型由小改大、引导航线由支（线）改干（线）、引导航程由短改长。[25]《北京大兴国际机场转场投运及"一市两场"航班时刻资源配置方案》提出，北京一市两场资源配置应在"以优促转，以增促转"的工作思路基础上，采取"先平移、再优化、后增量"的措施分步进行。具体资源配置措施有：航班时刻平移，航班时刻结构优化调整，新增航班时刻。[26]因区位不同，双场具有不同的发展特点，首都机场与市中心的距离近，城市综合交通的时间优势目前优于大兴机场，现阶段对航空公司的吸引力更高。但大兴机场具有完善的机场基础设施和更现代、更高效的管理体系，对中转客流、京津冀区域客流的吸引力大于首都机场。因此，疏解首都国际机场的客货运压力是大兴机场建设的第一任务和要义。如表6-5所示，按照计划及推论，至2025年，转场至大兴机场的航司以天合联盟成员为主，将从以旅游、中转、低成本客源为主逐步向国际、商旅类客源发展。与此同时，首都机场的年客运量将从1亿人次减为8 200万人次，此举将有效缓解机场自身运行和地面交通的超负荷压力，留驻首都机场的航司以星空联盟成员为主，主要面向政商和境内外直达旅客、高层次商务人群。

表 6-5　大兴机场及首都机场规模及航线发展比较

| | 定位 | 近期—中期（2025 年） | 远期（2026—2040 年） |
|---|---|---|---|
| 大兴国际机场 | 大型国际航空枢纽、国家发展的一个新动力源、支撑雄安新区建设的京津冀区域综合交通枢纽 | 7 200 万人次客运量（国内占据主导）；200 万吨货运量（境内外参半）；转场运营航司以天合联盟成员为主，中国东方航空 30% 时刻资源，中国南方航空 40% 时刻资源，货航以中国邮政航空为主；以旅游、中转、低成本客源为主的客运航班；转场期 4 年，2023 年逐步向国际、商旅类客流发展；客货混合；少量全货机；对接覆盖境内城市和国际枢纽城市 | 1 亿人次以上客运量；与首都机场共用客源，航线覆盖境内并且连接世界枢纽城市；形成境内的全覆盖与全球各航协区/贸易区的航线联系 |
| 首都国际机场 | 大型国际航空枢纽、亚太地区重要复合枢纽、服务于首都核心功能 | 客运量由 1 亿人次减为 8 200 万人次；星空联盟成员为主，以及中航集团相关航空公司、海南航空和大新华航空等，国际主要货航；政商和境内、境外直达旅客、高层次商务人群；亚太地区面向全世界的主要枢纽机场 | 与大兴机场共用客源，形成双枢纽，共同作为面向全世界的主要枢纽机场 |

资料来源：笔者根据多方信息总结。

2021 年 4 月，大兴机场转场工作提前完成，大兴机场目前已有包括国航、东航、南航、联合航空、东海航空、河北航空、吉祥航空、上海航空、厦门航空等航空公司在内的 9 家经营承运人，通过代码共享服务的航空公司达到 15 家。新冠肺炎疫情对国际航线产生较大影响，重点观察 2020 年 1 月大兴机场与首都机场的国际航线覆盖情况，可以注意到大兴机场航班目的地中，东南亚占位居首位（见图 6-16）。与此同时，首都机场保持更广的国际覆盖率，以东北亚占位最高[27]（见图 6-17），两场的配合初见雏形。

"双场合璧"的格局大大提升了京津冀地区的国际航空竞争力，在境内大型枢纽机场逐步饱和的前提下，大兴机场的建设给跃跃欲

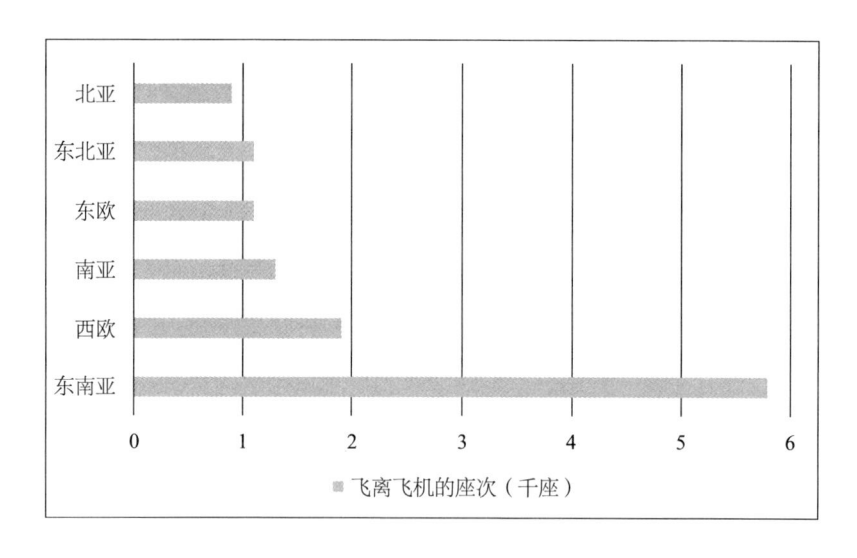

**图 6-16　2020 年 1 月大兴机场飞离航班目的地区域**

资料来源：CAPA 数据库。

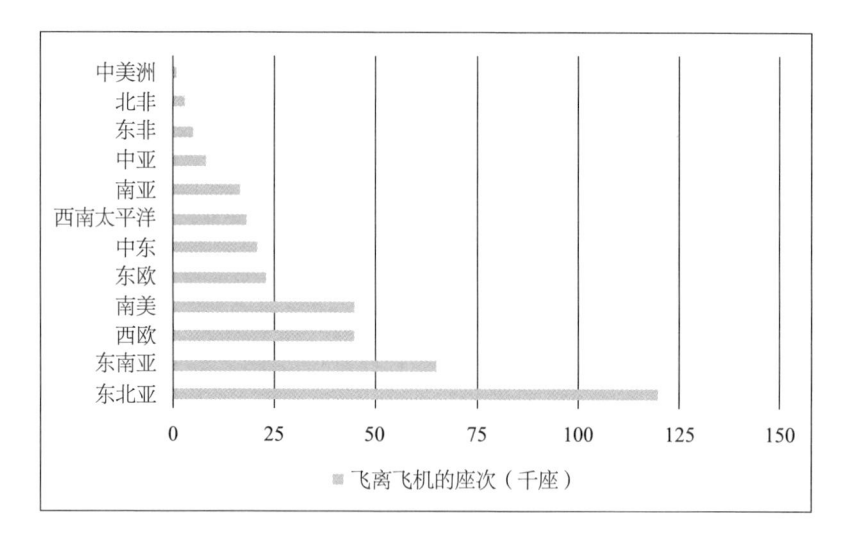

**图 6-17　2020 年 1 月首都机场飞离航班目的地区域**

资料来源：CAPA 数据库。

试进入中国市场的优质国际航空资源和力求扩大中国市场的国际航空公司带来了不可多得的机会。而更多优质国际资源的进入，也给京津冀地区带来了提升外向性、完善全球产业链网络的历史机遇，为建设全球领先的世界级城市群奠定了基础。

## 世界级城市群的区域型机场，其临空策略成为首都压力疏解与区域协同的关键环节

根据中国社科院领衔发布的《2019—2025年中国智慧城市建设行业市场竞争格局及投资战略咨询报告》中对世界级城市群的竞争力总结，位于前列的世界级城市群包括中国长三角城市群、美国东北部大西洋沿岸城市群、北美五大湖城市群、日本太平洋沿岸城市群、欧洲西北部城市群、英国中南部城市群，其中未包含京津冀城市群。从2017年的数据可以看出，在全球范围内，京津冀城市群无论是面积规模还是人口规模都处于前列，然而此规模支撑的GDP总量（12 142亿美元）尚无法与世界级城市群相提并论，人均GDP、地均GDP与世界一流水平还有很大差距。京津冀城市群人均GDP水平低于长三角城市群，并且大概为欧洲水平的1/5、北美水平的1/6（见表6-6）。

据2019年12月《每日经济新闻》的报道，麦肯锡咨询公司预测到2025年，全球600强城市将贡献全球GDP的60%。在最新城市竞争格局下，世界级城市群对全球资源的支配和控制能力正在不断加强，全球价值链高端要素也在不断向世界级城市群聚集。区域综合实力的竞争正越来越体现在城市群能级的竞争上。五大新趋势包括：更加注重构建全球创新网络、产业链和价值链体系，更加注重提升实体经济实力，更加注重营造绿色、韧性、包容的环境，更加注重加强治理，更加注重政策引导和支持。[28]

表 6-6 京津冀城市群与六大世界级城市群对比（2017年）

| 城市群 | 包含地区 | 面积（万平方公里） | 人口（万人） | GDP总量（亿美元） | 人均GDP（美元） | 地均GDP（万美元/平方公里） |
| --- | --- | --- | --- | --- | --- | --- |
| 中国长三角城市群 | 上海、江苏、安徽、浙江等省市 | 21.2 | 15 033 | 20 652 | 13 737 | 974 |
| 美国东北部大西洋沿岸城市群 | 波士顿、纽约、华盛顿、费城等 | 13.8 | 6 500 | 40 320 | 62 030 | 2 920 |
| 北美五大湖城市群 | 芝加哥、底特律、多伦多、蒙特利尔等 | 24.5 | 5 000 | 33 600 | 67 200 | 1 370 |
| 日本太平洋沿岸城市群 | 东京、大阪、名古屋等 | 3.5 | 7 000 | 33 820 | 48 315 | 9 962 |
| 欧洲西北部城市群 | 巴黎、莱茵—鲁尔城市群、荷兰-比利时城市群 | 14.5 | 4 600 | 21 000 | 45 652 | 1 448 |
| 英国中南部城市群 | 伦敦、曼彻斯特、利物浦、伯明翰等 | 4.5 | 3 650 | 20 186 | 55 305 | 4 485 |
| 京津冀协同发展区 | 北京、天津，以及河北省的保定、唐山、廊坊、石家庄、邯郸、秦皇岛、张家口、承德、沧州、邢台、衡水这11个地级市。其中北京、天津、保定、廊坊为中部核心功能区 | 21.8 | 11 000 | 12 142 | 11 038 | 557 |

资料来源：根据网络数据整理。

如何提升京津冀在世界级城市群中的竞争力，成为近年各级政府关注的重要问题。《京津冀协同发展规划纲要》提出建设以首都为核心的世界级城市群。京津冀整体定位是"以首都为核心的世界级城市群、区域整体协同发展改革引领区、全国创新驱动经济增长新引擎、生态修复环境改善示范区"。2018—2020年行动计划的重点包括疏解非首都功能、雄安新区的建设、京津保唐"一小时交通圈"的形成和协同创新平台的搭建等，强调了交通一体化协同的重要性。《中共中央 国务院关于建立更加有效的区域协调发展新机制的意见》于2018年11月18日印发并实施，该文件提出以疏解北京非首都功能为"牛鼻子"推动京津冀协同发展，调整区域经济结构和空间结构，推动河北雄安新区和北京城市副中心建设，探索超大城市、特大城市等人口经济密集地区有序疏解功能、有效治理"大城市病"的优化开发模式。

基于此，位于京津冀中心的大兴机场不应被简单地看作北京的第二大机场，它是服务于京津冀世界级城市群的区域型机场。如图6-18所示，如果将京津冀的核心节点北京、雄安、天津连成三角，那么大兴机场就位于正中心，而如果把雄安与北京城市副中心连成一条直线，那么大兴机场几乎是中间点。这富有深意的选址赋予了

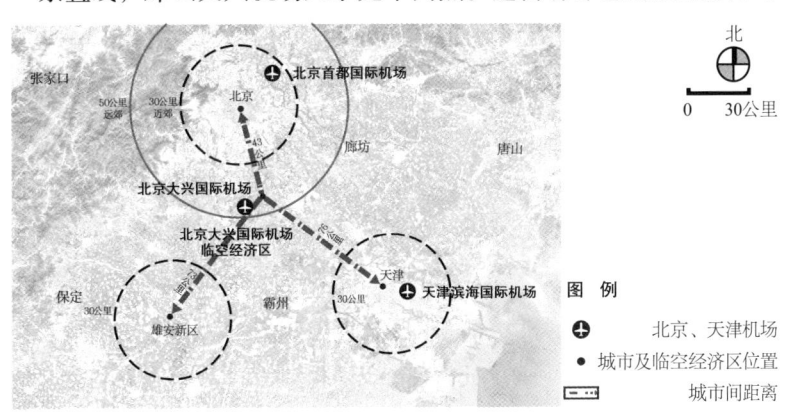

**图 6-18 大兴机场、首都机场区位示意**

图片来源：笔者绘制。

大兴机场突破城市边界，成为京津冀区域综合交通枢纽乃至国家动力源的高层次使命。

## 大兴机场综合交通枢纽成就京津冀交通一体化，助力全球产业链对接与区域内发展平衡

大兴机场是全国首个真正意义上的大型一体化综合交通枢纽，汇集了航空、高速铁路（京九客专）、地面交通、轨道交通等多种交通方式。按照规划，大兴机场配套交通将打造"五纵两横"的骨干交通网络——北京大兴国际机场高速公路、轨道交通新机场线、北京—台北高速（北京段）、北京—开封高速（北京段）、北京—雄安城际铁路（北京段）、城际铁路联络线、北京大兴国际机场北线高速。这种方便快捷的综合交通体系设计，可以使大兴机场未来的公共交通出行比例达到50%以上。机场轨道专线可直达北京市中心区域，并与城市轨道网络多点衔接，实现"一次换乘、一小时通达、一站式服务"。这些外围基础设施建设不仅将服务于大兴机场，更会加强京津冀区域基础设施的互联互通和合作共享。如果我们以大兴机场为圆心，一小时公路圈可以覆盖包括北京、天津、廊坊、保定、唐山、雄安新区、张家口等；两小时高铁圈包括了石家庄、秦皇岛、邯郸、衡水等；三小时内更可通达太原、郑州、沈阳，广泛建立与周边主要城市的连接。

在航空都市的理论中，可达性是至关重要的因素，基于此，GARI也专门将城市综合交通与对外连接作为五大维度之一，强调空铁衔接便捷度、地面交通运输规模、交通基础设施的密度与质量等核心因素对临空经济影响力和城市及区域发展的关键影响。

大兴机场通过国际大型枢纽与地面多式交通的无缝衔接，使以机场为核心的区域对内对外可达性大幅度提升，京津冀城市群协作

潜力提升，机场作为全球产业链的接入点，一方面通过全球枢纽的高可达性优势吸引全球优质产业的核心部门入驻，另一方面通过便捷的综合交通，将京津冀的优势产业资源进行整合，再分工协调后对外推广。将国际机场作为对接国际市场的节点，通过区域交通一体化整合区域优势资源，对区域的外向型发展和区域内平衡可持续发展意义重大。

## 世界级的机场群及临空经济的发展，是活化世界级城市群的重要动力

机场群与相应临空经济区的协调发展有助于构建全球创新网络、产业链和价值链体系，提升实体经济实力，对世界级城市群的发展起到积极作用，同时面向世界的区域一体化也为机场的航线布局和市场拓展提供了持续动力。例如，上海虹桥国际机场的虹桥商务区被定位为长三角一体化的世界级中央商务区、现代服务业集聚地。虹桥商务区地均 GDP 可达约 2 亿美元/平方公里，为长三角地区的经济发展做出了巨大贡献。上海两机场也将协同长三角地区其他机场，进一步强化区域合作，形成航线分工。

根据国家发展改革委、民航局于 2017 年 11 月印发的《推进京津冀民航协同发展实施意见》，京津冀机场群发展目标为：2030 年，北京"双枢纽"机场成熟运营，协调发展、适度竞争，国际竞争力位居世界前列，天津、石家庄机场区域航空枢纽辐射能力显著增强，将天津建成我国国际航空物流中心，新建邢台、沧州、康保、丰宁等支线机场，推进唐山、张家口、邯郸等机场改扩建。早在 2015 年，首都机场集团就已正式托管河北机场集团，实现京津冀主要机场的一体化管理，更有助于实现京津冀机场群协同发展。

京津冀多个机场已规划或建设临空经济区（见表 6-7），产业体系

表6-7 京津冀主要临空经济区（规划）信息汇总

| 机场临空经济区 | | 面积（平方公里） | 临空经济区定位 | 特殊监管区 | 主导产业与功能 |
|---|---|---|---|---|---|
| 北京首都机场临空经济区 | | 115.7 | 国家临空经济转型升级示范区，国家对外开放重要门户区，国际交往中心功能核心区、首都生态宜居国际化先导区 | 北京天竺综合保税区，面积5.9平方公里 | 航空物流、口岸贸易、临空产业、城市综合服务、临空商务、新兴产业、生态功能 |
| 北京大兴机场临空经济区（规划中） | | 150.0 | 国际交往中心功能承载区，国家航空科技创新引领区，京津冀协同发展示范区、面向全球的开放型产业外贸基地 | 综合保税区，面积4.38平方公里 | 航空物流、综合保税、电子商务、国际交流、总部基地、会议会展、科技金融、航企服务、休闲娱乐、航空科教 |
| 天津滨海机场 | 天津空港经济区（保税区内） | 42.0 | 依托两港、开放引领、产业升级、创新经济、高水平建设宜业宜居的国际生态活力新城 | 天津保税区辖空港、临港、海港保税区三片区域，面积287.4平方公里 | 重点航空制造、电子信息、金融保险、总部商务、精密机械、高新技术科技研发、商贸文化会展业、信息服务、生物科技、人工智能、航空物流、电商快递 |
| | 天津东丽临空经济区 | 33.0 | 申报的国家级临空经济示范区和全国物流枢纽的核心区。国际化、智能化、现代化、生态型的都市型临空经济区 | 自由贸易示范区、跨境电子商务创新实验区 | 航空商务、航空物流、总部办公、高端商务、科技研发、高端智能制造 |

(续表)

| 机场临空经济区 | 面积（平方公里） | 临空经济区定位 | 特殊监管区 | 主导产业与功能 |
|---|---|---|---|---|
| 石家庄正定国际机场临空经济区 | | 初步构建起以铁、陆国家综合物流、航、以及综合保税、临空工业园区、国际贸易为主体的临空产业体系 | 综合保税区 | 航空物流、总部经济、跨境电商、高端制造、医药物流、保税仓储、研发、第三方检验、冷链 |
| 秦皇岛北戴河机场昌黎空港产业聚集区 | 规划面积30，起步区面积6 | | 空港保税区：国际贸易、现代物流、临港加工、商品展销 | 秦皇岛北戴河机场昌黎空港产业聚集区 |

资料来源：根据网络信息整理。

具有联动和竞争可能性，需进行区域临空战略与产业的协同布局才能达到更好效果。其中，北京作为唯一拥有两个国家级临空经济示范区的城市，需要协调两个核心临空经济示范区的竞合关系。北京首都机场临空经济区目前定位为：国家临空经济转型升级示范区、国家对外开放重要门户区、国际交往中心功能核心区、首都生态宜居国际化先导区。北京首都机场临空经济区于2008年7月23日获国务院批准设立了北京天竺综合保税区。2016年8月，国家发展改革委印发了《北京新机场临空经济区规划（2016—2020年）》，明确北京大兴机场临空经济区总体定位为：国际交往中心功能承载区、国家航空科技创新引领区、京津冀协同发展示范区、面向全球的开放型产业外贸基地。北京大兴机场临空经济区总面积150平方公里，涉及北京、河北两个省级行政单位，并设立由北京市和河北省共建共管共享的综合保税区和中国（河北）自由贸易试验区。其他核心的河北省机场均规划或建设有临空经济区，多配备有特殊监管区，具有良好的临空发展条件。大兴机场的建设影响了京津冀城市群机场的角色分工，进而影响各临空经济区的定位与建设。因此，需要重新梳理各临空经济区内主导产业，以及各层次临空影响范围的产业与功能配合，明确各区核心产业环节和行业角色，从疏解首都功能和京津冀经济禀赋特征及协同发展目标出发，整体进行战略部署，形成与机场体系对应的临空经济体系。

**自贸经济与临空经济的叠加优势**

自贸区的选址呈现出与国际交通枢纽绑定的趋势，例如上海自贸区、天津自贸区均在重要交通枢纽港口布局，力求结合高对外连接度和政策开放性的优势，打造改革开放的先行区和制度创新的试验田，进一步对接全球市场。

2019年8月，国务院印发《关于6个新设自由贸易试验区总体方案的通知》，中国（河北）自由贸易试验区正式设立。目前，京津冀共批复 5 个片区的自由贸易区，包括：中国（河北）自由贸易试验区的大兴机场片区，面积 19.97 平方公里，重点产业功能包括航空物流、航空科技、融资租赁等，力求在与临空经济区发展联动、特殊商品进出口指定口岸方面形成自贸创新；中国（河北）自由贸易试验区的雄安新区片区，面积 33.23 平方公里，重点产业功能包括新一代信息技术、现代生命科学和生物技术、高端现代服务业、大数据等，力求在金融创新先行区、探索监管"沙盒机制"、大数据交易方面形成自贸创新；中国（河北）自由贸易试验区的正定片区，面积 33.29 平方公里，重点产业功能包括临空产业、生物医药、国际物流、高端装备制造等，力求在钻石指定口岸、药品和生物制品口岸方面形成自贸创新；中国（河北）自由贸易试验区的曹妃甸片区，面积 33.48 平方公里，重点产业功能包括国际大宗商品贸易、港航服务、能源储备、高端装备制造等，力求开展大宗商品贸易，进行平行进口汽车试点；天津自由贸易试验区，面积 119.9 平方公里，重点产业功能包括国际贸易服务、国际航运服务、航运金融等，涵盖天津港片区、天津机场片区、滨海新区中心商务片区。

多个自贸区的批复和国际性交通枢纽的建设，使京津冀的开放性逐步增强，大兴机场及其自贸片区对河北自贸区的其他片区形成的支持可以预期。在机场对城市的临空影响判断因子中，开放型经济基础是一个重要的维度，GARI 将城市进出口额、特殊监管区发展情况和政府效能作为衡量片区开放型经济基础的指标。这与世界级城市群所看重的包容环境和注重政策引导及支持不谋而合。临空产业具有高外向性，特别是国际大型空港枢纽是国际金融机构、国际物流巨头等外向型国际化企业的首选地，京津冀机场体系、临空经济区体系及自贸区体系的高度融合与配合，给未来京津冀城市群的开放型经济发展以及京津冀产业活力度提升和区域融合提供了坚实基础。

## 基本信息

- 城市区位：荷兰·北荷兰省·阿姆斯特丹
- GARI 总排名（在全球 100 城中）：14
- 人口规模：240 万人（2019 年，阿姆斯特丹都市区）
- 核心机场：阿姆斯特丹史基浦机场（AMS）
- 机场总客运规模：7 170.71 万人（2019 年）
- 机场总货运规模：173.85 万吨（2019 年）
- 国际航线占比：91.78%
- 综合交通特色：多种交通方式无缝衔接，使机场成为多式联运的枢纽
- 城市经济总量：1 655.0 亿美元（2016 年，阿姆斯特丹都市区）
- 城市人均 GDP：68 958.33 美元（2016 年，阿姆斯特丹都市区）
- 都市区信息：阿姆斯特丹都市区，位于兰斯塔德地区，包括阿姆斯特丹市、北荷兰省和弗莱福兰省，以及这两个省内的其他 36 个直辖市
- 发展特色：阿姆斯特丹以机场为国家发展战略经济增长引擎，依靠交通枢纽的发展、与机场便捷连接的临空功能建设，以及 20 世纪以航空港为核心的枢纽航空港战略等协同作用，发展为世界上最大的航空港及航空城。不仅承担交通枢纽的功能，而且是聚集客流、物流和信息流，整合商业、消费和娱乐等多种元素的动态枢纽，被称为"欧洲商业界的神经中枢"

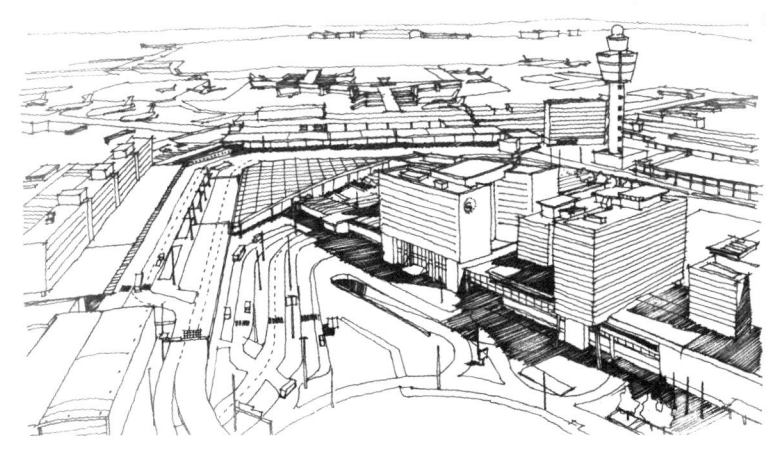

图 6-19 阿姆斯特丹史基浦机场

图片来源：孙玮琳绘制。

## 阿姆斯特丹：航空都市典范

华侨黄泽荣是荷兰广州同乡会执行会长，他在荷兰做手机配件生意已有 17 年了。2010 年，他将自己的公司总部搬到了阿姆斯特丹史基浦机场物流园区，在这里，他的生意如虎添翼，很快他生产的自主品牌手机配件占整个欧洲市场份额的 50% 以上。黄泽荣说："因为公司在机场附近，走空运、清关都很有帮助，省了很多的时间，基本上全世界大型的物流公司都在机场附近，机场对物流业的贡献蛮大的。"

经过了近一个世纪的发展，阿姆斯特丹史基浦机场已经成了一座"航空城"，一个聚集了人流和物流，展览、观光以及娱乐商贸一体化发展的"国际空港"。史基浦机场是荷兰民航界乃至全球民航界的骄傲，引领了近百年民航业的发展潮流。史基浦机场是欧洲仅次于伦敦希思罗机场和巴黎戴高乐机场的第三大航空客货运枢纽。得益于巨大的客流量和货流量，现在它不仅承担交通枢纽的功能，而且通过信息流整合商业、消费和娱乐等多种元素，业已成为"欧洲商业界的神经中枢"，[29] 促进了整个荷兰的产业升级。与此同时，临空指向型产业的发展带动了机场周边及至荷兰全境的居住、医疗、教育、交通等公共基础设施的升级和整个荷兰区域经济的提升，得以让荷兰在经历经济衰退后迅速崛起，因此，荷兰政府也将史基浦机场定义为改善荷兰国际竞争力的重要战略基础。

## 阿姆斯特丹史基浦机场概况

### 优越的地理位置

史基浦机场建立在国土面积仅 4.15 万平方公里的荷兰，是全球知名、欧洲领先的客货运枢纽机场。史基浦机场位于阿姆斯特丹中心城西南 17.5 公里处的哈勒梅尔米尔自治市，处在整个阿姆斯特丹都市区的西南板块（见图 6-20），也是德国、法国及英国等欧洲生产及消费

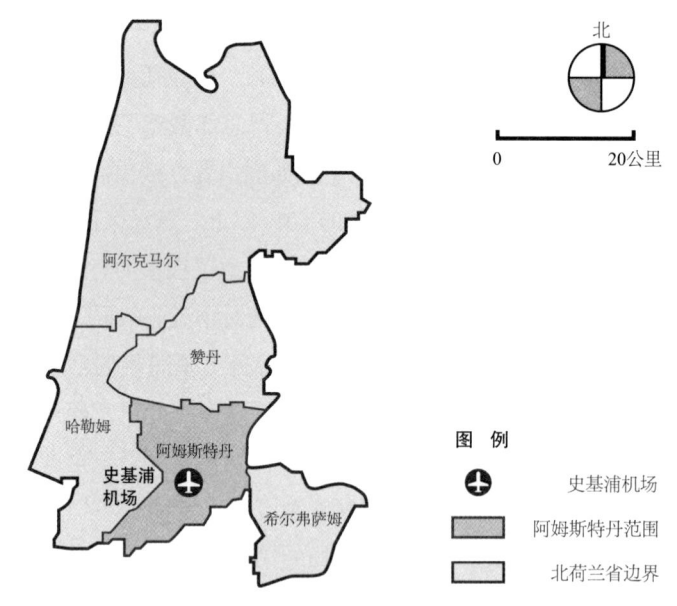

**图 6-20　阿姆斯特丹史基浦机场区位**

图片来源：笔者根据规划材料绘制。

大国的中心位置，半径 1 000 公里以内有不少于 3 亿的高能力消费者，这为空港经济发展提供了极佳的市场腹地。从地理区位角度讲，史基浦机场距离欧洲其他主要商业中心飞行时间不超过 3 小时，利于发展跨洋航线与欧洲客货运中转业务。史基浦机场所在城市阿姆斯特丹的地理位置也非常优越，与鹿特丹港相邻，开车半小时即可抵达；与主要城市鹿特丹、海牙、乌特勒支相距均不超过 60 公里，被认为是欧洲的"枢纽"或"主要港口"之一。因此，史基浦机场无论从地理区位还是市场腹地角度来看都有着得天独厚的优势。

**丰富的航线资源**

基于优越的地理位置，阿姆斯特丹史基浦机场已成为重要的北欧空中门户与航空网络中心。它的机场航线已覆盖 98 个国家和地区以及 327 个目的地，可以直航到达欧洲、中东、非洲、亚洲、北美、加勒比海和南美等地。超过 108 家商业航空公司在史基浦机场运营，包括埃克费航空、达美航空、易捷航空、荷兰皇家航空等。2018 年旅客吞吐量达到 7 100 万人次，货物运输量达到 170 万吨，运营航班接近 50 万架次，是欧洲第三大航空客货运枢纽。同时史基浦机场也是重要的中转机场，中转旅客和中转货物比例约各占 40% 和 60%。同时机场作为物流中转基地，拥有超过 13 万平方米的货流仓库、完善的仓储设施和服务以及配套的物流系统，卡车 5 小时内就能抵达西欧主要工商业中心地区。

**便捷的交通体系**

作为重要的航空枢纽，史基浦机场在最初设计时就综合了海运、陆运、铁运三方面的考量，将多种交通方式进行无缝衔接。机场采用单一航站楼设计，到达大厅和出发大厅、史基浦广场、地铁和火车站都在同一屋檐下。为了分流旅客，将进港与出港安排在两个不同的楼层，并采用地下行李传输操作。乘小火车 15 分钟就可直达连接欧洲铁路网的阿姆斯特丹中心火车站，每隔 10 多分钟就有一列国际列车进出。机场拥有 5 条起降大型民航机的主跑道，与 1 条供通用航空使用的辅助跑道。其中第五跑道总长 3 800 米，是史基浦机场最长的跑道，通过相连的 A5 道路连接鹿特丹、海牙至阿姆斯特丹等重要城市。此外，机场与阿姆斯特丹港口衔接，靠近出海运河，利于发展跨洋航线与地区航线的客货中转业务，从机场开车经高速公路到市中心仅需 15 分钟。阿姆斯特丹地区已形成以机场为中心的"三横三纵"的高速公路网络和"井"字形城市轨道网络，实现了海、陆、铁与航空的多式联运。

**软硬件设施**

巨大的客流量和货流量带动了史基浦机场的快速发展。大量中转旅客在机场及周边地区的娱乐和消费刺激机场大力发展相关服务业。机场旅客设施包括零售商店、餐馆和酒吧、自动柜员机与货币兑换、会议室、机场图书馆、温泉浴场，阿姆斯特丹国家博物馆也在机场设有分馆。机场的办公区域更是吸引了诸如微软、思科、波音和花旗银行在内的跨国公司入驻，已包含 540 多家跨国公司的总部、市场和销售中心，涉及产业包括 IT、时尚、航空航天、医药、电子、汽车、金融等。同时机场修建了可容纳两万辆汽车的停车场，积极投入非航空产业的发展，设有世界贸易中心、高尔夫球场、免税购物中心、美术博物馆等。现在的史基浦机场已经从单纯的交通枢纽转变为一座聚集了人流和物流，展览、观光以及娱乐商贸一体化发展的"国际空港"。

# 从交通枢纽到航空都市

史基浦机场是全球最早规划航空城的机场。1916 年，史基浦建成空军基地，第二次世界大战后改为民用机场。荷兰政府在1988年的《国家规划与发展计划第四版》中提出了枢纽航空港战略，揭开了史基浦机场转变为世界上最大的航空港的序幕。史基浦机场以航空产业为基础，逐步发展为包含各种产业的综合枢纽，从最初的航空港演化为多元化综合型的航空都市，成为阿姆斯特丹新的经济增长极。

**政策支持**

荷兰采用外向型经济模式，依靠贸易优势一度建立了其商业霸主的地位。但在18世纪，由于本国工业生产基础的薄弱和贸易环境的不稳定性，荷兰经历了漫长的经济衰退期。经济衰退对20世纪70年代和80年代的阿姆斯特丹造成了极大影响。1988年，荷兰政府推出的《国家规划与发展计划第四版》制定了枢纽航空港战略，该战略旨在建设一个具有世界级水准的空港城市，集"枢纽机场、综合交通枢纽、国际贸易与物流、国家经济、区域就业等内容"于一体，并将史基浦机场和鹿特丹港建设为国家发展核心动力基地。其中，史基浦机场被定位为荷兰的分拨中心，以期为荷兰吸纳更多的客货流量。1989年，荷兰政府将史基浦机场地区纳入荷兰住宅、空间计划及环境部所负责的全国空间规划；同年，荷兰政府和史基浦集团共同出资成立SADC（史基浦地区开发公司），推动航空港周边地区的发展和建设，后又成立了阿姆斯特丹机场地区委员会，用以整合地区资源和促进航空都市的建设发展。这一举措使整个机场及阿姆斯特丹都市区得以协同发展，成为真正的航空都市。由此，阿姆斯特丹成为荷兰的枢纽综合体及国家发展中心，这也强化了荷兰在整个欧洲的物流枢纽优势。进入21世纪，机场已经与知识经济的其他因素联系起来，形成"Brainport"（智慧港）战略。[30]

## 史基浦航空港管理架构及土地开发

（1）荷兰的土地储备制度

史基浦航空港的成功离不开合理的管理架构与成功的规划，而这要从荷兰的土地储备制度说起。阿姆斯特丹是西方国家中少见的大多数土地非私有的城市。这是因为荷兰是一个低地国家，有近一半的土地位于海平面以下，只能由政府进行庞大的填海造陆运动，这也让土地是社会公共资源的概念几百年来深深刻印在阿姆斯特丹人的脑海里。阿姆斯特丹在1896年成为全球最早实施土地储备制度的城市，即政府或公共机构预先对土地进行储备以便适时供应市场。荷兰也是最早开展近代城市规划的国家之一，从中央到地方均建立了一套完整的规划管理体系，只将规划好的土地在前期开发后再进行出让，将未规划好的土地储备起来以备未来不时之需。

荷兰的空间规划和土地利用是一个高度一体化的过程，政府在城市规划和土地储备中起着主导作用，土地储备由政府来执行，而各个自治区专门成立的公营或公私合营的机构负责具体的购买和开发事宜。土地储备制度的运行主要有三个阶段。第一是土地征购集中阶段，即由政府从分散的土地所有者手中购买土地，然后集中等待开发。第二是土地储备阶段，当土地被买入以后，政府对土地进行整理和储备，在适当的时候投放至市场或者直接开发。第三是土地出让阶段，政府根据城市建设的需要，将前期整理的土地投放至市场，一般会根据实际情况采取出售和出租两种方式。

荷兰的土地储备制度公益色彩十分浓厚，这源于20世纪初荷兰福利主义思想盛行，政府的政绩不体现在收入上，而体现在土地政策的执行效果和社会的认可上。为保障土地储备制度的顺利实施，荷兰的立法机构制定了一系列法律制度来配合土地储备计划的进行，比如土地优先购买制度、政府强制购买制度等。

（2）史基浦航空港管理架构

史基浦航空港的管理架构也基于这种土地储备制度。皇家史基浦集团是史基浦机场的所有者和运营商，该集团为国有属性，由荷兰政府、阿姆斯特丹市政府、法国巴黎机场集团、鹿特丹市政府等部门持股经营（见图6-21）。1988年，史基浦集团入股25%，各级政府参与成立史基浦地区开发公司，主要负责园区建设、国际营销、销售等业务。1994年，地方政府、专业开发机构以及协作机构等11家机构共同组建了阿姆斯特丹机场地区委员会，该机构不占有土地，只作为平台负责统一的对外招商和企业选址推荐，以此来整合地区资源，促进航空都市的发展和建立。1998年史基浦集团全资设立子

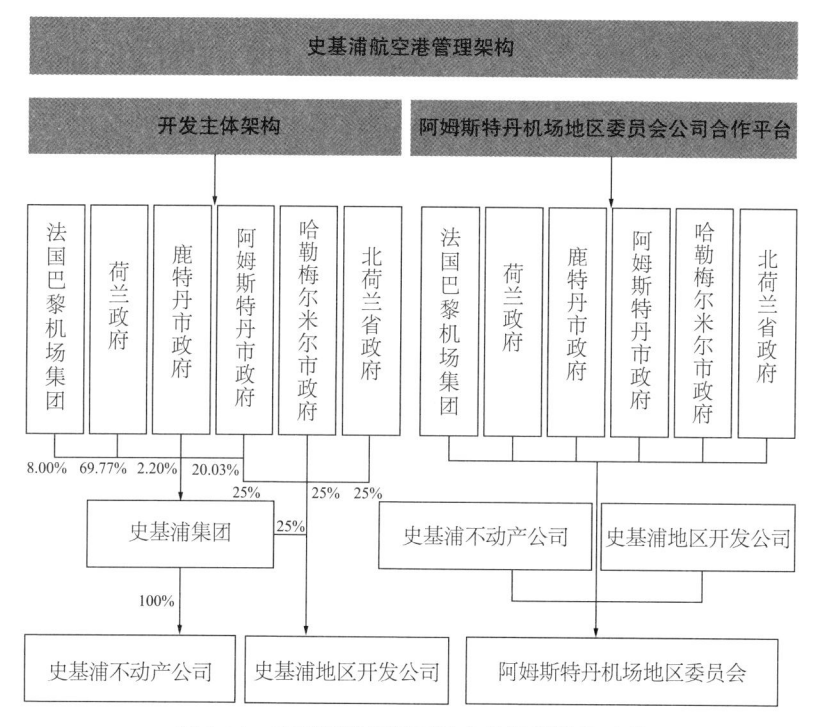

**图6-21 史基浦航空港开发主体组织结构示意**

资料来源：笔者根据相关材料整理。

公司史基浦不动产公司，主要负责机场内部及周边商业地产开发以及地产投资、销售、租赁与管理。2003年空港城建成，建设了物流园区、工业园区等，吸引了跨国公司总部、欧洲分销中心以及国际共享服务中心等机构入驻；2006年以后，形成阿姆斯特丹机场地区委员会与史基浦地区开发公司/史基浦不动产公司等多主体主导开发模式。在机场相邻区，由阿姆斯特丹机场地区委员会负责遴选项目并提供选址推荐，由史基浦地区开发公司负责土地供给、规划园区，并仅允许机场相关企业入驻，然后由私营房地产开发商，比如史基浦不动产公司进行土地开发。而机场中心区由史基浦不动产公司主导开发，决定实现机场与紧邻区域协同发展。机场中央区聚集了航空公司总部，相邻区域有物流园区、商务园区和工业园区，最外层为休闲娱乐和居住区，跨国公司总部集聚，产业布局更多从南向北延伸，与市中心接壤。[31]

总体来说，史基浦机场航空港由政府或主导机构统一规划，多主体协调开发。拟入驻企业通过阿姆斯特丹机场地区委员会提供的企业选址推荐入驻区域，然后开发单位针对企业需求建设单体建筑。由于主导史基浦空港城建设的两大开发机构均为政府所有的"国有企业"，既充分利用了政府的资源，又确保了规划的实现。政府或主导机构统一规划，集团参与土地开发模式，是实现机场与周边、政府与开发机构协同发展的关键因素，也是社会利益与商业利益平衡的关键因素，同时阿姆斯特丹机场地区委员会的项目遴选机制也促进了产业的合理布局。

**史基浦航空港形成及产业布局**

史基浦机场及其周边地区综合发展多种产业，横跨第一、第二、第三产业。从史基浦机场航空港的发展历史来看，在20世纪80年代机场扩建之前，史基浦机场周边多为农田，产业类型以农业为主。

随着机场扩建及航空港规划建设，其空港经济产业发展又经历了四个阶段。初始阶段（1988—1995年），产业构成以航空运输相关产业为主，主要服务于机场和航空公司，包括候机服务、油料供应、机场维修等。20世纪80年代中期，航空运输发展不足，客运量仅1 200万人次，货运量为85万吨，机场的产业吸引能力不强，机场周边地区只得到初步开发，临空经济发展支撑条件较弱。成长阶段（1996—2005年），机场客货运量在10年间分别增加了2 000万人次和50万吨，候机旅客的需求刺激机场兴建了各种办公与娱乐设施，而航空物流业的发展使物流成本降低，部分严重依赖航空物流的制造业开始在航空经济区内聚集，机场周边地区得到初步开发，以地方产业和航空运输服务业为主，临空经济发展的支撑条件得到较好发展。2003年以后空港城建设完成，并建设了物流园区、工业园区等，物流（保税仓库）及相关配套（商务、会展中心等）设施完善，吸引了跨国公司总部、欧洲分销中心以及国际共享服务中心等机构入驻，产业集群趋于完善。成熟阶段（2006—2016年），机场客货运量基本维持在4 800万~5 000万人次和150万吨左右，临空经济支撑条件比较稳定；航空核心产业和航空关联产业的规模和质量进一步提升，产业链深度和宽度不断拓展延伸，航空引致产业进入空港经济区，形成了以航空服务、电子信息、航空航天、生物医药为主导的航空产业集群。外溢阶段（2017年至今），2017年，史基浦机场的航班起降已经达到49.7万架次，机场发展已接近天花板。史基浦机场将一部分业务转移到莱利斯塔德机场，实现两座机场的差异化定位、协同化发展。两座机场的同时发展不仅提升了都市区的经济活力，还形成了区域多中心发展的格局，正在建设中的史基浦机场—阿姆斯特丹—阿尔梅勒—莱利斯塔德间的城际铁路线更能进一步提升阿姆斯特丹都市区的竞争力，并有力推动地方经济发展和增加就业。目前，史基浦机场产业创新网络已经形成，周边的用地分布大致遵循圈层影响模式，并且各类园区混合布局，复合化程度高（见图 6-22）。

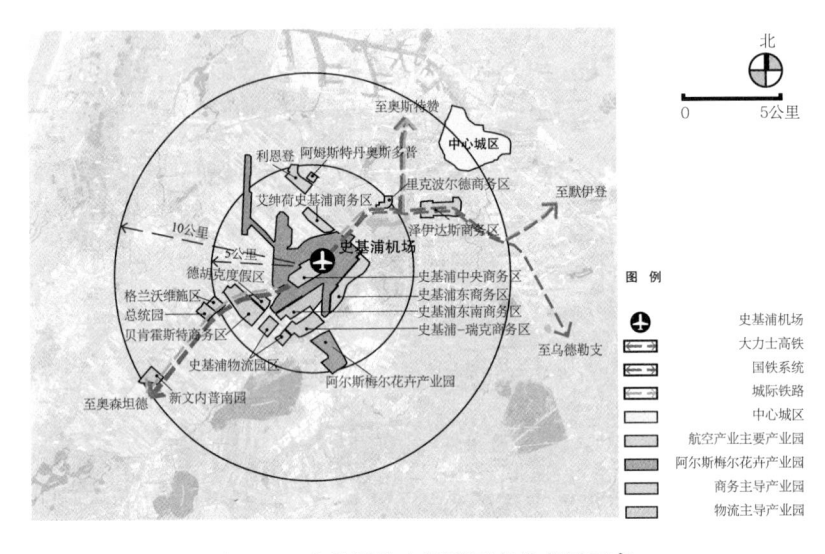

**图 6-22　史基浦临空经济区产业布局示意**

图片来源：笔者根据相关材料绘制。

与机场发展的阶段相匹配，机场周边区域产业类型也逐步由第一产业向航空物流、航空维修等航空核心产业以及总部经济、高科技研发等航空引致产业转变，产业结构逐渐升级，三产比例不断增加。逐渐由基础性动力（要素驱动、区位驱动）和外生动力（政策驱动）为主要驱动力转向以内生性动力（产业聚集、规模经济）及外围驱动（区域经济）为主要驱动力。近年来荷兰政府对枢纽航空港战略的定位保持不变，并扩展原有的物流概念，延伸至高品质的经济中心，将对史基浦机场的战略定位升级为改善荷兰的国际经济环境和提升国家竞争力。

**特色产业**

目前史基浦机场周边区域已经吸引了全球不同产业在机场边缘

集聚，建立起以临空产业为基础的空港都市区。机场周边形成了商务园区、工业园区以及物流园区等产业园区，集聚了物流、航空科技、商务金融、创意产业、信息通信技术、生物工程及医疗保健研究等多种产业。其中，仅航空科技工业如飞机零部件生产、航空机械维修保养及航空教育培训等，每年就为荷兰带来超过 1 100 亿欧元的收益和 6 万个左右的就业岗位。此外，机场东南边还有一处占地 10 平方公里的高尔夫球场和一个占地 1.5 平方公里的阿尔斯梅尔鲜花拍卖市场，这是世界上最大的鲜花交易市场，全球 80% 的花卉产品在这里交易。

**鲜活的花卉产业**

早在 20 世纪 50 年代，荷兰就开始在鲜花种植方面与其他国家建立联系。在鲜花的生产和创新方面荷兰人一直处于领先地位，如特别的物流管理和鲜花运输（1972 年）、人工照明（1978 年）、温室气候控制（1983 年）、机械种植和收割（1985 年）等。历史基础让荷兰的花卉产业特别发达，从鲜花种植商到供应商，再到拍卖行和物流运输，整个链条都很完善。史基浦机场东南边的阿尔斯梅尔鲜花拍卖市场就是世界上最大的鲜花交易市场，全球 80% 的花卉产品在这里交易。鲜花拍卖行是一个让批发和零售商集中购买鲜花的市场，在这里鲜花被大量打包出售并重新分装给零售商或者终端客户。大量的鲜花包装好后被集中运送到拍卖中心，通过机器自动分装，然后打包成小的包装用于展示和拍卖。鲜花经过销售后会被运送到目的地。得益于拍卖市场优越的区位条件和史基浦机场强大的物流体系，数量庞大的鲜花以极高的效率运转并售往世界各地。鲜花的整个物流过程电子化、自动化程度高，电子货运采用全自动分拣与装卸技术，分拣与装卸过程均通过计算机操纵机械自动完成，极大地减少了人力成本与出错的概率。采用标准化的多式联运包装，对每一类货品都建立一套适合所有交通工具的多式联运标准体系，从装箱到交付过程不再反复拆卸，减少了中转时间。高铁线路从机场穿过并设站，市场与铁路站点、航空枢纽之间通过自动化的冷链运输系统联系，减少了地面车流量，加快了货物流动速度，形成了交易、仓储、物流、展示的花卉综合体。

**创新的物流体系**

在整个欧洲，目的地为亚洲和美洲的货物分配中心几乎有一半位于史基浦机场周边。这样便于各个航空货运公司使用荷兰的高速公路系统，进而连通北欧的其他地区。阿姆斯特丹连通贸易（Amsterdam Connecting Trade，ACT）代表着一个高效的陆、海、空、铁运输网络，是一个大型物流枢纽的总称。它于2015年完成，在史基浦南侧整合开发三个创新的、可持续的物流商业园区，能够容纳整个物流产业链相关企业，发展成一个人群、商品和信息的集聚地。目前落户ACT的公司有200多家国际物流服务供应商、货运承运商、运输代理商以及运输集成商，包括世界著名的UPS、DHL（敦豪航空货运公司）、FedEx、TNT（荷兰快递服务商）、Kerry Logistics（嘉里物流）、Nippon Express（日本运输）等。

货运物流园位于机场的一隅。在这个占地45公顷的地方集中了400 000平方米的仓库，60%的物品可以从这里直接移动到停机坪发往世界各地。仓库内配有独立冷藏与冷冻存储的区域，方便处理鲜活、易腐货物；有严格且安全的检查程序，可以处理和储存贵重物品；可以处理收运和分拨特殊货物，能够轻易完成对大型物品、重型物品、危险废物和放射性物品的储存和搬运工作。这些设计和设施为足够多的物流企业提供完善的服务和使用体验，并且史基浦机场还在不断升级货运设施，把数字化融入其中，打造全新数字化的航空货运体系。

2010年史基浦机场开始采用电子货运的新方法。史基浦机场和荷兰航空货运公司、Cargonaut（软件提供商）、国际航协驻荷兰办事处共同合作实施该机场的电子货运工程。另外，为了使物流企业有更多可选的运输方案，史基浦机场于2011年在周边地区建立了一个铁路分配中心，通过该中心可以到达新建成的高速铁路联络线，继而到达布鲁塞尔、巴黎和英吉利海峡隧道，使大量的商品通过高速铁路网运往欧洲的各个目的地，同时也减少公路运输的负担。机场拥有的高速铁路站点可以直达欧洲多个国家和地区，与荷兰最大的内河港口衔接。在阿姆斯特丹地区的以机场为核心的海、陆、空多式联运港口，史基浦机场与整个欧洲大陆的空运、海运、公路、铁路实现无缝对接，由单一的依托航空运输转向发展多式联运，同时借助一系列高科技设施极大简化物流手续。这是周边机场虽强手如林，但史基浦照样能发展壮大的极为关键的一步。这种创新的物流系统也是史基浦临空经济区极具特色的产业之一。

**崛起的商务服务业**

提到史基浦航空港的特色产业，就不得不提史基浦机场的商务服务业。史基浦机场周边配套了8处商务园区，分别是艾绅荷史基浦商务区、里克波尔德商务区、史基浦中央商务区、史基浦东商务区、史基浦东南商务区、史基浦-瑞克商务区、贝肯霍斯特商务区，还包括位于机场与城市走廊的泽伊达斯商务区。其中，最具代表性的区域是泽伊达斯地区，该区位于机场与城市走廊，距离机场10公里，距离市中心5公里，距离史基浦机场仅6分钟车程，地理位置优越，地铁、公交、电车等多种公共交通系统完善。阿姆斯特丹不同区域办公楼租金情况见图6-23。泽伊达斯地区已成为阿姆斯特丹新的中央商务区和金融、法律枢纽，泽伊达斯地区坐拥荷兰前五大律师事务所，拥有包括埃森哲公司在内的多家咨询机构。此区域还包括阿姆斯特丹世界贸易中心，还有世界顶尖机构及公司，包括银行及金融机构、法律服务和其他服务行业，阿姆斯特丹自由大学也坐落于此。泽伊达斯火车站作为阿姆斯特丹第二大火车站，连通了巴黎、布鲁塞尔、科隆、柏林等欧洲重要城市。泽伊达斯地区逐渐发展成为阿姆斯特丹城市集群的超级城市中心，成为"边缘城市"发展的典范，这一城市集群位于莱茵河和马斯河形成的三角洲地带，逐渐发育成为一个相互联系的大都市体系。该地区位于荷兰的文化和经济中心，往南50公里是政府和国会的所在地海牙，再往南20公里是世界第二大港口鹿特丹。泽伊达斯因此成为联系北部和南部不同城市和地区的重要纽带，综合了城市地区的肌理与建成区，在建设和发展过程中对邻近区域进行逐步更新。由于可持续的、长远的发展理念和态度，泽伊达斯商务区成为阿姆斯特丹重要的商务区，同时也是整个欧洲商业界的神经中枢，在经过十几年的发展后成为欧洲物流和商务活动中心，是史基浦航空港独具特色的产业园区。

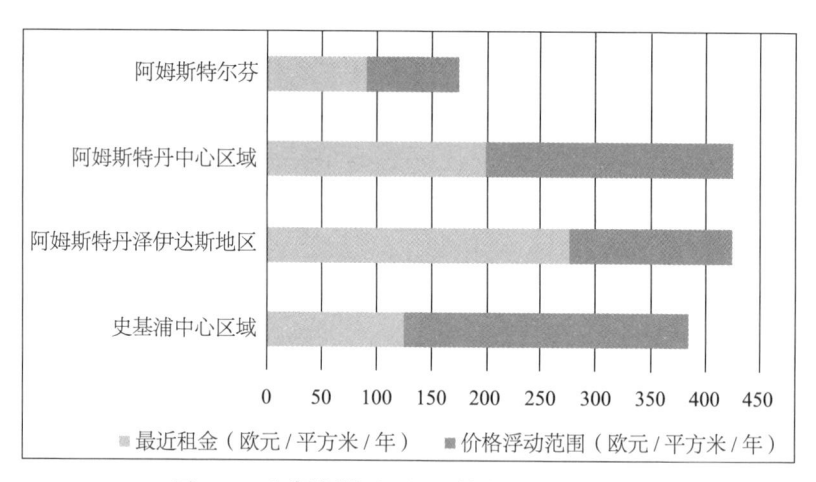

**图 6-23　阿姆斯特丹不同区域办公楼租金情况**

资料来源：笔者根据2019年《荷兰办公市场报告》（Dutch Office Market Report）整理。

## 经验与启示

史基浦机场航空港给阿姆斯特丹的经济发展带来了极大的影响，创造了工作岗位，提供了更多的工作机会，直接带动了就业。国际民航组织曾测算，每 100 万航空旅客可为周边区域创造 1.3 亿美元的经济收益，能够带来 1 000 个直接工作岗位；每新增 10 万吨航空货物，将直接创造出 800 个工作岗位。史基浦机场作为地区经济增长的发动机，对周边区域的经济带动和就业带动作用十分明显。史基浦机场航空港带动的就业岗位有 17 万~28 万个，GDP 带动达 110 亿~260 亿欧元。阿姆斯特丹都市区每年的 GDP 增长率均大于全荷兰的 GDP 增长率（见图 6-24）。阿姆斯特丹也依靠港口的进一步发展和产业转型升级获得了好的发展机会，人口稳步增长，现在已有超过 245 万人居住，拥有 150 万个工作岗位和 230 000 家企业。

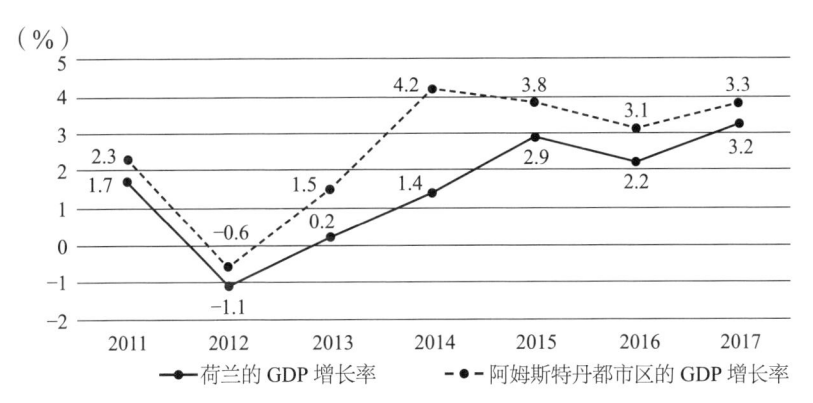

图 6-24 荷兰 GDP 增长率与阿姆斯特丹都市区 GDP 增长率的对比

资料来源：笔者根据相关材料整理。

史基浦机场航空港的发展壮大主要得益于以下几点。

**政策支持**

政府的前期规划和政策支持对史基浦机场航空港的建设起到了至关重要的作用。在20世纪80年代的扩建过程中,荷兰政府从国家战略的高度对机场周边发展进行定位与规划,机场周围用地预留充足,为其可持续发展提供了更多空间。同时,政府出台了一系列税收优惠政策和便利的报关设施,为招商投资提供了极大的吸引力和便利。

**多主体协同开发**

阿姆斯特丹航空城是中央政府、地方政府、机场、专业开发机构和协作机构合作开发的成功典范。政府统一规划和主导机构协调开发的模式保证了政府规划的有效实施,并通过有效协调避免了不同利益主体的冲突,同时兼顾社会效益与商业效益的平衡。

**利用本土优势产业**

史基浦机场周边的产业是伴随着机场和区域的发展而不断演化的。发展初期,靠近空港区域的产业主要集中在地方传统产业上。荷兰是世界上三大农产品出口国之一,最大的出口流量源自观赏类植物,全球交易的鲜花有80%是通过阿姆斯特丹史基浦机场出口的。世界上最大的花卉市场阿尔斯梅尔花市与史基浦机场相邻,极大程度上利用了机场带来的运输优势。随着临空经济区的形成和发展,出现了多个高端产业园,以高科技产业、物流业与金融服务业为主导,带动了临空经济区的产业结构优化。

**基本信息**

- 城市区位：美国·科罗拉多州·丹佛
- GARI 总排名（在全球 100 城中）：54
- 人口规模：279 万人（2019 年，丹佛大都市区）
- 核心机场：丹佛国际机场（DEN）
- 机场总客运规模：6 901.57 万人（2019 年）
- 机场总货运规模：27.22 万吨（2019 年）
- 国际航线占比：12.04%
- 综合交通特色：因其海拔高、靠近落基山脉，多采用航空方式与周边州和省进行联系
- 城市经济总量：18 145 亿美元（2019 年，丹佛大都市区）
- 城市人均 GDP：65 037 美元（2019 年，丹佛大都市区）
- 都市区信息：丹佛大都市区，位于科罗拉多州的中心。丹佛-奥罗拉-莱克伍德都市统计区，是由美国科罗拉多州丹佛市县、阿拉帕霍县、杰斐逊县、亚当斯县、道格拉斯县、布隆菲市县、艾伯特县、帕克县、克利尔克里克县与吉尔平县等所构成的都市区，是美国人口排名第 19 位的大都市区
- 特殊监管区发展情况：丹佛市县外贸区、利蒙外贸区
- 发展特色：丹佛以货物贸易为基础，随着铁路的修建，城市发展逐渐加速，城市经济向物流供应转变，丹佛国际机场不断发展，成为世界上最繁忙的机场之一，通过国际、国内客运的拉动和自身对生活水平的把控和重视，带动了城市经济产业发展和旅游等服务水平的提升，提供了大量的就业岗位

图 6-25　丹佛国际机场

图片来源：孙玮琳绘制。

## 丹佛：草原上的航空之城

建于 1858 年的丹佛市县，是美国科罗拉多州的一个合并市县，也是科罗拉多州的首府和最大城市。丹佛位于一片紧邻着落基山脉的平原上，是丹佛-奥罗拉大都市区的核心。丹佛的市中心位于南佩雷特河东岸，接近南佩雷特河与樱桃溪的交接口。整个城市总面积有 401.3 平方公里；其中机场面积 135 平方公里，甚至超过了旧金山市区的面积。

### 从草原上的女王城到西部宜居城

丹佛曾被称为"草原上的女王城"，这一称号显示出丹佛的独特性及其对落基山脉东边平原上农业的重要性。经过 100 多年的建设，丹佛已经发展为全美最为宜居的城市之一，拥有全球面积第二大的机场，在原有产业发展基础上，航空运输为城市带来了新的发展机遇。

丹佛建于1858年，早年是一个以煤矿、家畜和货物贸易为基础的城镇。1861年丹佛建市，1867年成为科罗拉多行政区首府，1876年科罗拉多州加入联邦，丹佛顺理成章地成为科罗拉多州的首府。随着落基山脉地区矿业和大平原农牧业的兴起，横贯大陆的太平洋铁路通车，以及美国大规模向西移民开发，城市迅速发展。19世纪下半叶，随着丹佛的发展，大量富豪移居此地，为城市发展带来大量资金与活力，建造了许多别墅、酒店、歌剧院等公共建筑。城市的迅速发展也使人口大增，来自德国、意大利、中国的劳工不断涌入，此后非裔美国人以及拉丁裔人口也日益增多，城市人口爆炸式增长，使丹佛成为当时著名的城市。第二次世界大战后丹佛市区人口再次快速增加，20世纪70年代石油和天然气的开采，为城市的发展带来新的生机。丹佛在这段时间修建了许多新的市中心摩天大楼，迄今能源和矿业仍然是丹佛重要的经济基础。目前，军工、服务、高科技、生化、医疗保健、教育、旅游、交通运输、农业等产业，都在其城市经济中占有重要地位，丹佛的经济逐步多元化，成了落基山脉地区的金融、工业、商业和交通运输业中心。

**城市人口与宜居性**

2020年底，美国社区调查（ACS）公布的数据显示，丹佛市人口达70.56万，丹佛大都市区人口达361.79万，是美国人口第17大城市，是美国人口增长最快的主要城市之一；丹佛大都市区（丹佛-奥罗拉-莱克伍德）是前岭城市走廊中人口最多的都市区，这是一个长方形的城市区域，横跨两个州。丹佛是方圆 500 英里[①]范围内人口最多的城市，也是继亚利桑那州菲尼克斯市之后西部山区人口第二多的城市。2016 年，丹佛被《美国新闻与世界报道》评为美国最适合居住的城市。

**高科技带动经济增长**

丹佛的经济发展很大程度上取决于它的地理位置。丹佛大都市区是该地区最大的一个都市区，也是落基山脉地区人口最多的都市区，与之规模相近的都市区是堪萨斯城大都市区，在其向东约 600 英里处。作为科罗拉多州的首府，丹佛为该州提供了许多就业机会。虽然税收改革和移民政策等全国性事件影响了整体经济环境，但丹佛仍然拥有强大的本地市场。众多因素支撑着丹佛大都市区的经济发展，例如稳定的人口和就业增长、高于平均水平的 GDP 增长、对新人才的吸引力和就业企业的高福利待遇等。

丹佛的主要经济部门中，国防工业和高科技产业凭借联邦政府的扶持，在资金、技术、资源、销售诸多方面都有可靠的保障，因而发展速度快、规模大，成了丹佛经济结构中的支柱产业。许多联邦机构都在丹佛地区设有办事处，联邦国防和太空项目公司也坐落于此，比如洛克希德·马丁公司和鲍尔航空航天技术公司。此外，丹佛因能源资源丰富，拥有如煤炭、石油、天然气、铀等资源，所以其是仅次于休斯敦的能源基地，促使了矿业和能源公司在丹佛大都市区设立办事处，有力推动了城市早期的繁荣发展。同时，因丹佛位于西经 105 度且海拔超过一英里，奉行北美山区时区的中西部地理位置使它得以在同一个工作日与北美海岸、南美、欧洲和亚洲进行通信，从而可以在一个工作日内向六大洲提供"一次弹跳"的实时

---

① 1 英里 ≈1.6 公里。

卫星上行服务，这样的优势位置有利于电信行业发展。很多电信公司也在此运营，例如奎斯特通信、回声星通信和康卡斯特等公司。

**宜居宜业新丹佛**

丹佛产业特征明显，经济增长强劲。2017年丹佛GDP达约2 089亿美元（见图6-26），同比增长8.5%。伴随着经济增长，城市就业率上升，失业率下降，丹佛的就业市场比2016年增长了2.8%。预计未来10年丹佛的就业增长率为45.0%，高于美国33.5%的平均水平；失业率为3.0%，低于美国3.9%的平均水平。即便人口增长放缓和劳动力市场紧张限制了就业增长，增长速度正在放缓，但是2007—2017年，丹佛的人口平均每年仍然增长1.7%。丹佛居民的平均年收入为34 423美元，高于美国的平均水平28 555美元。[32]

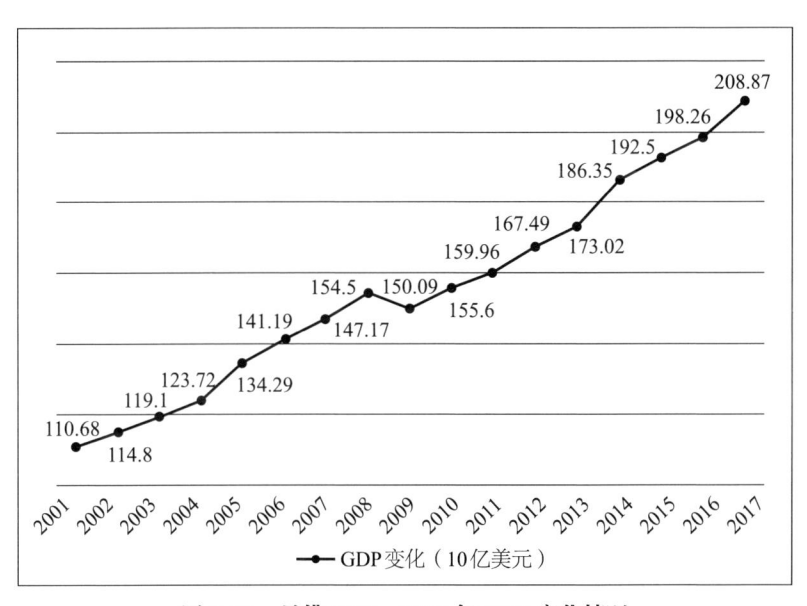

图6-26 丹佛2001—2017年GDP变化情况

资料来源：笔者根据《2018年丹佛大都市区经济预测》整理。

就业市场的改善吸引了年轻人加入劳动力大军，并吸引其他地区工人加入。2016—2017年，丹佛大都市区的11个行业都实现了就业增长。2017年新增就业岗位最多的3个行业是商业服务、休闲和住宿、自然资源与建设，规模增长最快的行业是运输、仓储和公用事业超级行业，其他服务超级行业，以及自然资源和建筑超级行业。以丹佛国际机场的航空公司为代表的运输、仓储行业的增长尤为强劲，许多公司为了应对电子商务的需求在此开设了大型分销和配送中心。丹佛另一个值得注意的增长领域是计算机系统设计和软件工程，这是商业服务增长最强劲的领域之一。

由于坚实的经济基础和电子商务的推动，丹佛住宅房地产市场在2017年快速增长，2017年的房屋销量比2016年增长了2.9%。低库存和人口增长推高了房价，根据标准普尔指数，丹佛市区的房价已经连续同比上涨。同时，写字楼和工业市场的商业建筑活动接近峰值。近年来，丹佛已经发展为一座难得的、充满吸引力和活力的城市。

## 城市增长新引擎：丹佛国际机场

如今的丹佛是科罗拉多州的主要经济引擎，每年为该地区带来超过260亿美元的收入，通过战略投资，它的影响力将会成倍增长。尽管丹佛在产业发展和经济上有许多优势，但它的高海拔以及靠近落基山脉的地理位置使它不具备公路运输的便利条件，而航空运输避开了进出丹佛陆路运输的挑战，成为丹佛未来发展最大的机遇。

丹佛的创始人极有前瞻性地为机场储备了最多的土地，目前丹佛国际机场占地53平方英里[①]，是北美面积最大的机场，也是世界面

---

[①] 1平方英里≈206平方公里。

积第二大的机场。从规模上看，这一面积比波士顿、迈阿密或旧金山的城市边界还大，是曼哈顿岛的两倍。丹佛国际机场于1995年建设落成，是当时世界上最大、最先进的机场之一，除了满足自身业务的发展之外，还带动了科罗拉多州的旅游经济发展，为科罗拉多州的交通与物流行业带来极大便利。2016年开通的连接机场和市区的铁路线提高了城市与机场的连接度，使丹佛国际机场的深远影响拓展到了丹佛城市基础设施投资以及城市空间结构发展方面。

**建成世界最先进的机场**

丹佛国际机场位于科罗拉多州丹佛市东北方向，距离市区35公里左右。20世纪80年代初，丹佛因石油、地产及旅游等行业的兴旺而快速发展，原有老旧机场渐渐无法满足经济发展需求，航班延误以及天气对航班的影响越来越明显，丹佛对于建设新机场产生了迫切的需求。1983年丹佛进行新一任的市长选举，机场建设问题成为影响选情的一大因素，最终佩纳借此当选了市长。1985年佩纳和康特等官员同意建立新的国际机场来取代原丹佛斯塔普莱登国际机场，工程初始预算为12亿美元。1995年，耗资共50亿美元的丹佛国际机场最终落成。

丹佛国际机场由建筑师柯芬特设计，其航站楼的屋顶造型令人印象深刻。柯芬特选择采用张力结构完成整个屋顶造型，同时选择特殊布料覆盖，这令人联想到冬天被冰雪覆盖的落基山脉矗立在广袤的草原之上的情形。机场另一个久负盛名的设计是连接各航站楼和大堂的行人天桥，在这里旅客可以看着飞机从头顶掠过。

目前，丹佛国际机场是边疆航空的主要枢纽、联合航空及其子公司泰德航空的第二大枢纽和大湖航空的重要枢纽。近来美国西南航空在丹佛国际机场的营运量也与日俱增。丹佛国际机场的客运量变化如图6-27所示。

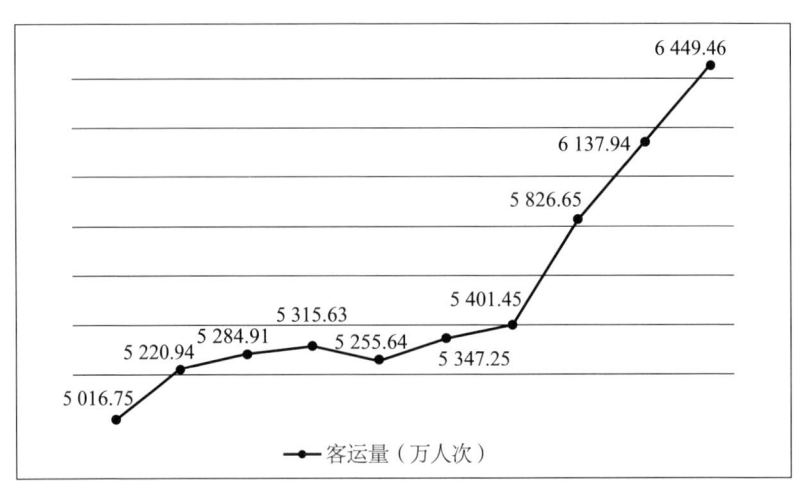

图 6-27　丹佛国际机场客运量变化

资料来源：CAPA 数据库。

**业务发展迅速**

自 1995 年 2 月 28 日启用以来，丹佛国际机场是美国过去 27 年来唯一建成的大型机场。据预测，丹佛国际机场将成为全美第三大繁忙机场和世界前十大繁忙机场。丹佛国际机场是丹佛市县拥有和经营的最先进的设施，是服务 9 个县和科罗拉多州的主要机场，也是美国为数不多的几个拥有扩张空间、可以适应未来营运量增长的机场之一。丹佛市县约 35 000 人在机场工作，其中约 1 100 人受雇于丹佛大都市区。2020 年，新冠肺炎疫情对全球航空业造成了前所未有的破坏和影响。丹佛机场地区作为连接乘客的中心点，依靠市场实力和竞争优势渡过了这次难关。尽管该地区的许多航空公司、机场和组织预计在 3 年内复苏，但在 2020 年还是出现了一些积极的发展。在 20 个最繁忙的美国机场中，与 2019 年的水平相比，丹佛国际机场是 2020 年最后 5 个月每个月座位容量同比保持率最高的机场。到 2020 年，丹佛国际机场的航空货运业务稳定发展，货物总量为 6.61 亿磅[①]，与 2019 年同期相比仅下降 1.6%。[33]

丹佛国际机场是具有领先地位的航空货运中心和配送中心。10 家货运航空公司和 10 家主要的国家航空公司目前均在丹佛国际机场提供货运服务，仅 2017 年就处理了近 5.85 亿磅的货物。39 英亩[②]的货物坡道和 24 小时没有宵禁的运作机制，使丹佛国际机场的货物处理效率很高。同时，丹佛国际机场拥有多家世界级的货运公司和支持设施，包括联邦快递、联合包裹、南方航空、DHL、高山航空快运和联合航空货运。除此之外，美国邮政服务设施就设在机场周边，可以提供各种有竞争力的运输和接收选择。[34]

丹佛国际机场位于美国地理中心附近，是方圆 500 英里内唯一的主要枢纽机场，可以提供全球近 190 个目的地的直达服务，其中包括 11 个国家的 26 个国际目的地、约 160 个美国国内目的地，由此可见丹佛国际机场拥有较高的对外连接度。一方面，机场由 25 家航空公司提供服务，包括联合航空、西南航空和边疆航空的主要枢纽；另一方面，机场提供横跨美国西部和中西部的 20 条联邦补贴的基本航空服务航线，使其成为这些偏远市场唯一的航空服务选择，同时丹佛国际机场还是通往科罗拉多州和落基山脉西部的门户，并有直达科罗拉多州 12 个目的地的航班，其中包括著名的滑雪胜地、度假胜地和商务目的地。因此，丹佛国际机场的航空网络逐渐成了美国第四大国内航空网络，较高的对外航空的网络连接度也促进了城市的经济发展。

**机场建设带动城市发展**

（1）就业岗位带动

丹佛大都市区和北科罗拉多地区的机场系统是一个强大的经济

---

① 1 磅 ≈0.45 千克。
② 1 英亩 ≈4 047 平方米。

引擎，促进该地区产生了近 280 亿美元的经济效益，直接形成了 195 750 个工作岗位。作为世界上最繁忙的枢纽之一，该地区 280 亿美元的经济效益中有 260 亿美元来自丹佛国际机场。除了丹佛国际机场，3 个救援机场和 5 个通用航空机场亦促进了商业的发展，创造了就业机会。更具体地说，这一产业集群包括了航空公司、机场、飞机制造、技术公司以及支持服务。

2017 年，航空业是丹佛 9 个县中增长最快的产业，2016—2017 年，该产业的就业增长率为 5.7%，而全美国的就业增长率仅为 0.1%。2017 年，该地区航空产业集群的就业人数连续第六年增长。2012—2017 年，该地区航空业就业增长 23.1%，航空业集群在全美国范围内的增幅为 4.1%。这个由 9 个县组成的地区拥有近 680 家公司的 20 140 名员工（见表 6-8）。

表 6-8　丹佛大都市区航空业就业情况

| | |
| --- | --- |
| 直接就业 | 20 140 个 |
| 企业 | 680 家 |
| 5 年就业增长（2012—2017 年） | 23.1%（全美国 4.1%） |
| 1 年就业增长（2017 年） | 5.7%（全美国 0.1%） |
| 直接就业集中（2017 年） | 0.9%（全美国 0.6%） |
| 平均工资 | 66 880 美元 |
| 就业集中度排名 | 13 |

资料来源：笔者根据网络信息整理。

（2）城市空间发展

迈克尔·汉考克市长的经济发展计划"机会走廊"紧随着 2016 年开通的连接丹佛市中心和机场的通勤铁路线。汉考克曾经激动地表示："市区和机场之间的'机会走廊'将把我们与世界连接起来，将世界与我们连接起来,我为实现随之而来的巨大机遇感到无比自豪和兴奋。"丹佛的房地产开发促进了科罗拉多州的城市发展和丹佛对沿"机会走廊"发展的工作的关注,沿"机会走廊"分布的多项以交通为导向的发展计划已完成或者正在进行中。这一系列的发展将吸引企业在临空地区建立基地,工人、居民和游客等群体将在机场和丹佛市中心之间实现持续流动。

丹佛国际机场从一个普通运送乘客和货物的交通枢纽,转变为一个新型的航空城,使丹佛成为区域发展的连接、融合和协作的目的地。丹佛临空地区的发展愿景还包括大规模商业开发,以及与阿姆斯特丹、法兰克福和北京等城市的主要机场在"全球网络化的速度驱动型经济"中展开竞争。丹佛国际机场为市民及科罗拉多人提供全方位服务的新机会,吸引了来自世界各地的新人才。丹佛及其邻近地区重新定义了丹佛作为当代美国空港城市的意义。

(3)区域联动:科罗拉多旅游经济大发展

2005年,丹佛批准了增加旅游营销资金,这一里程碑事件给科罗拉多旅游业带来了巨大变化。从此以后,当地旅游业的增长率几乎是全美国平均水平的3倍:丹佛的增长率为62%,而全美国的平均增长率为22%。来自世界各地的人开始前往丹佛工作和娱乐。为了充分利用丹佛最大的资产——它的机场——来自5个县的城市规划者联合起来推进丹佛市长迈克尔·汉考克关于航空都市的竞选承诺。过去,旅行者仅在冬天乘飞机到丹佛去滑雪;而现在,人们可以在任何季节来丹佛及其周边的县市体验旅游项目。

丹佛市中心伙伴组织负责经济发展的副总裁兰迪·西伦说:"围绕机场的开发一直是公共基础设施开发的一个强有力的例子。"2016年丹佛接待了3 150万名游客,其中包括1 420万名日间游客和1 730万名夜间游客。随着机场的开发,过夜游客数量超过2015年近100万,同比增长6%,同时2016年的游客花费也比2015年多5%。这为丹佛创造了 53 亿美元的旅游收入，其中超过 15 亿美元产生于住宿方面，另有 15 亿美元产生于汽油、租车和其他当地交通工具的购买方面。除此以外，游客还购买了价值超过 10 亿美元的食品和饮料，在零售商店的支出达到 6.6 亿美元。

## 丹佛航空都市的构建

丹佛国际机场自启用开始就旨在利用机场范围内约 6 480 公顷的非航空用地，开发多元化商业用途，使丹佛成为一座世界级航空都市。从 21 世纪初起，约翰·卡萨达博士全程参与了丹佛航空城与航空都市的规划工作，为该地区的发展提出了极具远见的战略模型。[35]

卡萨达博士与 MXD 发展策略公司合作，为丹佛航空都市的建设提供总体战略，包括为广阔的机场区域进行土地用途规划。其中重点评估了吸引各类航空相关产业、企业落户航空城的主要因素，确定了各类商业分布的最优地点，以及它们能为机场带来的收益。卡萨达博士还利用自己对世界各地航空城和航空都市的研究积累，提出了适合当地发展的交通体系。此外，在总规划中，卡萨达博士提出了促使机场及航空都市商业协同发展的方案，并提出了相应的管理结构。

推动实现机场的发展和建设潜力，还需要吸引固定租户和建设特色功能来稳固丹佛作为目的地的地位。除卡萨达博士构建的航空都市整体战略框架外，机场房地产部门与 Sasaki（设计事务所）的跨专业设计团队合作研究"策略性开发规划"，从长远角度奠定航空城及航空都市全面的规划框架、开发策略及设计标准，带领该地区实现发展愿景。

多年来，丹佛国际机场都缺乏对"非航空用地"进行开发的法律依据，直到 2015 年，丹佛国际机场与其相邻地块的拥有人成功促成相关部门修订一份跨政府协议，允许机场进一步推展开发计划，惠及机场本身和周边社区。依据这份协议，Sasaki 把机场非航空用地升级转型，打造为一系列活力澎湃的开发区，服务于美国国内以及国际商业机构。其中，毗邻机场主干道（培尼亚大道）的 400 多公顷土地是项目启动区。随着机场快线运营，从机场到市中心（联合车站）仅需 40 分钟，交通联系比从前更紧密。新建的机场快线途经几个 TOD 导向的开发区域，使这些区域进一步与地区、国家乃至全世界接轨。

## 为什么丹佛会发展为世界顶级航空都市？

丹佛航空都市的开发建设对地方经济发展具有巨大的促进作用，丹佛航空城是最早以中央商务区概念进行总规划建造的大型机场，目前丹佛经济增长的 25% 都发生在机场附近。丹佛航空都市集聚了先进制造、航空航天、生物科学、电子工业、能源及自然资源、基础设施工程与技术信息等产业集群。机场周边已发展成一个城市的中心商业区，人们在那里购物、消费、娱乐；来自世界各地的商务人士在机场附近的星级酒店里参加会议；大型购物中心、美食广场、会议中心、展览中心等市中心商业区设施在机场及周边地区应有尽有。丹佛航空都市凭借强大的航空交通功能、优越的地理位置、庞大的土地储备和科罗拉多州美不胜收的景色，跃身为全球举足轻重、活力澎湃的临空发展地区，并成为科罗拉多州的主要经济引擎。

### 优越的航空运输位置与优秀的基础设施

2017 年美国运输统计局及国际机场理事会统计，丹佛国际机场是 2016 年全美第 6、全球第 18 的客运机场。丹佛国际机场位于东京和法兰克福之间的中心位置，有利于为不断增长的世界市场提供服务。丹佛当地批准了 6 条互不交叉的跑道和另外 6 条跑道，以满足未来的全球需求。此外，丹佛国际机场拥有美国最长的商业跑道，这也是它获得空客 A380 运营认证的原因之一。在完全扩建后，丹佛国际机场每年可以容纳超过 1 亿名乘客。

2017 年在 On Call International（旅行风险管理机构）的评选中，丹佛国际机场的客户满意度排名第 5。同年，丹佛国际机场还在 Skytrax 的世界最佳地区机场前 5 评选和北美最佳机场员工评选中排名第 4。在里程卡网站（MileCards.com）的评选中，2017 年丹佛国际机场当选为全美最佳机场交通选择中的第 4 名。除此以外，丹佛在 20 个 "美国最佳商务旅行城市" 中排名第 5。这些排名体现出丹佛国际机场在资源、服务等方面表现卓越，并将此影响传递给了丹佛当地的旅游业。

**交通劣势变优势**

丹佛被称为 "一英里高的城市" 是有原因的。它的高海拔和靠近落基山脉的地理位置使卡车很难到达该地，这限制了传统卡车司机为城市商业提供服务的机会。丹佛的商业性质使这些后勤问题更加复杂。因为该市的财富主要来自电信、航空和科技公司等，这些公司的发展在很大程度上依赖于便捷的供应和紧凑的生产计划。供应商必须快速、安全地运送零部件和原材料，同时还要穿越美国最陡峭的山脉，而很少有卡车运输公司能可靠地做到这一点。

丹佛的航空运输则可以避开进出丹佛的陆路运输挑战，通过丹佛国际机场、科罗拉多斯普林斯机场、奥罗拉机场、莱克伍德机场、洛弗兰机场、博尔德机场的协作，为城市商业提供便捷稳定的航空货运服务。航空货运服务使供应商可以在几小时内把零部件送到各大公司，而在途中几乎没有损坏的风险。为了进一步加强航空货运服务，丹佛航空公司运营了一个几乎包括美国和加拿大所有州和省的航空运输覆盖网络。

科罗拉多州的机场在促进该州商业增长和经济发展方面发挥着关键作用。科罗拉多州拥有 76 个公共机场,其强健的系统每年创造 367 亿美元的经济产出。这些机场提供了与全球市场和目的地的连接,是科罗拉多州迅速扩张的商业社区和世界著名旅游目的地的关键组成部分。机场为 170 多个国内和国际目的地提供直达服务,包括欧洲、亚洲、加拿大、墨西哥和中美洲。9 家货运航空公司和 13 家全国性的航空公司在丹佛和其他城市之间提供了广泛的货运网络,这些货运网络离 I-70 公路很近(I-70 公路是美国主要的东西商业路线之一),由此建立便捷快速的联运网络。

**整体经营成本低**

丹佛支持营造对航空公司友好的商业环境。科罗拉多州的企业所得税税率为 4.63%,是美国最低的税率。此外,它是基于单因素分摊的,即允许企业仅根据在该州的销售额纳税。科罗拉多州对当地制造的飞机免征飞行销售税,这对飞机制造商来说是一项宝贵的激励措施,此措施有利于在科罗拉多州制造飞机。同时,丹佛对航空零部件提供销售和使用免税。

除此之外,如果飞机制造商或者参与飞机维护、维修或改装的公司位于航空开发区,则有资格享受每名新全职员工 1 200 美元的州所得税抵免(根据科罗拉多州税务局的规定)。科罗拉多州为按需航空公司和符合条件的飞机提供销售和使用免税优惠,按需航空公司仅可将其用于飞机制造过程的最终组装、维护或改装。

**人才教育基础**

丹佛是航空培训业发展最好的城市,为航空及临空产业培养了大量人才。密歇根州立大学丹佛分校的航空和航天科学系是美国最大、最先进的大学航空项目之一。罗伯特·莫克室内机场位于校园内，是世界一流的大学航空航天计算机和飞行模拟训练实验室之一。

丹佛地区分别在博尔德机场、百年机场、伊利机场、北科罗拉多地区机场、前岭机场及落基山大都会机场等提供超过20个飞行训练基地。这些基地将提供飞行员培训、航空教学和认证项目。例如，埃姆斯社区学院和密歇根州立大学丹佛分校在美国联邦航空局空中交通学院培训计划批准的36所学校之中；斯巴达航空技术学院位于落基山大都会机场附近，提供机身、发电厂和航空电子技术课程。同时，蓬勃发展的国际无人驾驶飞机系统社区中心也为该区域赢得了独特的无人机业务和技术能力。

## 小结

丹佛的宜居性为丹佛发展航空都市提供了重要的基础条件。在全球化及世界城市研究网络2020年最新的排名中，丹佛处于第二档次的二线城市，其对外衔接性和城市自身的宜居性均具有极高的水平。

丹佛被评为美国2017年第7大健康城市和2019年第2宜居城市。该城市的受欢迎程度、著名的研究机构和不断增长的就业市场促成了它的优秀排名。[36]

近年来，丹佛航空都市的建设与规划，对丹佛的城市评级产生了重大的推动作用。在本书提到的GARI的评级中，丹佛在全球100城排名中位居第54，是全美第12，笔者基于机场对城市影响的视角观察到丹佛这一美国西南城市的发展潜力，以及航空都市的建设与规划对城市的巨大改变。在未来的10年间，随着丹佛航空都市的建设，西海岸的传统科技园区将向丹佛转移，丹佛市民将拥有更高的生活水平，企业方便获取大量高层次人才，生活成本较低，进而促进产业创新和业务增长。

**基本信息**

- 城市区位：美国·华盛顿
- GARI 总排名（在全球 100 城中）：45
- 人口规模：716.2 万人（2017 年，华盛顿都市区）
- 核心机场：华盛顿里根国家机场（DCA），华盛顿杜勒斯国际机场（IAD），巴尔的摩/华盛顿瑟古德·马歇尔国际机场（BWI）
- 机场总客运规模：4 876.28 万人（2019 年）
- 机场总货运规模：118.89 万吨（2018 年）
- 国际航线占比：22.62%
- 综合交通特色：拥有美国最发达的高速公路和四通八达的铁路网；三大国际机场，连接美国其他地区和世界各地；巴尔的摩港口是美国最繁忙的国际深水港口之一
- 城市经济总量：5 299.9 亿美元（2017 年，华盛顿都市区）
- 城市人均 GDP：74 000 美元（2017 年，华盛顿都市区）
- 都市区信息：华盛顿都市区，以华盛顿哥伦比亚特区为中心的大都市区，包含华盛顿特区的全部地区、马里兰州和弗吉尼亚州的部分地区，以及西弗吉尼亚州的一小部分地区，是美国第六大都市区，也是南大西洋分部最大的都市区
- 特殊监管区发展情况：乔治王子县对外贸易区
- 发展特色：华盛顿都市区是美国第六大都市区，地处波士顿与亚特兰大走廊的中间，是美国最重要的交通枢纽。以华盛顿里根国家机场、华盛顿杜勒斯国际机场和巴尔的摩/华盛顿瑟古德·马歇尔国际机场这三座机场形成多机场系统，在机场枢纽、首都效应、城市规划等因素的影响下，催生出以临空商务区和总部经济为主的临空经济区

图 6-28　华盛顿里根国家机场一侧的水晶城

图片来源：孙玮琳绘制。

## 华盛顿：机场带来的总部经济新机遇

华盛顿哥伦比亚特区，简称华盛顿，是美国的首府。这是一座以政府行政职能为主的城市，所有经济活动都紧紧围绕着联邦政府的活动展开。华盛顿都市区以华盛顿为中心发展而来，这里高质量、大规模的科学和工程劳动力一直是吸引大企业总部进驻的因素之一。

位于华盛顿市区的里根国家机场对于周边总部经济发展、城市活力提升有很大的影响，例如美国最大的网络电子商务公司亚马逊的第二总部将坐落于机场西侧的阿灵顿郡水晶城。

## 华盛顿：高水平发展的都市区

华盛顿地处波士顿与亚特兰大走廊的中间，是美国最重要的交通枢纽。这里拥有美国最发达的高速公路和四通八达的铁路网；国际机场连接美国其他地区和世界各地；巴尔的摩港口是美国最繁忙的国际深水港口之一，将美国东海岸与世界各地相连。优越的地理位置极大地促进了华盛顿地区多元化经济的蓬勃发展。[37]

华盛顿都市区还布局有大量信息科技、电信和生物科技等科技产业；作为全美政治中心，华盛顿的很多经济元素都与政务需求相关——联邦政府有大量的外包业务需要企业参与，这带动了游说公司、法律服务、金融服务、信息服务、科技服务、国防科工等产业的发展。美国多所顶尖大学也坐落于此，包括乔治敦大学、乔治·华盛顿大学、美利坚大学、马里兰大学和弗吉尼亚大学等。这些大学每年都为华盛顿地区输送上千名优秀人才，助力地区产业经济发展。

服务于大都市区的机场主要有3座：华盛顿里根国家机场，位于特区中心以南的弗吉尼亚州阿灵顿郡，距离市中心约5公里；华盛顿杜勒斯国际机场，位于特区以西的弗吉尼亚州，距离市中心约42公里；巴尔的摩/华盛顿瑟古德·马歇尔国际机场（简称巴尔的摩机场），位于特区东北的马里兰州巴尔的摩近郊，距离市中心约48公里。3座机场的基本分工为：里根国家机场面向国内形成航空枢纽；杜勒斯机场面向国际，是区域的国际门户机场；同时，巴尔的摩机场的管理主体与两者不同，存在部分重叠市场，但基本形成了以低成本客运航空为主、基地航空公司为辅的航线市场布局。3座机场的功能定位不同，错位发展形成了两个主要的临空发展地区，里根国家机场周边是阿灵顿郡水晶城，杜勒斯机场周边是杜勒斯机场发展走廊。

阿灵顿郡水晶城包含多家航空航天公司和国防工业公司（如波音公司、雷神公司、全美航空公司等）的分支机构，以及和机场、物流行业相关的公司的总部，由于靠近五角大楼，还布局了若干美国政府部门（如美国劳工部、美国法警局等）的办公室，所以吸引了一系列商务酒店、高档酒店（如万豪、希尔顿、凯悦等），以及咨询公司、IT公司、担保公司等在此布局，除此之外，还有若干社会团体、教育科研机构和媒体创意产业公司等。

杜勒斯机场发展走廊从华盛顿市中心延伸到杜勒斯机场，总长约50公里，经过利斯堡、劳登县和费尔法克斯，沿途的社区包括泰森斯甫、赖斯顿、赫斯登、斯特林和阿什伯恩等，围绕互联网产业、政务数据及信息安全管理、国防研发等形成产业集群。该区域承担了美国超过50%的互联网流量，布局了13个服务器中的两个，Network solutions（域名注册商）和Verisign（网络基础设施公司）的总部就在该区域。在产业集聚方面，杜勒斯机场发展走廊堪称群星璀璨，既包括亚马逊第二总部，以及黑鸟集团、CACI（信息技术公司）、第一资本金融公司、DLT（软件和硬件专业服务提供商）等企业的总部，也包括空客、波音、AT&T（美国电话电报公司）、思科、甲骨文等企业的分支机构。

**总部经济的催生及影响**

华盛顿都市区内有超过14万专业人士在各种联邦政府机构里工作，此外，在国防和民用工程承包商公司里工作的人也不在少数。因此，联邦政府的活动可谓是该都市区经济产业活动的基础。许多声名显赫的国防承包商的总部位于靠近阿灵顿郡的五角大楼，以获得近水楼台之利。总部位于华盛顿都市区的重要国防承包商包括洛克希德·马丁公司、通用动力公司、诺思罗普·格鲁曼公司、计算机科学公司、科学应用国际公司等，此外，英国宇航系统公司等航空航天公司也在该区域拥有重要运营分支。除了国防承包商，总部位于华盛顿都市区内的重要公司还包括咨询公司、房地产开发商、投融资公司和酒店集团等。

阿灵顿郡水晶城位于五角大楼以南，里根国家机场西侧，该地区集中布置了公路、地铁、铁路（弗吉尼亚通勤快线）等多种城市交通方式，集合了商业、餐饮、酒店、办公等丰富业态，还具备步行友好连廊和大片的地下商业开发，极大地提高了该商业区的便利性。由水晶城出发，只经过一站地铁和一班飞机，就可以到达美国的任意角落。由此，水晶城成为企业总部选址和商旅活动的青睐之所，拥有至少2万名居民和每天约6万名通勤人口。[38]

总部经济对城市具有很大的经济提升、人气拉动和地域升值效益。拥有大公司总部，对于地区政府的主要效用往往落在税收和就业两方面，还能带来消费增长、社会资本等积极影响。总部经济伴随世界经济全球化而来，本质是"人"的经济，而且能够拉动整个行业领域和区域经济的高速发展。

## 关于亚马逊第二总部的选址

### 一场238个城市的"选秀"

这场精彩的总部选秀活动开始于2017年9月7日。

这一天，亚马逊这家位列全球市值最高公司之列的科技巨头发布了公告，宣布将在北美洲范围内公开进行"第二总部"的选址。按照亚马逊首席执行官杰夫·贝佐斯的说法，第二总部在地位上将"完全等同"于西雅图的现有公司总部。

亚马逊的招标说明有8页纸，清楚地列明了一系列要求——100万人口的都市区、稳定的营商环境、对顶级技术人才的吸引力、开车1~2英里可以驶入大型高速路、45分钟车程内可达国际机场。

招标说明中同时标注了第二总部将在20年内进行总计50亿美元的硬件及软件投资，一次性为当地带来5万个就业岗位，其中全职岗位的平均年薪超过10万美元。当绝大多数美国城市都面临失业率高企、国际竞争力下滑、本地消费疲软等问题时，亚马逊的第二总部计划为地区发展提供了一种有效的解决方案。外界认为，此举能为美国中西部诸多亟待复兴的城市一次性注入极强的活力。因此，第二总部计划公布的头一个月，就有238个大大小小的北美城市向亚马逊提交了投标方案，并且多数都在税收、土地等方面给出了前所未有的优惠政策。一场异常火热的"城市选秀"比赛随即展开。亚马逊开始了长达数月的资料审核期，海选时间长达14个月。申请城市要提交的计划书和数据巨细无遗，除了GDP、人口增长率等宏观经济数据外，还有诸如本地公司员工流动意愿这样的主观统计，甚至包括了当地高中的平均SAT（美国高中毕业生学术能力水平考试）成绩。最终，包括纽约、阿灵顿郡、芝加哥、奥斯汀、波士顿、匹兹堡、多伦多等在内的20个北美城市在2018年1月被宣布进入中期候选名单。

在后期的二次筛选阶段，亚马逊的团队多次实地走访候选城市，并要求安排与政府官员会谈。而候选城市除了被告知要组织选址考察之外，其他的都要自行发挥。最大的需求主要集中在员工上。在纽约，亚马逊特意请政府官员召集了当地11所大学及本地学院的学生参与会谈，以确认当地能否提供足够的技术人才。

芝加哥的政府官员认为，没有一个城市能够单独完全满足亚马逊对科技人才的需求，建议将第二总部的职责拆分到两个甚至多个城市里去。

因此，亚马逊在2018年底确定总部选址时，曾宣布在纽约州的长岛和弗吉尼亚州的阿灵顿郡共同设立"双黄蛋"第二总部。但阿灵顿郡成为最终的胜出者。

**长岛退出，阿灵顿郡当选**

自亚马逊公布第二总部选址后，两个州给予亚马逊的"待遇"可谓天差地别：2019年1月底弗吉尼亚州州议会用9分钟通过了15

年内给亚马逊 7.5 亿补贴的法案，而纽约州恐怕要等到 2020 年。

因为纽约州和弗吉尼亚州在政治和经济上存在差异。纽约州是一个亲劳工的城市，而弗吉尼亚州则实行所谓"工作权"法。亚马逊一直反对其雇员加入工会，这让不少纽约州的工会领袖非常不满，认为这是在改变纽约州秉承多年的价值观。此外，阿灵顿郡自 2005 年以来受五角大楼重组的影响，已经丢失了大量联邦政府相关工作，正需要吸引投资。纽约州则因为经济发展造成高薪职位太多，导致片区绅士化发展严重。

2019 年 2 月 14 日，亚马逊宣布将取消在纽约州长岛建立可容纳 2.5 万人的第二总部的计划。亚马逊称，将继续推进在弗吉尼亚州和田纳西州的纳什维尔发展计划，并将继续在美国和加拿大的 17 个公司办事处以及技术中心进行招聘和扩张。[39]

虽然在 238 个候选城市中，弗吉尼亚州的呼声一直都不是最高的，阿灵顿郡的名声也不及长岛，但弗吉尼亚州本身气候宜人，紧靠美国首都华盛顿，区位优势显著。此外，弗吉尼亚州拥有美国最大的数据中心，脸书也宣布计划在该州投资逾 10 亿美元打造数据中心，因此，对于重视云服务的亚马逊来说这里是一个不错的选择。

**选址国家平台**

从亚马逊官网提供的选址图纸来看，[40] 这个被选中的片区名为"国家平台"（National Landing），紧邻里根国家机场西侧（见图 6-29），可见国家平台区域位于里根国家机场的重点影响范围之中。

弗吉尼亚州州长拉尔夫·诺瑟姆办公室的声明更加明确了这个范围：国家平台是一个相互联系的、在步行尺度内的社区，它包括阿灵顿郡水晶城、五角大楼城的东部以及亚历山大港的波托马克公园的北部。新总部的初期增长将"集中在水晶城和五角大楼城部分地区"，后期会进一步扩展。

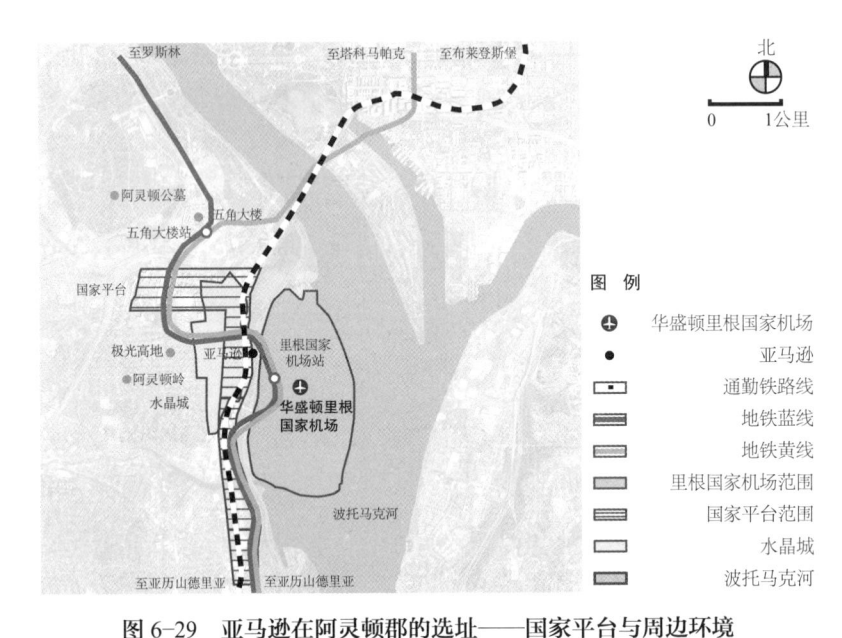

图 6-29 亚马逊在阿灵顿郡的选址——国家平台与周边环境

图片来源：笔者根据国家平台官方网站的资料和官方文件《水晶城区域计划》（Crystal City Sector Plan）绘制。

国家平台区域现有 1 700 万平方英尺[①]的商业空间，还有 150 英亩的土地可供开发，住房资源非常丰富，生活要素也相当齐全。

亚马逊选址国家平台后，选择了 JBG 史密斯地产作为其新总部的独家开发商。JBG 史密斯地产是华盛顿及其周围地区最大的房地产开发商。JBG 史密斯地产在国家平台区域拥有 620 万平方英尺办公空间、2 850 个多户住宅，并控制着国家平台未来 740 万平方英尺的额外开发机会。

自 2017 年以来，JBG 史密斯地产一直致力于通过一系列场所策略来重新定位国家平台区域，包括新的住宅和办公室开发项目，本地采购的零售店铺以及对街景、人行道、公园和其他户外聚会场所

---

① 1 平方英尺 ≈0.09 平方米。

的改造。每个新项目都将通过创建充满活力的街道环境、丰富的零售便利设施和妥善优化的公共空间为社区做出贡献。预计亚马逊的到来将成为这一转变的催化剂，并将增强 JBG 史密斯地产重新定位国家平台区域的能力，目前 JBG 史密斯地产打算加快区域内项目的规划、授权、设计和开发，包括约 13 万平方英尺的中央商业区（功能主要有电影院、特色零售商店、餐厅、酒吧以及其他体验式产品）、约 27 万平方英尺的零售综合空间 1770 Crystal Drive、以住宅为主的 1900 Crystal Drive 等。

JBG 史密斯地产表示，亚马逊预计将租赁其 53 万平方英尺的办公空间，以及南 18 街 241 号、南贝尔街 1800 号，并于 2020 年租下 1770 Crystal Drive 综合体。此外，亚马逊还有望购买五角大楼城的 PenPlace 街区和 Met 街区的 6、7、8 号三块用地。[41]

**临空总部经济与城市的双向促进作用**

一方面，在招商期间为吸引亚马逊入驻，弗吉尼亚州承诺并提供了巨额补贴激励，当然，这也需要亚马逊达到一定业绩作为回馈：亚马逊将获得基于绩效的 5.73 亿美元直接激励，其中包括弗吉尼亚州提供的高达 5.5 亿美元的劳动力补助金（按照亚马逊创造的每个岗位在接下来的 12 年里将创造 2.2 万美元的价值来计算）。亚马逊只有遵守承诺，创造出高薪资就业岗位后才可享受这项优惠措施。亚马逊还将在未来 15 年内从阿灵顿郡获得 2 300 万美元的现金补贴以及部分房产税减免，这是基于当地现有的临时入住税（酒店客房税）的增量而获得的补贴——为了获得这部分补贴，亚马逊需要完成至少 90% 的设施面积目标。[42]

除此之外，弗吉尼亚州政府将投资 1.95 亿美元用于当地的基础设施建设，这会让亚马逊和当地居民双方受益，提升该办公片区的宜居宜业程度。建设内容包括：

- 在国家平台东侧的边界、近里根国家机场的一侧建设一座新火车站（弗吉尼亚铁路快运），并建设一座连接机场与火车站的人行天桥；
- 在亚马逊租赁和购买的地块周边增设地铁站出入口（水晶城站）；
- 对地铁1号线进行改造，以提升其安全性、易用性和乘坐体验；
- 建设弗吉尼亚科技创新园区；
- 将来在"税收增值融资"区收取的地税中，阿灵顿郡政府将会抽出其中的12%（预计为2 800万美元）用于当地基础设施和公共活动场所的建设。

而作为总部经济的承载地，弗吉尼亚州预计收获包括：超过2.5万个待遇优厚的全职就业岗位，约25亿美元的投资，400万平方英尺的高效能办公场所。此外，亚马逊的投资及其创造的新工作岗位预计在接下来的20年内将为阿灵顿郡带来超过32亿美元的增值税收。

## 小结

华盛顿都市区三大机场及机场周边的发展情况各有特点，形成了颇具特色的分工合作。紧邻城市中心机场——里根国家机场的空港区域，由于独特的行政中心区位、丰富的知识经济底蕴和独一无二的到达机场的交通优势，成了布局总部经济的良好地段。特别是2019年亚马逊确认在"水晶城和五角大楼城部分地区"形成第二总部，在进行最早期选址时就明确提出了选址必须对顶级技术人才有吸引力、具备良好的交通衔接和国际机场快速衔接等条件。这一城市中心机场周边空间进行临空经济发展并形成积极总部经济效应的案例，可以成为机场与城市、周边业态互利共生的典范。

## 基本信息

- 城市区位：中国·浙江省·杭州
- GARI 总排名（在全球 100 城中）：76
- 人口规模：1 036 万人（2019 年）
- 核心机场：杭州萧山国际机场（HGH）
- 机场总客运规模：4 010.84 万人（2019 年）
- 机场总货运规模：69.03 万吨（2019 年）
- 国际航线占比：28.22%
- 综合交通特色：萧山国际机场综合交通枢纽不仅是立体式交通中心，还具有商务物流等综合功能，未来将成为集"空中、地面、地铁"于一体的复合式大型综合交通枢纽，成为华东地区体量最大的交通枢纽之一
- 城市经济总量：2 227.9 亿美元（2019 年）
- 城市人均 GDP：21 505.5 美元（2019 年）
- 城市群信息：杭州位于长三角城市群，是副中心城市之一
- 特殊监管区发展情况：杭州综合保税区
- 发展特色：杭州以跨境电商贸易为发展契机，促进机场建设，发展形成以跨境贸易为导向之一的临空经济，从而带动杭州整体经济的发展。同时杭州临空经济示范区也在积极推进临空经济与综合保税、跨境电商的结合，如建立跨境电子商务综合试验区、跨境电商产业带等

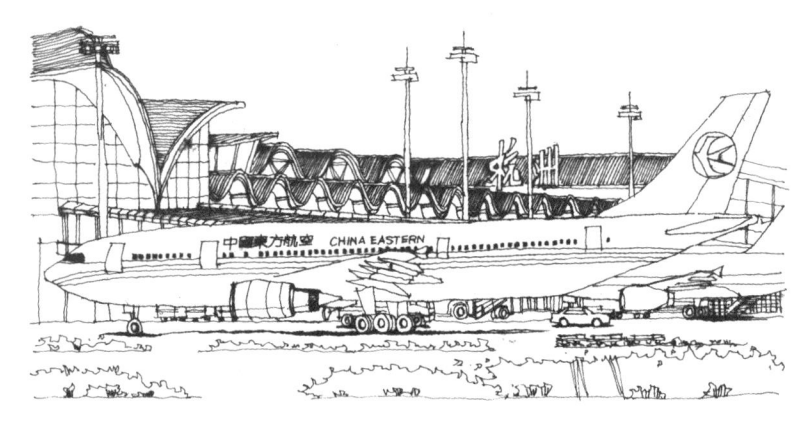

图 6-30　杭州萧山国际机场

图片来源：孙玮琳绘制。

# 杭州：电商产业与临空经济联动之城

2 684 亿元！杭州阿里巴巴西溪园区报告厅的数字大屏上定格的数字，正是 2019 年天猫"双十一"的最终成交金额。2 684 亿元仅仅是杭州电子商务行业发展的一个缩影，得益于浙江省大力推动跨境电子商务的发展，阿里巴巴、网易考拉等电商巨头落户杭州，整个杭州已经形成完整的电商产业链。

卡萨达博士认为，电子商务的兴起进一步加剧了基于时间的产业竞争力，也凸显了机场的重要性。电子商务，特别是跨境电子商务对于机场有极大的需求。笔者将系统分析杭州这个城市的发展与转型奇迹，不得不说，电商与临空产业给杭州带来了巨大影响。

## 海陆之饶到区域引领

《隋书·地理志》形容杭州是"川泽沃衍，有海陆之饶，珍异所聚，故商贾并辏"，这里自古以来就是南北经济文化交流中心。清末民初，杭州借助铁路运输逐步发展为华东商品集散中转地；中华人民共和国成立后，重工业产业发展为杭州打下坚实的经济基础；改革开放以来，特别是步入21世纪后，杭州商贸型企业成长繁荣，人均收入水平达到"富裕国家"水平，无论在城区还是远郊，都拥有良好的投资环境和优越的自然环境，下辖所有区县都拥有极具实力的自主创办企业，同时杭州还带动了湖州、嘉善、绍兴等地共同发展，形成了"都市经济圈"。2012年7月，上海交通大学发布的"2012年中国都市圈评价指数"认为，杭州圈在2012年已经是中国内地仅次于上海圈、广州圈、首都（北京）圈的第四大都市圈。[43] 2015年3月，国务院批准成立杭州跨境电子商务综合试验区，这是中国首个跨境电商综合试验区，电子商务已经成为杭州的支柱产业。2019年，杭州地区生产总值共计15 373亿元，增长6.8%，高于全国0.7个百分点，人均生产总值达14.83万元。[44] 在整个长三角城市群中，杭州的功能作用和地位仅次于上海，是区域发展的引领者。

无论是普通商业贸易还是电子商务，都离不开机场以及机场所带动的临空经济。本书前文采取的GARI评价体系主要从机场运营规模、城市综合交通与对外连接、城市经济产业水平、人居和社会水平、开放型经济基础这5个维度对城市发展水平进行综合分析，并给出排名。从这5个维度来看，杭州的综合排名在中国内地54个城市中位居第7，在40个指标的分项排名中，杭州在机场运营规模中排名第4，在城市综合交通与对外连接中排名第10，在城市经济产业水平中排名第7，在人居和社会水平中排名第6，在开放型经济基础中排名第11，各项指标表现相对较佳。

杭州在开放型经济基础方面在中国内地54个城市中仅排名第11，与上海、深圳、北京等城市的差距较大。主要原因是杭州过去一直没有自由贸易试验区政策，直到2020年9月国务院才批复《中国（浙江）自由贸易试验区扩展区域方案》，划定了浙江自由贸易试验区的杭州片区。本书排名主要参照新冠肺炎疫情前 2019 年的数据。开放型经济基础是评估城市发展水平的重要维度，也是临空经济发展水平的重要影响因子。事实上，杭州早在 2009 年就成立了杭州空港经济区，作为浙江省打造"两港物流圈"（杭州空港、宁波海港）战略的重要组成部分；2015 年成立了跨境电子商务综合试验区空港园区，专门服务于跨境电商航空运输；2017 年，在国家发改委和民航局的批复下成立了杭州国家级临空经济示范区；临空经济政策也受到杭州市及浙江省政府极大重视。

随着 2015 年开始的空港园区建设运营以及 2017 年批复的临空经济示范区跨境电商产业发展，萧山国际机场货邮吞吐量稳步增长，2015—2017 年货邮吞吐量始终处在增长状态，2018 年受到全球经济增速减缓影响，货邮吞吐量增速下降（见图 6-31），但近年总体处在持续走高状态。从 2015 年开始，杭州的人口吸引能力逐年增强，2015 年杭州人口净流入 12.6 万，2016 年人口净流入 17 万，2017 年达到了 28 万，2018 更是飙升至 33.8 万。未来临空经济示范区的建设将会成为影响杭州经济发展的重要因素。

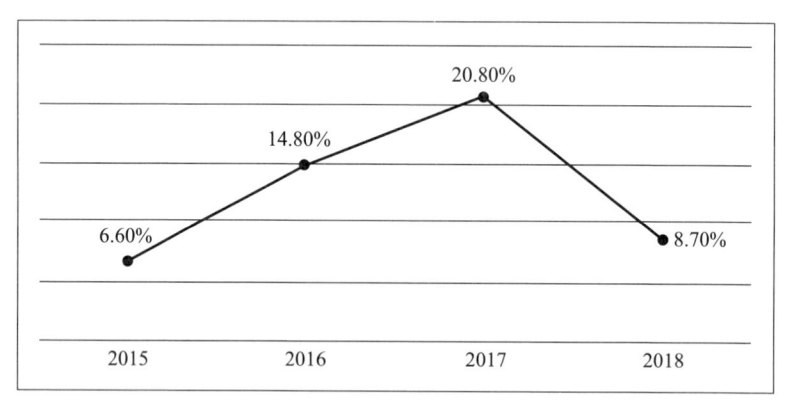

**图 6-31　萧山国际机场 2015—2018 年货邮吞吐量增速情况**

资料来源：笔者整理。

## 成为全球跨境电商的标杆

杭州的跨境电商与临空经济是如何发展起来的呢？

2019年在郑州举办的航空港经济综合实验区国际专家委员会大会上，国际航空物流专家斯坦·赖特提出，虽然传统货运代理商与航空公司的关系在未来几年并不会彻底改变，但以电子商务模式发展的势头已经出现。电子商务不仅是一种商务形态，其影响已经超越自身领域，成为商业运作新方式，对城市经济具有极大促进作用，同时对临空经济也有极大需求。

杭州的电商产业开始于1999年，它比国内其他城市都更早地接触到电子商务产业。2000年前后，中国的跨境电商开始逐步发展壮大。杭州抓住国家政策鼓励发展电子商务的契机，在2008年出台一系列政策，对跨境电商进行大力支持，2011年杭州被国家发展改革委等部门联合授予"国家电子商务示范城市"称号。

2012年，杭州成为国家跨境电商试点城市。这一年对中国来说是特殊的一年。受全球经济不景气和挤压房地产泡沫行动影响，中国经济增速下降至10多年来的最低水平，当年年底，国家统计局提出"以加快转变发展方式为主线，以提高经济增长质量和效益为中心"的经济发展方向。然而，就在宏观经济走低、资本市场降温的背景下，平台电商渐成主流，马太效应显现，特别是通过不断加强市场营销和推广的力度，以价格战为主的促销活动，无论是优惠力度还是社会影响都超出往年。阿里巴巴推出的"双十一"购物节，发展到2012年已经成为电商的重要销售狂欢日，2012年"双十一"全天支付宝销售总额达191亿元。与此同时，阿里巴巴旗下平台型电商的全年销售额突破万亿元，平台企业在品牌、服务和成本方面的优势使其对于中小型电子商务应用企业的吸引力进一步增强。平台电商的发展为经济发展带来了新的动力。2012年，仅淘宝一个平台就为杭州提供了40万个直接就业岗位，同时为杭州市物流、支付等行业提供超过100万个间接就业岗位。有鉴于此，杭州决定大力发展跨境电商业务。[45]

2015年杭州成为中国首个设立跨境电子商务综合试验区的城市，杭州再次抓住了难得的机会。经过几年的发展，杭州跨境电子商务综合试验区目前拥有包括空港园区、萧山园区、西湖园区等在内的共13个园区。2017年，电子商务研究中心（智库单位）研究表示，杭州跨境电子商务综合试验区在全国已建成的13个跨境电子商务综合试验区中排名第3。

2019年杭州市跨境电商进出口总额达137.99亿美元，同比增长21.4%，其中跨境电商进口额42.51亿美元，同比增长26.9%，跨境电商出口额95.48亿美元，同比增长19.1%。[46]目前杭州拥有12 000家跨境电商企业，已引进的出口电商平台包括集销网、速通天呈等，进口电商平台有天猫国际、京东全球购、洋码头等，还有顺丰速运、菜鸟网络、支付宝、网易支付等物流与支付平台。杭州在跨境电商领域平稳地处于国内第一行列，在贸易保护主义的压力下，杭州进一步巩固跨境电商出口基础，不断深化供给侧结构性改革，不断增强杭州外贸发展的内生动力。

**跨境电商带动临空经济**

由于电商，特别是跨境电商的高价值产品具有即时性需求，体量小、价格高，所以非常适合通过飞机进行运输。

2015年，杭州跨境电子商务综合试验区空港园区（以下简称空港园区）同步建设，空港园区为杭州跨境电商产业提供了便利，也为杭州市临空经济发展奠定了重要基础。空港园区依托萧山国际机场和物流产业优势，成为杭州跨境电子商务综合试验区特色发展的重要板块。[47]在空港园区的影响下,杭州无论在机场建设,还是在产业提升、经济增长方面,都迎来了新发展。

自空港园区开园以来,整个杭州的经济发展都得到了促进。杭州2017年跨境电商进出口总额99.36亿美元,占杭州2017年进出口外贸总额的13.23%;2019年上半年跨境电商进出口总额663.03亿元,同比增长27.09%,其中出口总额460.02亿元,同比增长25.03%,进口总额203.01亿元,同比增长31.99%;杭州跨境电商出口占杭州外贸出口的19.09%。[48]

跨境电商带动空港货运,促使整个杭州地区的产业结构加快转型升级,高新技术、文化创意、国际商务、旅游等与临空经济相关的产业得到高速发展。同时,随着美国联邦快递公司中国区转运中心、长龙航空基地和顺丰速运分拨转运中心入驻萧山国际机场,杭州在航空物流业形成巨大潜能。在众多浙商的投资下,其临空制造业发展前景也很乐观。[49]

2017年,国家发展改革委、民航局联合下发《关于支持杭州临空经济示范区建设的复函》,明确提出要将杭州临空经济示范区打造成区域性航空枢纽、全国高端临空产业集聚区、跨境电商发展先行区、生态智慧航空城,推动杭州建设成为国际性航空都市。浙江省据此制定《杭州临空经济示范区发展规划》,强调打造全国跨境电商发展先行区,依托机场口岸功能和杭州保税物流中心优势,加快整合资源,着力在跨境电商关键环节展开先行先试。[50]

杭州临空经济示范区以杭州跨境电子商务综合试验区为依托,在打造空港跨境电商的道路上不断探索。杭州为打造跨境电商这张金名片,支持临空经济区建设跨境电商产业,例如进行政策支持和体制创新,其中包括推出跨境零售出口"清单申报"、简化出口商品归类、让保税商品"先进区、后报关"、取消关区内转关等一揽子举措,以及让跨境电子商务进出境商品高效通关等一系列措施。体制方面积极构建信息共享、金融服务、智能物流、电商诚信、统计监测和风险防控6个体系，打造线上综合服务平台和线下综合园区平台，进一步完善线上线下同等水平的服务标准。

为了适应更为广阔的目标市场的要求，萧山国际机场已于2014年开始实行72小时过境免签政策。从2015年跨境电商空港园区建设以来，特别是货邮吞吐量增大以来（见图6-32），旅客吞吐量也进入高速增长时期。截至2017年底，萧山国际机场共有通航点162个，其中大陆通航点113个、地区通航点6个、国际通航点43个；开通航线235条，其中国内航线196条。[51] 2018年机场旅客吞吐量达到3 824.20万人次（见图6-33），同比增长7.5%。[52] 2018年10月，萧山国际机场三期扩建工程全面开工，三期扩建项目投运后，萧山国际机场将成为华东地区仅次于浦东国际机场的第二大航空枢纽。

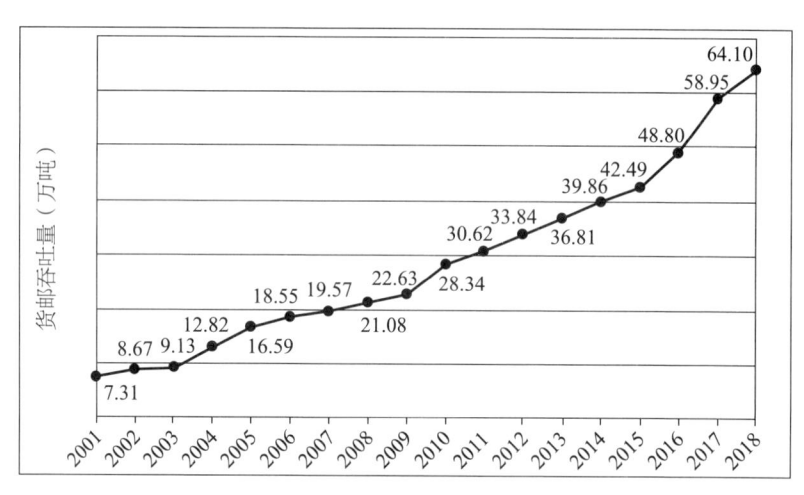

图6-32　萧山国际机场2001—2018年货邮吞吐量

资料来源：笔者整理。

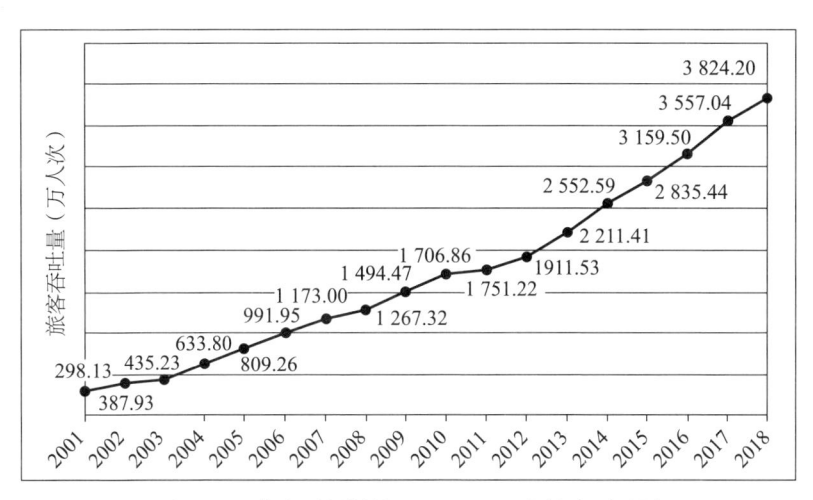

图 6-33　萧山国际机场 2001—2018 年旅客吞吐量

资料来源：笔者整理。

## 国际航空都市

  杭州发展临空经济的时间可以追溯到 2009 年，作为浙江省打造"两港物流圈"（杭州空港、宁波海港）战略的重要组成部分，受到了杭州的高度重视。杭州空港经济区位于浙江省杭州市萧山区东北侧，钱塘江东麓，毗邻大江东产业集聚区，与杭州下沙经济开发区和海宁市隔江对望。如图 6-34 所示，杭州空港经济区的规划面积为 68.6 平方公里，主要包括靖江、南阳两个街道和杭州萧山国际机场，常住人口 17 万。[53] 现在我们看到的杭州临空经济示范区是由杭州空港经济区发展而来的，在 2017 年获得国家批复后，杭州的临空经济迎来了新的发展契机。

  杭州临空经济示范区是国家批复的第 9 个国家级临空经济示范区，这个位于杭州萧山区东部的临空经济示范区，按照浙江省的规划，将成为未来浙江经济的重要增长极。杭州临空经济示范区的规

图 6-34　杭州空港经济区、临空经济示范区位置

图片来源：笔者绘制。

划面积约为 142.7 平方公里，以萧山国际机场为中心布置，范围包括原杭州空港经济区，辖区总人口约 50 万。[54] 浙江省规划将杭州临空经济示范区定位为面向全球的跨境电商标杆、亚太国际航空枢纽、全国临空产业高地、生态智慧航空都市，杭州市将依托临空经济示范区发展建设"国际级的航空都市"。

自批复至今，杭州临空经济示范区已初步打造了一个以智慧物流、航空总部、先进装备制造等为主导产业的全新增长极，还引进了南车轨道、南车电气、顺丰速运、圆通速递、申通快递、菜鸟网络、中外运、上海绿地、双马物流、龙腾物流、浙保物流、天地华宇等一批项目，提高了产业集群度。[55] 同时，杭州临空经济示范区积极抓住"后峰会、前亚运"的历史机遇，积极打造"浙江之门、杭州之窗、萧山之翼"，为建成国内一流航空都市而努力。2018 年，临空经济示范区已完成空港新天地、瓜沥文体中心、杭州萧山国际机场设备及运行改造项目、保税物流中心二期项目等的建设，机场三期扩建工程、圆通货运航空总部项目、空港新城市开发项目等也已开工，同时签约四川航空浙江分公司基地项目、首都航空杭州运营基地项目、菜鸟国际跨境出口项目等，总投资达到 687 亿元。[56]

杭州临空经济示范区为杭州临空经济的进一步发展提供了契机。2018 年示范区共完成地区 GDP 350.32 亿元，完成财政总收入接近 50 亿元，地方财政收入 24.26 亿元，固定资产投资 88.24 亿元。[57]同时，在临空经济示范区的带动下，萧山国际机场新开和复开国际航线 16 条，航班起降量增速排名第 1，货邮吞吐量和旅客吞吐量增速排名第 2，国际化程度显著提升。

2019 年杭州临空经济示范区着力推进临空经济新一轮的发展。首先，萧山正在全力推进杭州保税物流中心（B 型）申报杭州空港综合保税区，拥有更强临空指向的杭州空港综合保税区未来将与杭州保税物流中心（B 型）错位发展，着力打造具有杭州特色的综合保税区创新优势和发展能级。其次，临空经济示范区将重点培育航空运输、航空物流、航空制造等与临空相关联的产业，重点发展如生物医药、光电信息等高端制造产业，并于 2019 年 8 月启动建设跨境电商产业带。

未来杭州临空经济示范区将以"产城融合，一体开发"的理念，实行产业发展和都市建设并重，统筹规划生产、生活和生态空间布局，全面完善城市基础设施和公共服务体系建设，不断提升城市建设管理水平和居民生活品质，打造具有国际水平的航空都市。

临空经济政策的实施及示范区建设对于杭州的意义重大。首先，临空经济的发展带动了政策开放水平，也带动了基础设施建设投资和财政收入，进一步促进了"跨境电商产业的发展"，使杭州成为全球跨境电商标杆城市。其次，杭州正处在由互联网经济转向新制造之城的阶段，而临空经济示范区的建设正好满足杭州以航空产业为代表的"新制造业"的布局。最后，对浙江省来说，打造杭州临空经济示范区的目的是建设"浙江之门""杭州之窗"，以及浙江"大湾区"和杭州"拥江发展"的新增长极，引领浙江省新经济新动能培育的新引擎。

## 基本信息

- 城市区位：芬兰·赫尔辛基
- 人口规模：129.2万人（2019年，赫尔辛基都市区）
- 核心机场：赫尔辛基-万塔机场（HEL）
- 机场总客运规模：2 186.11万人（2019年）
- 机场总货运规模：49.81万吨（2019年）
- 国际航线占比：86.44%
- 综合交通特色：赫尔辛基-万塔机场是北欧5个主要的国际枢纽机场之一，近年来客运与航线发展取得了不错的增长效果；同时赫尔辛基也是芬兰最大的港口城市，芬兰50%的进口货物从这里进入国内。依托赫尔辛基-万塔机场打造的Aviapolis，将成为芬兰国际、国内两个方向可达性最高，对外交通最便捷的中心枢纽地区
- 城市经济总量：843亿美元（2019年，赫尔辛基都市区）
- 城市人均GDP：65 247.68美元（2019年，赫尔辛基都市区）
- 都市区信息：赫尔辛基都市区由赫尔辛基、埃斯波、万塔、考尼艾宁4个城市及周边市镇组成
- 发展特色：赫尔辛基是芬兰的首都，也是芬兰经济、政治、文化、旅游和交通中心，其抓住对外交通（港口、机场等）的进一步发展和产业转型升级的机会，打造北欧最具外向性、最具活力的片区。而得益于机场的快速发展，位于赫尔辛基都市区的万塔在机场周边积极发展Aviapolis，使其成为全芬兰活力最强的地区，也成为赫尔辛基都市区新的动力源

图 6-35　赫尔辛基-万塔机场

图片来源：孙玮琳绘制。

## 赫尔辛基：依托北欧最佳机场，打造全芬兰发展最快的地区

在国际机场林立的欧洲大陆，赫尔辛基-万塔机场（简称赫尔辛基机场）作为芬兰的主要国际机场、北欧的重要对外枢纽，连续两年（2017年和2018年）的旅客吞吐量增长率维持在10%左右，是欧洲发展最快的机场之一。在机场快速发展的影响之下，位于赫尔辛基都市区（也称作大赫尔辛基）的万塔在机场周边积极发展Aviapolis，使其成为全芬兰活力最强的地区，也成为赫尔辛基都市区新的动力源。

### 赫尔辛基：欧洲国际城市的个性化道路探索

赫尔辛基，一座将古典美与现代文明融为一体的北欧都市，是芬兰的首都，也是芬兰经济、政治、文化、旅游和交通中心，已连续多年被经济学人智库评为全球最宜居的城市之一，[58]被联合国评为全球幸福感最高的城市之一。[59] 赫尔辛基是欧洲排名第 2 的人口增长速度最快的国家的首都，同时也是芬兰最大的港口城市，全国 50% 的进口货物通过这里进入芬兰。2016 年，卡萨达博士将赫尔辛基列为全球 80 大临空城市之一。[60] 赫尔辛基都市区依托国际机场的软硬件提升，将临空机遇与自身城市特点相融合，力求打造在北欧安逸而内向的大环境中最具外向性、活跃度最强的片区。

20 世纪 90 年代初，芬兰的经济衰退在一定程度上影响了赫尔辛基的经济增长，在政府实施调整经济结构、发展高新技术和信息技术、增加知识型经济在国民经济中的比重等手段后，芬兰经济开始复苏，而赫尔辛基也通过对外交通（港口、机场等）的进一步发展和产业转型升级获得了很好的发展机会。

其中，赫尔辛基机场凭借现代化的设计、便利的设施以及顺畅高效的人性化转机服务，一直在欧洲各大机场中备受赞誉。该机场优越的地理位置，为来往于亚欧大陆的乘客提供了最短、最快捷的航线。机场每周共设有 111 个航班班次，直飞 20 个不同的目的地，除了欧洲旅游胜地以外，赫尔辛基机场的三大高频目的地依次为中国、日本和泰国，它已经成为来往于亚欧大陆旅行者的重要门户机场。

赫尔辛基都市区由赫尔辛基、埃斯波、万塔、考尼艾宁 4 个城市一起组成的首都地区（见表 6-9）及周边市镇组成。[61] 赫尔辛基机场位于万塔市。

表 6-9　赫尔辛基都市区组成信息表

| 区域 | 区域面积（平方公里） | 人口（2019 年）（人） | 人口密度（人/平方公里） |
| --- | --- | --- | --- |
| 赫尔辛基 | 213.75 | 650 058 | 3 041.21 |
| 埃斯波 | 312.26 | 284 444 | 910.92 |
| 万塔 | 238.37 | 228 678 | 959.34 |

(续表)

| 区域 | 区域面积<br>（平方公里） | 人口（2019年）<br>（人） | 人口密度<br>（人/平方公里） |
| --- | --- | --- | --- |
| 考尼艾宁 | 5.88 | 9 559 | 1 625.68 |
| 市区<br>（首都地区） | 770.26 | 1 172 739 | 1 522.52 |

赫尔辛基机场作为服务于赫尔辛基都市区和芬兰的区域性机场，肩负着重要的发展引擎作用，芬兰约90%的国际客运通过赫尔辛基机场完成。赫尔辛基都市区的人均增加值是27个欧洲大都市区平均值的200%。芬兰100家最大的公司中有83家把总部设在赫尔辛基都市区。200名薪酬最高的芬兰高管中，约2/3住在赫尔辛基都市区，这当中又有42%住在赫尔辛基市。[62]

虽然坐拥北欧模式的经济发展基础优势，但人口基数小、自身市场小等因素是赫尔辛基机场及临空经济区进一步发展的瓶颈，赫尔辛基需要找寻自我特色与价值，以便在欧元区众多的国际枢纽机场和国际城市中占据一席之地。当地政府清楚地意识到了这一点。由于机场的硬件设施提升、服务水平提升和机场周边地区的创新发展，赫尔辛基机场的旅客吞吐量增长率连续两年（2017年和2018年）维持在10%左右，成为欧洲发展最快的机场之一，并被Skytrax全球机场大奖评为2018年度北欧最佳机场，[63]为赫尔辛基都市区创造了良好的对外形象和新的经济增长点。得益于与机场的便利连接和高速发展，赫尔辛基都市区的首都地区正逐步成为北欧面向世界的重要枢纽片区。

**软硬件提升与针对性航线选择，造就北欧成长最快的机场**

赫尔辛基机场近年积极发展公司的客货运业务。客运方面，赫尔辛基机场2018年的旅客吞吐量达到2 084.5万人次，是芬兰最繁忙的机场以及北欧国家中第四大繁忙的机场。赫尔辛基机场除了是芬兰航空的枢纽机场外，还是北欧航空、弗莱比航空、挪威航空和图伊飞航空的运营基地。根据CAPA数据库，赫尔辛基机场内有28家航空公司提供服务，其中包括1家中国境内的航空公司；有53家航空公司通过代码共享提供服务，其中包括5家中国境内的航空公司。货运方面，赫尔辛基机场2018年的货邮吞吐量达到20.2万吨，货运及货运代理基地公司包括瑞士空港公司、纳亚克飞机服务公司、汉莎航空货运公司、Servisair等。赫尔辛基机场主营国内、地区和国际定期的客货运航线，直达通航点有115个，至布鲁塞尔、芝加哥、孟买、北京、上海、首尔、法兰克福、纽约、哥本哈根、马斯特里赫特、塔林、列日、伊斯坦布尔、莫斯科、斯德哥尔摩和科隆等地，国际航线占比85%，其中通航的中国机场有8个，覆盖主要的中国城市。

赫尔辛基机场在北欧机场中表现优异。北欧共有5个主要的国际枢纽机场（见表6-10），从增长率来看，2017—2018年，冰岛凯夫拉维克机场与赫尔辛基机场保持两位数增长，凯夫拉维克机场虽然增长率更高，但是增长在年底停止（2018年12月增长率为-0.1%），12.0%的增长率相较于前两年的数据（2015—2016年增长率为40.4%，2016—2017年增长率为28.3%）呈现出大幅下滑的态势。另外，凯夫拉维克机场总客运量不到赫尔辛基机场的一半，增长量约为赫尔辛基机场的一半，机场能级存在差距。2017—2018年丹麦、挪威、瑞典核心机场的客运量增长率都在4%以下，特别是瑞典斯德哥尔阿兰达机场在引入航空税之后，增长率仅为0.8%。[64]

赫尔辛基机场之所以能在竞争中稳步发展，主要得益于本地硬件基础设施规模与水平的逐步完善、海外航线与通航城市的明智选择以及有针对性的服务对接。

表6-10 北欧五大机场的信息对比

| 2018年排名 | 排名变化 | 国家 | 机场 | 城市 | 2017年旅客吞吐量（万人次） | 2018年旅客吞吐量（万人次） | 增长率 | 增长量（万人次） |
|---|---|---|---|---|---|---|---|---|
| 54 | 上升3位 | 冰岛 | 凯夫拉维克机场 | 雷克雅未克 | 875.5 | 980.4 | 12.0% | 104.9 |
| 30 | 下降1位 | 芬兰 | 赫尔辛基机场 | 赫尔辛基 | 1 889.2 | 2 084.8 | 10.4% | 195.6 |
| 15 | 下降1位 | 丹麦 | 哥本哈根机场 | 哥本哈根 | 2 917.8 | 3 029.9 | 3.8% | 112.1 |
| 19 | 不变 | 挪威 | 奥斯陆机场 | 奥斯陆 | 2 748.2 | 2 815.9 | 3.8% | 103.6 |
| 23 | 下降2位 | 瑞典 | 斯德哥尔摩阿兰达机场 | 斯德哥尔摩 | 2 662.4 | 2 684.5 | 0.8% | 22.2 |

硬件设施方面，赫尔辛基机场正在进行积极扩建（见图 6-36），投入约 10 亿欧元，预计至 2022 年完成所有的扩建工作，为每年 3 000 万乘客提供更现代化的设计、更便利的设施以及更顺畅高效的人性化转机服务。相较于 1990 年，机场噪声面积已大幅减少约 1/3。如今，74% 的飞机着陆均采用持续下降法，实现绿色着陆，为 2017 年赫尔辛基机场实现碳平衡做出了重要贡献。

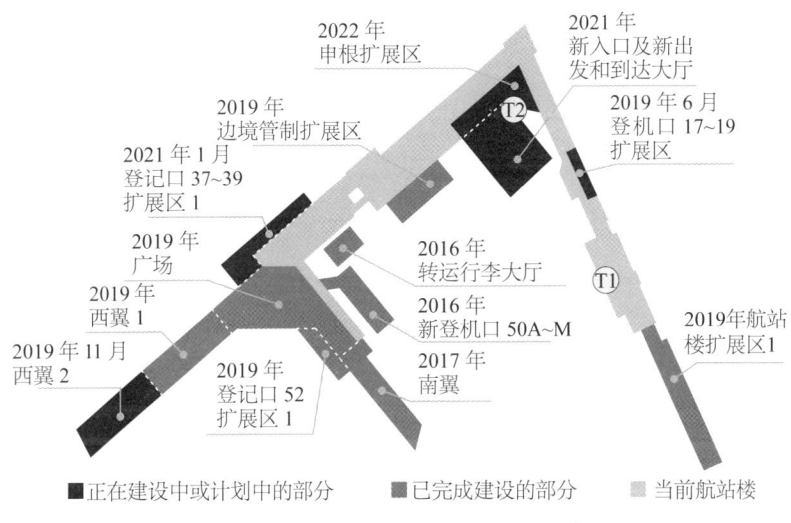

图 6-36　赫尔辛基机场扩建时序示意

图片来源：赫尔辛基机场官网。

航线拓展与全球市场选择方面，中国市场举足轻重。中国已成为赫尔辛基机场的第四大客源地，2018 年中国游客的增速达到 15%。由北京直飞赫尔辛基的航线仅需 8 小时。针对性的服务成为吸引中国及其他亚洲国家客源的重要原因，目前赫尔辛基机场设有中国旅客服务中心，购物商店设有中文导购，游客完全可以使用支付宝和银联支付，机场遍布中文标识，还提供手机互译服务软件 Túlka，登机口配备中文客服人员。赫尔辛基机场与北京首都国际机场结为"姐妹机场"，推出两地工作人员交换项目，赫尔辛基机场还开通微博、微信和优酷账号与中国游客进行互动，引进中国游客熟悉的亚洲风味餐厅迎合亚洲人的口味，如味千拉面等。[65]一系列措施效果显著。

## 打造航空都市品牌 Aviapolis，带动区域积极发展

除了提升机场设施与拓展航线之外，积极配合赫尔辛基机场的高速发展趋势，发展周边区域从而进一步促进机场发展成为策略之一。赫尔辛基都市区以及机场所在的万塔正在机场旁建设一个新的以机场为依托的区域——Aviapolis（见图6-37），而Aviapolis这个新的城市空间名词也逐渐成为赫尔辛基都市区和万塔对外打造的重要品牌。芬兰将其视为赫尔辛基都市区，甚至整个芬兰的发展机遇区。

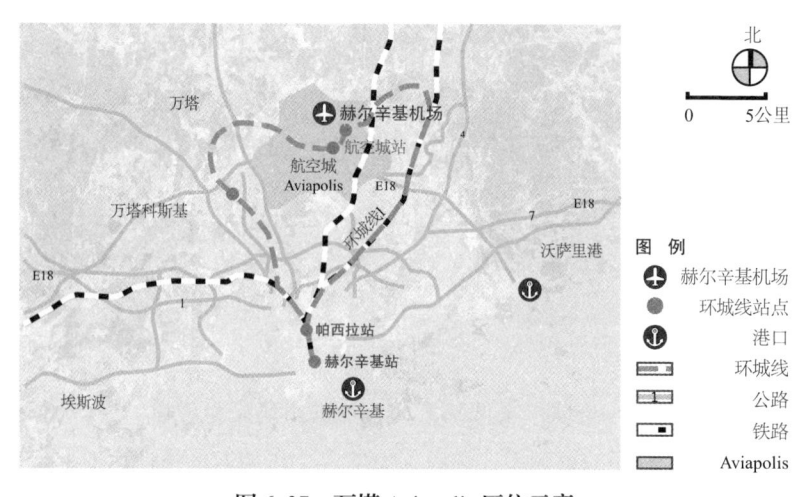

图6-37　万塔 Aviapolis 区位示意

图片来源：笔者根据2016年机场大会芬兰代表的演示文稿绘制。

Aviapolis紧邻机场，通过环形轨道交通和多条地面交通与赫尔辛基都市区的重要节点快速相连，这使Aviapolis成为芬兰国际、国

内两个方向可达性最高，对外交通最便捷的中心枢纽地区。横贯 Aviapolis 的三环路是连接圣彼得堡和贝尔法斯特的欧洲 E18 公路的一部分，因而成为芬兰最重要的国际公路交通线。完善的地面交通使 Aviapolis 除了可以快速触及近 2 100 万航空旅客外，地面轨道半小时通勤圈亦可覆盖 15 万人口，拓展了临空影响范围。目前，Aviapolis 已成为芬兰发展最快的片区，有约 2 000 家企业入驻（其中有 500 家国际企业），员工数量超过 35 000 名，预计到 2050 年，赫尔辛基都市区将拥有 200 万居民，Aviapolis 是其中最重要的人口集聚片区。[66]

Aviapolis 是一个临空城市空间新名词，未来将围绕繁忙的机场发展建设。万塔正在进一步推进 Aviapolis 框架计划，试图将其打造成一个多元化的集工作、生活、服务和娱乐为一体的航空都市。Aviapolis 计划也被纳入万塔的总体规划中，在政府官网上，万塔被定义为一个"位于大都市区中部的舒适国际航空都市"，临空成为万塔的主要特色，机场等大型公共交通基础设施赋予了该地区很强的外向性。除了创造良好的营商环境之外，万塔还通过打造高质量的宜居环境和营造开放文化氛围，吸引人才留居。2018 年，万塔超越赫尔辛基成为全芬兰人口净增长最多的地区，而包含万塔在内的整个赫尔辛基都市区增长的人口中，有 3/4 是外语使用者。[67]根据 2019 年的数据，万塔地区的外籍人口比例达到 11.9%，外语使用者比例达到近 20%，他们使用着 119 种不同的语言，相较于芬兰整体低于 5% 的外籍人口及 7% 的外语使用者的占比，万塔的开放度非常显著。[68]

2020 年万塔在总体规划中提出，要确保航空都市的发展潜力，确保充足的就业机会，在 Aviapolis 提供充足的产业和商业空间，并且保证多种交通方式与机场连接，采取措施尽量减弱噪声对居民的影响，以符合打造高质量宜居环境的整体要求。

Aviapolis 之所以能成为芬兰最具活力的地区，片区内符合临空逻辑的城市规划理念和设计功不可没，可以总结为以下几点。

第一，景观结构与自然禀赋融合，强调生态性。Aviapolis 区域内山丘、河流、土质分布有所区别，规划师充分尊重高差、土质和原生动植物，融入海绵城市的理念，通过退耕还林、采用绿色屋顶、铺设可渗水路面、产业与生态用地分工协作等多种方式，保证区域内良好的生态和可持续宜居环境。当前 Aviapolis 内，23% 的地表是森林，20% 是低植被。

第二，充足的开放空间与休憩用地，增加城市活力。Aviapolis 内包含多个不同尺度的开放空间，用于衔接和平衡各功能板块。依托地形特征形成骨架：依托河流带形成自然性的开放空间，充分发挥自然的多样性，确保河流作为公共财产的可达性；山脊地区力求不形成建筑物或其他建设导致的空间破碎，而形成完整的林区，开放空间与城市景观休憩用地相结合；改善步行与骑行空间，与公共空间节点多式衔接。

第三，公共服务能力增强，满足就业人口需求。过去 10 年间，Aviapolis 已增加 5 000 多个就业岗位，现有职工上万人，但是只有不到千人的员工在区域内居住，钟摆交通与通勤压力比较大。因此，Aviapolis 积极筹划居住、商业、教育、医疗等公共服务设施，与景观结构和优质开放空间相结合，保障就业人口的持续需求。

第四，城市风貌找寻文化独特性，创造特征。万塔拥有众多博物馆，具有浓厚的历史、文化和艺术氛围，Aviapolis 的规划与建设延续了万塔的文化独特性，在进行了全面梳理之后，保留并积极重复利用了 9 个非常著名的和 4 个著名的具有文化和历史意义的遗址，将其纳入保护规划中，修缮和再利用都须向城市博物馆提出申请。新的城市片区建设也突出了与历史建筑和景观的协调。

第五，积极的负面影响控制与应对策略，成就舒适环境。在机场等大型交通基础设施周边，除了具有通达全球的速度经济机遇，往往也伴随着噪声和空气污染等负面影响。针对噪声影响，随着技术的不断改进，赫尔辛基机场实现了噪声的有效减弱，在此基础上，Aviapolis规划初期对赫尔辛基机场的不同跑道的起降方向和起飞率数据进行统计分析，划分不同的噪声影响区，界定土地功能的适宜性和分阶段建设规划，从而保证每个地块受到影响的程度都在其用途的可承受范围内。例如，将噪声承载力更强的产业用地布局在平均噪声影响较高的区域，并且先于居住区进行建设，不仅可以与先期入驻产业步调一致，而且产业建筑自身也可以形成防噪声的屏障，保证降低后期居住区的噪声影响。空气质量方面，规划区内都设置有空气质量监测站，对空气质量进行实时监控，并且在污染物浓度较高的道路两旁不设置住宅和敏感活动区域，保护居民健康。

## 临空经济，稳定北欧模式下的活力因子

芬兰与瑞典、挪威、丹麦和冰岛共同组成北欧五国。北极圈附近相对恶劣的地理环境和相对较少的人口基数使北欧国家不得不发挥创造性，逐步制定形成具有自身特色的北欧发展模式。这种混合市场经济的特点是建立"普救论"的福利国家（与其他发达国家不同），鼓励个人自主性，保障全体公民享有人权和稳定经济。与其他具有类似目的的福利国家不同，北欧的政策重点是减少劳工与资本利益之间的冲突、推动性别平等和广泛的社会福利、实现大规模财富再分配、自由运用扩张性财政政策等。

北欧模式造就了完善的公共保障与福利体系，交通基础设施便利度普遍比较高。同时，高质量的教育和高福利制度培养了闲适又自律的劳动力，使行业创新充满活力，形成了众多的自主品牌。然而，高福利体系也带来了高赋税压力，阻滞了外来投资和人才引进。

万塔积极突破高赋税瓶颈，为海外企业和个人提供政策优惠，万塔的税率是19%（2019年数据），相较于芬兰整体平均税率（企业税率在20%~61.8%，个人税率在49%~62.2%）是比较低的，[69]万塔的低税率对吸引外资和外国人才有显著优势。同时，万塔依然保持北欧模式的高福利特质，也让吸引来的企业和人才愿意留下，这造就了万塔，特别是Aviapolis地区的可持续发展活力。

临空产业对人才、科技以及国际性依赖度高，Aviapolis采取积极措施帮助人才和雇主快速找到彼此，并设立了专门的招聘网站Aviapolis Jobs，该网站已获得新地委员会授予的欧盟结构基金的支持，可用于发布最新的职位信息和求职渠道，效果良好。

由表6-10可知，虽然在机场的旅客吞吐量上，赫尔辛基机场只排在北欧五大机场中的第四位，但由北欧机场谷歌卫星观察可以看出，赫尔辛基机场周边的开发已走在了前列。冰岛凯夫拉维克机场、瑞典斯德哥尔摩阿兰达机场、挪威奥斯陆机场周边的开发较少，丹麦哥本哈根机场与芬兰赫尔辛基机场周边的开发比较明显。

赫尔辛基机场的发展对万塔、赫尔辛基都市区甚至芬兰都起到了积极影响，也成为北欧模式在航空与全球化时代的新机遇。目前，哥本哈根机场、奥斯陆机场和斯德哥尔摩阿兰达机场都在逐步探索符合自身特质的临空经济策略。无疑，赫尔辛基机场的尝试与阶段性成功也给它们提供了积极的示范。

**基本信息**

- 城市区位：中国·河南省·郑州
- GARI 总排名（在全球 100 城中）：85
- 人口规模：1 035.2 万人（2019 年）
- 核心机场：郑州新郑国际机场（CGO）
- 机场总客运规模：2 912.93 万人（2019 年）
- 机场总货运规模：52.20 万吨（2019 年）
- 国际航线占比：28.68%
- 综合交通特色：形成"四港四枢多站"的城市交通枢纽。依托港口、米字形铁路、机场、公路布局多层次枢纽场站，形成分级分层枢纽发展格局
- 城市经济总量：1 679.67 亿美元（2019 年）
- 城市人均 GDP：16 225.53 美元（2019 年）
- 城市群信息：郑州位于中原城市群。中原城市群包括河南、山西、河北、山东、安徽 5 省 30 市，目标是建设成为中国经济发展新增长极、全国重要的先进制造业和现代服务业基地、中西部地区创新创业先行区、内陆地区双向开放新高地和绿色生态发展示范区
- 特殊监管区发展情况：郑州新郑综合保税区（中部地区第一个综合保税区），中国（河南）自由贸易试验区郑州片区
- 发展特色：郑州地处中华腹地，是重要的交通枢纽。得益于新郑国际机场的发展，郑州成立了中国首个国家级航空港经济综合实验区——郑州航空港经济综合实验区。港区依托独一无二的航空枢纽地位、得天独厚的多式联运体系、日趋完善的开放载体平台与国际营商环境，将产业发展、综合交通建设、机场和城市发展充分融为一体，从而带动了经济的快速持续发展

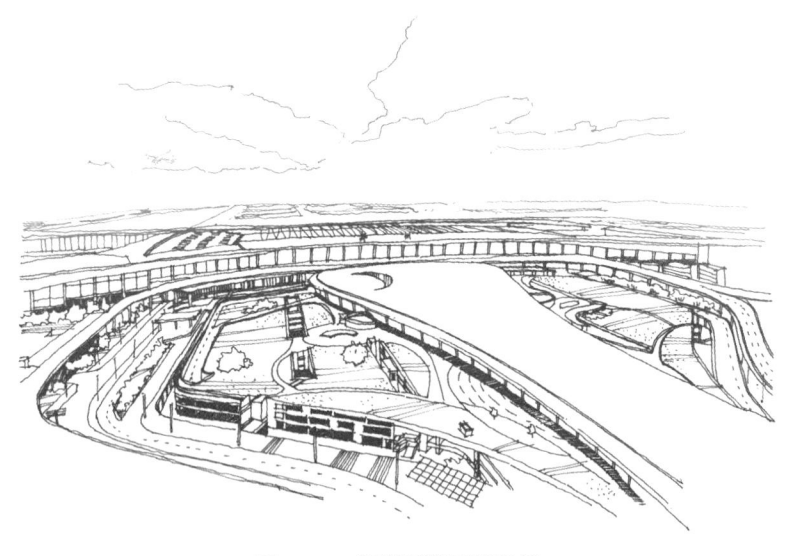

图 6-38 郑州新郑国际机场

图片来源：孙玮琳绘制。

## 郑州：争先临空市场，建设中原腾飞新起点

郑州拥有中国首个国家级航空港经济综合实验区——郑州航空港经济综合实验区（以下简称航空港实验区），是中国最早践行航空都市理论并实施规划建设的区域。航空港实验区自成立以来，成功将产业发展、基础设施完善、城市建设和对外开放等充分融合，实现了经济的快速持续发展，同时推动郑州从一个二线城市跻身新一线城市。郑州航空港实验区也从一个富士康内地厂区的落户所在地，升级为产业和生活条件不断提升，逐渐配套高水平商业商务功能的航空新城。航空港实验区深度融入"一带一路"建设，将承担起对外交流合作的功能，不断提高国际化水平，完善城市软硬环境建设。

# 航空港实验区：郑州建设国家中心城市的"动力"

如果从新郑国际机场出发，驾车 15 分钟来到保税区北侧的富士康厂区北门，任何一个访客都会惊异于远航路绿化停车带上浩浩荡荡的车辆，如果不知道这里是富士康，人们甚至会认为这里在举办大型公共活动——这是郑州航空港实验区的一道特色风景，在 2020 年 3 月，实验区富士康厂区在新冠肺炎疫情的压力下恢复了这条"风景线"，实现全面复工。

复工安排不仅需要考虑新 iPhone（苹果手机）订单生产的产能需求，也需要充分兼顾防疫要求。一方面，郑州富士康工厂遵守国家规定和郑州市防疫工作通知，将全面复工时间推到 2020 年 2 月 10 日之后，制定了"防疫返岗激励奖"，分 2 月 29 日和 3 月 7 日两个批次复工，同时制定了厂区消杀、餐厅管理等工作方案；[70] 另一方面，为了全面复工，使用内部推荐方式，如果面试后成功入职生产线作业员岗位，推荐人和被推荐人均可获得现金奖励。[71]

富士康这一举措极大缓解了手机生产的隐忧，也在中观圈层上为新郑国际机场再次带来了货运腾飞的机遇。富士康郑州工厂是中国最大的苹果手机代工厂，全球移动通信系统协会（GSMA）的研究报告显示，全球 3/4 的手机在中国生产，而全球约 30% 的智能手机在中国市场销售[72]——中国既是苹果手机的生产大户，也是消费大户，由此，虽然短时间内苹果手机出货量受到波及，但基本未影响 2020 年年内新款 iPhone12 的发布以及全球供应链的稳步恢复。手机配送效率的迅速提升直接推动了新郑国际机场的货运量逆势增长——富士康手机产品从 2020 年 2 月 8 日起就开始正常运输，从 3 月起，新郑国际机场的货运量就已超过去年同期的 33%。新郑国际机场除承担常规货运输入输出外，还承担了防疫物资的核心集散工作：国内疫情严重期，新郑国际机场成为欧美货物进口集散的第一站，继而分配到京津冀、长三角等地，随着疫情在全球蔓延，新郑国际机场又成为我国中部地区空运防疫物资的国际出港大通道。机场通过"客改货"，以及确保自身货机保障能力和通关能力，使南航、海航、厦航、港龙航空和大韩航空等多家国内外客运航空公司都拟安排在新郑国际机场改营货运。[73] 综合2020年上半年机场的货邮表现来看，新郑国际机场的货邮是全国范围内恢复最快、增长最多的（见图6-39），并且和北京、上海、广州、深圳的机场共同承担了全国国际货运量的90%，货邮的快速恢复也使新郑国际机场成为旅客吞吐量恢复最快的机场之一。

航空港实验区的机遇最早来自富士康和机场货运。富士康早先看中了郑州优越的交通枢纽优势和河南腹地优良的人口素质。2010年11月航空港实验区（当时是国务院批准建设的郑州新郑综合保税区）与富士康正式签约，确定进驻后，河南各地市由政府直接出面积极配合招工工作，由此确定了富士康中国第一大苹果代工厂的地位。在富士康企业的影响带动下，智能终端产业链条上的企业不断入驻，航空港实验区的电子信息产业规模不断扩大，产业链条不断完善。2018年，电子信息业产值达到3 084.2亿元，占河南全省比重持续保持在70%以上，航空港实验区已经成为重要的全球智能终端制造基地。

富士康科技集团总裁郭台铭在2013年博鳌亚洲论坛接受《大河报》记者采访时说道："未来郑州依托航空港经济综合实验区发展，将对我们高科技企业、对物流行业、对整个经济发展产生很大影响，我对郑州航空港的明天充满信心！"[74] 时任河南省委书记卢展工也在会见郭台铭时说道："富士康进驻河南，可以说是天时地利人和，具有标志性意义。"[75] 郑州便利的航空条件使得智能手机成品入市的物流运输成本进一步降低，同时其出口加工保税政策保障了富士康外销手机享有税收优惠。从此，一批批载着智能终端零配件的飞机

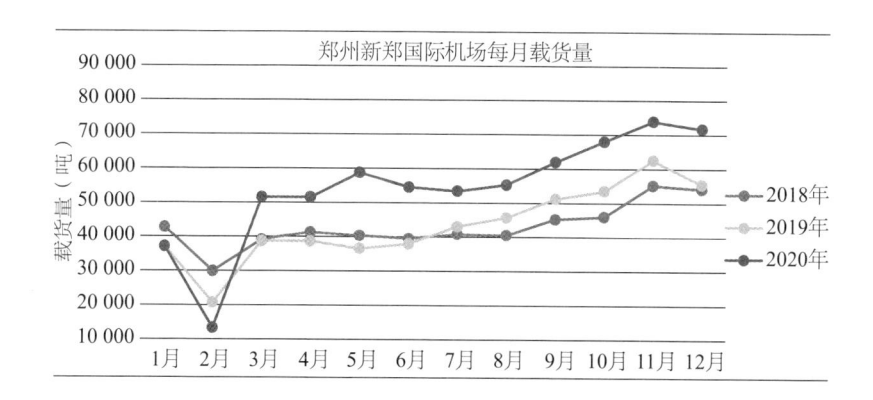

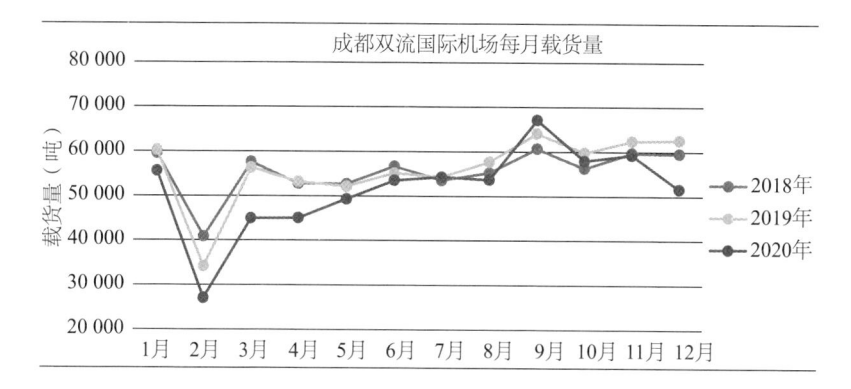

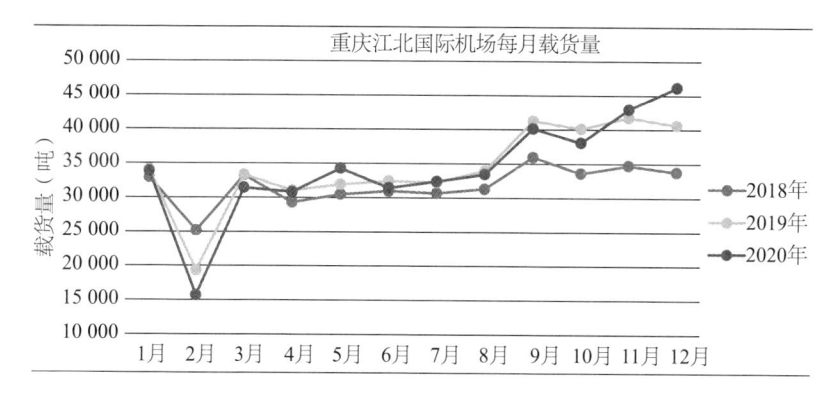

图 6-39　2018—2020 年郑州、成都、重庆机场的载货量情况

开始飞抵郑州，一批批满载成品 iPhone 和其他品牌智能手机的货机也从郑州飞离，到达"空中丝绸之路"沿线国家，继而中转至世界各地。

产业和机场的发展，全面推动了临空经济区的建设与发展。2010 年，国务院批准在机场周边设立郑州新郑综合保税区。2011 年，河南省积极推进的富士康郑州科技园项目建成投产，同时，郑州新郑综合保税区正式封关运行，这两个事件使航空对开放发展的牵引作用开始迅速显现。河南省政府开始敏锐地意识到一个带动河南省经济发展方式转变、实现经济结构调整的发展机遇已经来临，从而致力于积极谋划申报建设郑州航空港经济综合实验区。2012 年国务院批复《中原经济区规划》，该规划提出建设郑州航空港经济综合实验区；2013 年 3 月 7 日郑州航空港经济综合实验区正式获得批复，成为我国首个由国务院批准设立的航空经济先行区，也是首个上升为国家战略的航空经济先行区。郑州航空港经济综合实验区发展历程如图 6-40 所示。

如今，航空港实验区已经成为郑州市、河南省的重要发展动力。目前，郑州不仅突破了万亿元经济规模，而且被国家发展改革委定位为"国家中心城市"之一。[76] 2018 年，郑州首次在全球化及世界城市研究网络的全球城市分级排名中跻身 Gamma+（三线强）行列，2020 年再次跨越一个层级，在最新的城市分级排名中成为 Beta-（二线弱）成员。新一线城市研究所发布的"2019 城市商业魅力排行榜"中，郑州第三次进入"新一线城市榜单"。[77] 能获得如此成绩，航空港实验区的力量功不可没。卡萨达博士认为，航空港实验区是"中国最具潜力的航空城"。时代背景赋予了航空港实验区更多的对外合作与交流任务，它将成为亚太地区的航空都市建设典范、郑州建设国家中心城市的重要动力、"一带一路"沿线重要节点以及"空中丝绸之路"的先导区。

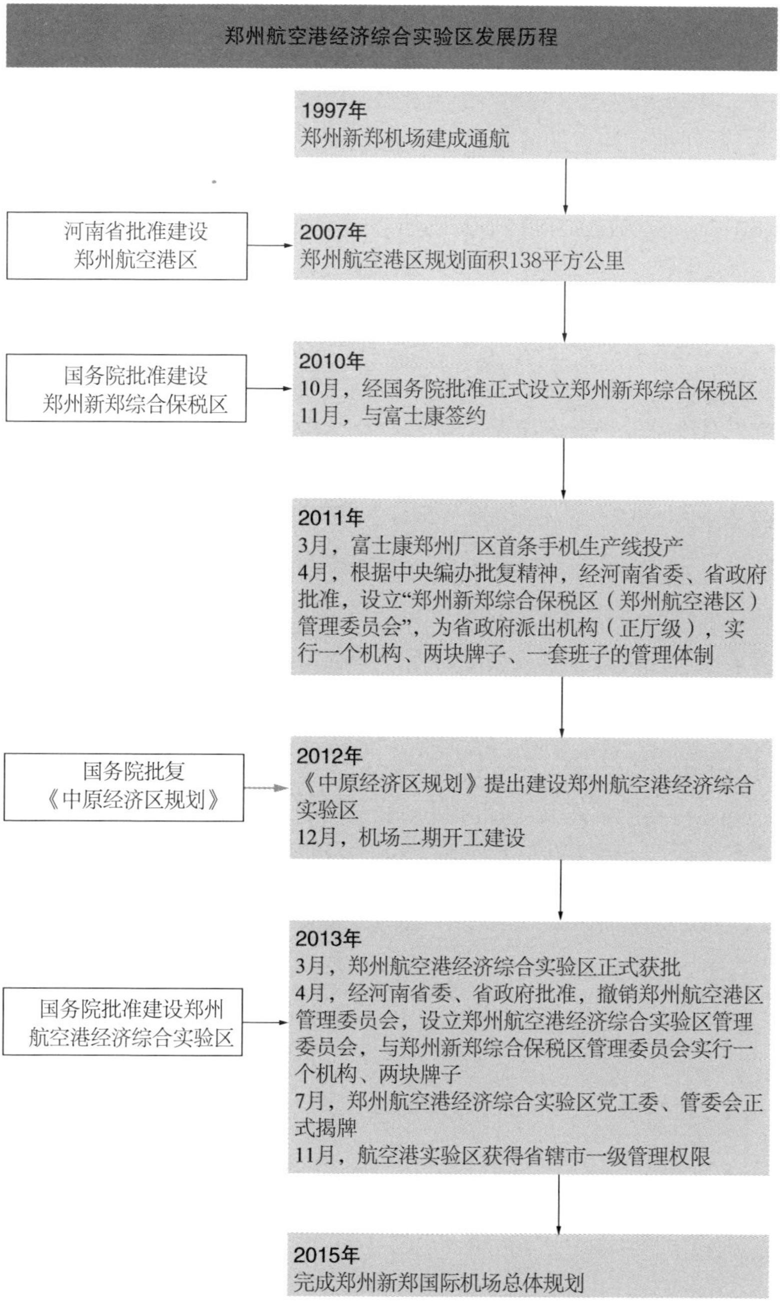

## 郑州航空港经济综合实验区发展历程

**1997年**
郑州新郑机场建成通航

河南省批准建设郑州航空港区 → **2007年**
郑州航空港区规划面积138平方公里

国务院批准建设郑州新郑综合保税区 → **2010年**
10月，经国务院批准正式设立郑州新郑综合保税区
11月，与富士康签约

**2011年**
3月，富士康郑州厂区首条手机生产线投产
4月，根据中央编办批复精神，经河南省委、省政府批准，设立"郑州新郑综合保税区（郑州航空港区）管理委员会"，为省政府派出机构（正厅级），实行一个机构、两块牌子、一套班子的管理体制

国务院批复《中原经济区规划》 → **2012年**
《中原经济区规划》提出建设郑州航空港经济综合实验区
12月，机场二期开工建设

国务院批准建设郑州航空港经济综合实验区 → **2013年**
3月，郑州航空港经济综合实验区正式获批
4月，经河南省委、省政府批准，撤销郑州航空港区管理委员会，设立郑州航空港经济综合实验区管理委员会，与郑州新郑综合保税区管理委员会实行一个机构、两块牌子
7月，郑州航空港经济综合实验区党工委、管委会正式揭牌
11月，航空港实验区获得省辖市一级管理权限

**2015年**
完成郑州新郑国际机场总体规划

图 6-40 郑州航空港经济综合实验区发展历程

## 建设枢纽机场——航空港实验区发展的起点

郑州拥有八大区域性枢纽机场之一——郑州新郑国际机场，2.5小时飞行圈即可覆盖全国人口的92%和全国经济总量的95%。以航空为核心，高效的陆空转运与口岸建设以及多式联运的整合发展使郑州在同等体量的中部城市中脱颖而出，从而带动产业的快速集聚以及经济的蓬勃发展。航空港实验区发展之初，河南省制定了20条优惠政策，在航线航班补助、市场开拓奖励、机场使用费减免补助、用地保障、融资担保、通关检验、高端人才引进等方面予以支持，并进行资金资助，包括设立开拓航空市场专项资金、基地航空公司补助、物流设施补助等，[78]还吸引了多条航线将客货运重点转向郑州新郑国际机场。与邻近的西安咸阳国际机场相比，目前新郑国际机场的客运量与航线虽然都比较少，但2019年货邮吞吐量达52.2万吨，是西安咸阳国际机场的1.6倍，全货运航线有34条（其中国际占29条），比西安多11条。客货运航线仍在不断扩展，郑州5年旅客吞吐量年均增长率为15.79%，货邮吞吐量年均增长率为27.16%，高于西安咸阳国际机场的12.3%和8.26%，在区位相似的中西部省会城市中展现出了惊人的发展潜力。

**发展历程**

郑州新郑国际机场距离郑州市区约25公里。以机场为中心，以200公里为半径，可以覆盖河南省绝大部分地级城市。机场自建成以来，在政策支持和富士康进驻的促进作用下，客货运量逐年提升，目前已升级至4F等级机场，并于2019年启动了机场三期建设。根据机场总体规划，2025年新郑国际机场将满足年旅客吞吐量4 000万人次，货邮吞吐量300万吨。

图 6-41 郑州新郑国际机场、郑州航空港实验区与郑州市区位关系

图片来源：笔者绘制。

机场航线网络辐射能力逐年提升，已基本形成横跨欧美亚三大经济区、覆盖全球主要经济体的航线网络。

新郑国际机场近年来的客货运输规模呈现出较以往更大的增长，以及较中部地区其他城市更快的增长速度，"以货带客"的策略初见成效。根据本书第四章对 4 个中西部城市（郑州、西安、长沙、武汉）的比较，以 2019 年的机场客货运量为例，郑州机场的旅客吞吐量年均增长率在 4 个城市机场中排名第 2，货邮吞吐量居 4 个城市机场的首位（见表 6-11）。

表 6-11 2019 年中西部 4 个城市机场客货运量比较

| 城市 | 经济圈 | 旅客吞吐量年均增长率 | 旅客吞吐量中国大陆排名 | 货邮吞吐量（万吨） | 货邮吞吐量年均增长率 | 货邮吞吐量中国大陆排名 |
|---|---|---|---|---|---|---|
| 郑州 | 中原城市群 | 6.57% | 12 | 52.20 | 1.40% | 7 |
| 西安 | 关中平原城市群 | 5.75% | 7 | 38.18 | 22.10% | 11 |
| 长沙 | 长江中游城市群 | 5.90% | 16 | 22.16 | 19.80% | 16 |

（续表）

| 城市 | 经济圈 | 旅客吞吐量年均增长率 | 旅客吞吐量中国大陆排名 | 货邮吞吐量（万吨） | 货邮吞吐量年均增长率 | 货邮吞吐量中国大陆排名 |
|---|---|---|---|---|---|---|
| 武汉 | 长江中游城市群 | 10.82% | 14 | 24.32 | 9.80% | 15 |

**机场综合交通枢纽——区域发展的引擎**

郑州新郑国际机场将成为一座垂直整合航空、铁路、轨道交通、高速公路多种交通方式，可提供一体化换乘的机场。依托新郑国际机场，将地铁、城际铁路、高速公路、高速铁路等多种交通方式进行立体引入、有效衔接，不断提升区域的交通组织效率。（见图6-42）

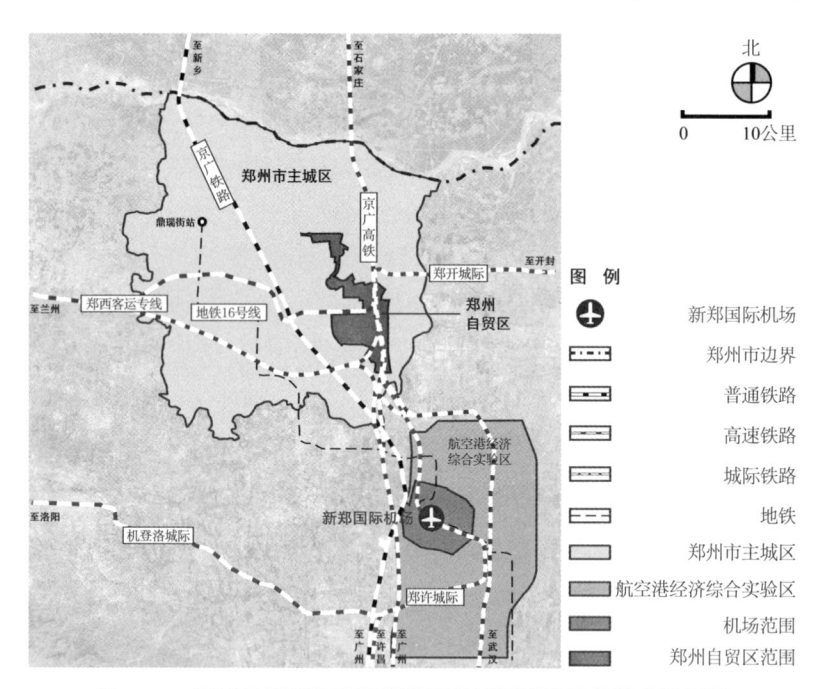

图 6-42 通过机场和航空港实验区的城际铁路及轨道交通规划

轨道交通方面将更好地提升区域间衔接。根据 2016 年 4 月公布的郑州都市区轨道交通线网规划图（2030），到 2030 年航空港实验区共有 4 条轨道交通线，其中有两条线路通过机场。城郊线连接机场与郑州南站，其北端与地铁 2 号线一期工程终点——南四环站衔接，从而连接市区——目前城郊线南四环站至新郑机场站已全线运营；地铁 17 号线，规划起始于郑州航空港实验区蔡家站，向南衔接郑州航空港区、郑州新郑国际机场、新郑市等地，终点至许昌市许昌东站。

城际铁路方面设有郑州东站至郑州新郑国际机场之间的城际铁路（郑州机场快线），已于 2015 年 12 月 31 日正式开通运营，而郑开城际、郑焦城际以及郑机城际之间的互联互通，也使郑州、开封、焦作三市的旅客均可通过这条便捷通道直达郑州机场。直接连接新郑国际机场和郑州南站两大枢纽的城际铁路线已基本完工并有待开通，该线路设计速度为 200 公里/小时，投入使用后将进一步提高郑州区域衔接换乘效率，优化空铁联运服务。

**空陆"双核"枢纽持续升级**

新郑国际机场与高铁南站将成为航空港实验区的两大枢纽，致力于共同打造客货多式联运平台。郑州南站位于空港以东，距郑州新郑国际机场 5 公里，是郑州米字形高铁格局中的主要客运站。目前，郑州南站主体基本建设完毕，预计于 2022 年开通运营。[79]

"五位一体"的现代化交通枢纽是郑州南站的一大亮点，涵盖了高铁客运中心、高铁物流中心、空铁换乘中心、长途客运中心和旅游集散中心。其中，南站空铁换乘中心在规划中将承担新郑国际机场前置航站楼的功能。

南站与空港之间的高效联系是目前双枢纽建设的要点。笔者曾与国内外专家合作，参与了郑州南站与新郑国际机场两大枢纽间的空铁联运前期研究，总结出南站与机场间的客运联系将包括城际铁路、轨道交通、APM、快速路（迎宾大道）等方式（见图6-43），建议设置两枢纽之间的空侧轨道交通专线，连接机场与南站前置航站楼，从而实现客运的值机、托运和安检一体化。虽然设置空侧客运专线仍有一系列技术和管理问题需要解决，但是设置前置航站楼以及开通值机、托运一体化的空铁联运专用线路，无疑也可以大大提升旅客中转的效率（10分钟以内即可从南站抵达机场航站楼）和舒适度，优化枢纽形象，完善枢纽功能。高铁南站与机场之间由于距离接近，还可以考虑货运快速接驳。在此情景下，无论是航空货运还是高铁物流，都需要地面交通工具承担终端环节和中转环节，因此，使南站与机场之间的快速货运交通衔接，保障货运效率并使其与客运流线互不干扰是十分必要的。

图6-43 机场与南站的交通联系

## 枢纽建设进一步强化郑州交通优势

郑州早期一直作为陆路交通枢纽而为人所知。河南省与六省市毗邻，陇海铁路、京广铁路两大干线十字交会，米字形高铁网络即将成型。郑州也是多条干线高速公路的交会处，这是其发展航空都市、成为综合交通枢纽的基础优势。

郑州的发展与铁路密不可分，高铁时代其优势更得以彰显。目前，郑州主要的高铁站包括郑州站、郑州东站、郑州南站、郑州西站4处站点。郑州南站是高速铁路网系统中的重要枢纽站，将接入郑渝高铁（郑万高铁）、郑合高铁、郑太高铁、郑济高铁、机登洛城际铁路和郑州到机场的城际铁路等。郑渝高铁的河南段郑州至襄阳已于2019年12月1日正式开通运营，郑渝高铁全线开通后乘客4小时内即可从郑州南站直达重庆，这大大缩短了西南地区与中原经济圈的客运距离；郑合高铁中，郑州至阜阳段高铁已于2019年12月1日正式开通运营；郑太高铁正在加快建设，其中焦作至郑州段城际铁路已建成通车，太原至焦作段已于2020年底全线通车，可通过郑州南站至新郑机场城际铁路、郑焦城际铁路等直抵太原；"收官"项目郑济高铁，郑州至濮阳段已于2017年7月开工，计划2021年建成，濮阳至河南省界段计划2023年建成，建成后，郑州将正式迈入米字形高铁新时代，交通优势将越发凸显。

郑州的公路枢纽地位也不容小觑（见图6-44）。"郑州是新亚欧大陆桥经济走廊主要节点城市，连接中国南北、东西陆上交通的国

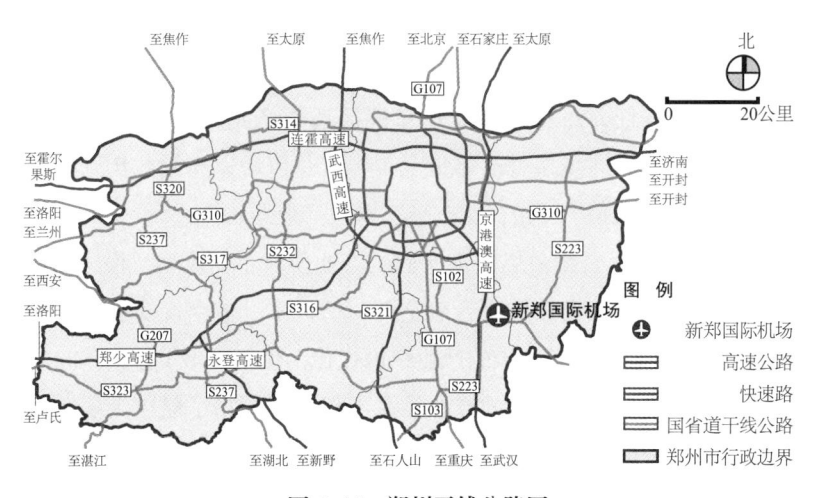

**图6-44 郑州干线公路网**

道 107 线和 310 线也在郑州十字交会，京珠、连霍高速公路主干线在郑州北十字交会。"[80]京港澳、商登、郑尧、机西、机场高速在郑州新郑国际机场周边交织成网，航空港实验区可以实现"高速绕城"。航空港实验区内的主要交通干线格局也在不断优化，目前已基本形成"五横四纵半环"的快速路骨架网。另外，还在航空港实验区规划6条轨道交通线路，总长171.4公里，形成"五横三纵"格局。目前，9号线一期（南四环—新郑机场城郊铁路）已建成投用；[81]其他线路，尤其是与机场、高铁南站相联系的线路正在筹备或已经启动建设。

优越的交通枢纽优势，为航空物流、电子信息等重点产业在航空港实验区的集聚和发展创造了有利条件。

**产业集聚升级，逐步打造完整产业链**

从2013年起步到现在，郑州航空港实验区完成了城市建设和产业发展转型，成为郑州发展经济产业的重要一极，日益凸显出它在中部崛起以及河南省高质量发展、郑州国家中心城市建设中的重要作用。直观地从经济发展数据角度来看，2018年航空港实验区生产总值突破800亿元；2019年生产总值接近千亿元，同比增长10%，第二、第三产业进步显著；郑州全市生产总值增速连续几年维持在8%以上；自2016年开始，航空港实验区产业结构正式由"二三一"转变为"三二一"。随着航空港实验区产业发展不断成熟，根据实际产业发展情况和建设产城融合航空都市的诉求，航空港实验区对原有的8大产业进行了进一步的产业结构优化，重新提出了打造"5+3"产业体系的发展目标，新的产业体系不仅高度概括了航空港实验区产业创新的方向，同时也彰显了航空港实验区积极融入并引领信息科学技术发展的趋势。"5+3"产业体系指智能终端及新型显示产业、智能网联和新能源汽车产业、智能装备产业、生物医药产业、航空制造和服务产业五大先进制造业集群，以及航空物流产业、电子商务产业、文旅商贸产业三大产业集群。

首要的是智能终端及新型显示产业，以龙头企业富士康为代表。从 2011 年 3 月富士康首条生产线正式投产，到目前产业体系初步形成，航空港实验区智能终端产业集群实现了"从一个苹果向硕果满园"的转变。[82] 富士康作为智能终端产业的龙头也拉动了产业链整体发展和非苹果手机的产量，2017 年 1—8 月的统计数据表明，非苹果手机经过两年的发展壮大，产量已达 9 074.4 万部。[83]

智能网联和新能源汽车产业是航空港实验区产业结构调整、实现高质量发展的重要举措，目前区内已有恒大、合众、河南视博电子、富士康、华锐、合晶等一批具有国际国内影响力的高新技术企业相继入驻，在未来的发展中，航空港实验区将依托新能源汽车产业发展，积极吸引更多上下游产业入驻，力争成为全国乃至全球智能网联和新能源汽车产业的研发生产基地。

智能装备产业也迎头赶上，2019 年 8 月，郑州发布《两岸（河南）智能装备产业基地郑州核心区建设方案》，提出航空港实验区智能装备方面的重点领域包括高档数控机床、智能物流及仓储装备等。目前，郑州航空港实验区智能装备产业园内的友嘉 229 精密机械加工中心、数控机床、新能源汽车零部件与科盛达等项目即将建成投产，空港科锐、朝虹等 7 个续建项目建设也在加快推进，以色列 ADT（半导体切割设备制造商）晶圆切割设备生产制造项目被本地公司收购，研发与生产中心将在航空港实验区落地。

生物医药产业主要以生产型研发为突破口，进而打造完整的生物医药产业链。采取这种措施主要是因为与北京、上海、广州、深圳等一线城市相比，郑州在高等教育和研发方面的优势并不突出，但郑州在区位和人力资源方面优势明显，通过这个路径可以形成郑州与一线城市差异化发展的格局。在策略选择上，航空港实验区以郑州临空生物医药园建设为突破口，搭建以新药筛选检测平台、动物药物评价平台、大分子中试生产服务平台、小分子 CMC（化学、生产与控制）制剂研究平台、细胞技术服务平台为核心的五大专业公共技术服务平台，通过搭建企业急需、全国稀缺的产业化研发体系，采用"项目跟着人才走"的发展思路，吸引国际领先的技术服务团队入驻，带动生物医药关联产业的发展。

以智能终端为首的高附加值产业发展最早产生了聚变效应，从而支持和加速了以航空物流为支撑的物流产业现代服务业的快速发展。物流方面，吸引了包括卢森堡货航、俄罗斯空桥等在内的近500家物流企业。与此同时，以电子商务为代表的具有临空指向性特点的新兴产业也在蓬勃发展。郑州目前已成为中国首批跨境电子贸易试点城市和国家级互联网骨干直联点城市，并独创"1210"监管模式、"秒通关"模式、"海淘不用等、现场提货走"销售模式，实现最高每秒 50 单的海外通关效率。[84] 此外，在建立多式联运空间体系之前的 2017 年，航空港实验区就建立起了郑州机场国际物流多式联运数据交易服务平台，旨在实现境内公路、铁路、海港等运输方式与国际航空、境外陆运整个运输链的信息共享，并在机场、自贸试验区、保税园区等区域形成信息联动。[85] 2017 年，河南机场集团又联合了沃伦堡公司、卢森堡货航、福沃运输、国泰航空、宏远集团、大连港、普洛斯集团等国内外知名企业，在郑州宣布成立国际物流数据标准联盟。[86]

在人才方面，早期发展过程中，航空港区高层次人才不仅总量较少，而且高层次人才比重低，河南省、郑州市对高层次人才的吸引能力不足，这些因素严重制约了产业经济的发展速度。航空港实验区在发展早期就针对人才出台了一系列补贴优惠政策，2014 年，郑州航空港引智试验区获批成立，开始大力引进海内外高层次人才；2015 年，围绕航空港实验区主导产业发展需要，以"人才+项目"等方式，在生物医药、电子信息、精密机械等领域引进高端人才项目9个、海外高层次人才32名，通过聘请政府顾问等形式，引进卡萨达、陈棣、张丹、汤晓东等23名专家作为首席顾问或产业顾问；另外，在2015年11月，航空港实验区国家级专家服务基地获批成立，成功引进院士领军项目2个、国家"千人计划"领军项目2个。[87]航空港实验区还积极举办中国·河南招才引智创新发展大会，截至2019年底，已成功举办两届招才引智活动，不仅向社会彰显了航空港实验区已基本形成良好的社会文化环境与人才聚集氛围，而且表明了航空港实验区招才揽才、聚才留才的诚意和迫切愿望。在2019年10月26日第二届招才引智活动上，航空港实验区国际专家委员会正式成立，首批入选专家14人。国际专家委员会不仅是航空港实验区全面建设"中国的航空大都市"的战略咨询机构的平台支撑，而且在机场运营管理、航空物流、平台建设、全球贸易、数字化、城市规划设计等领域为郑州航空港实验区提供高水平的决策支撑，其更将作为河南省、郑州市对外交流的重要窗口和平台，通过积极促进国际交流与合作，为国际企业和河南省内企业之间、企业和政府之间搭建沟通的桥梁。

**国际化"航空都市"渐入佳境**

航空港实验区在国际化城市建设方面力求后来居上，走在郑州市前列。在城市环境建设方面，酒店、会展、教育、人居等各个领域也都实现较大突破，开始朝着国际化的方向迈进。目前，区域内已聚集多家国际化酒店，其中万怡、诺富特、智选假日等酒店已经正式运营。在会议会展方面，航空港实验区于2015年启动了郑州新国际会展中心的建设，会展中心选址靠近郑州南站，届时其将成为航空港实验区新的活力点，并带动机场东片区发展建设。

航空港实验区按照国家三星级生态园林城市标准规划建设，整体规划生态廊道明晰成网。近几年，郑州非常重视绿化造林，绿地面积每年增加1 000万平方米左右，[88]《郑州国家中心城市森林生态系统规划（2019—2025）》也提出，到2025年，郑州森林覆盖率将增加4.6个百分点，达到37.96%的总体目标。[89]如今航空港实验区生态绿化建设水平较高，为郑州市生态绿化建设做出了较大贡献，但存在尺度过大、使用人数有限的问题。

教育资源配套方面，区内目前已投用英迪国际学校、育人国际学校等，可满足区域内中小学国际化教育的需求，其中，英迪国际学校独创"1+6"（1是基础教育，6是"2种世界语言+2种体育运动+2项艺术特长"）教育模式，兼顾学生的学业能力和个性发展，[90] 2017年高中毕业生完成了100%进入海外一流大学，60%升入世界顶级名校的成绩。[91]在高等教育方面，郑州和航空港先天弱势，因此，航空港实验区正在谋划以"生态先行、集约开发、开放共享、国际标准"为先进发展理念的国际科教创新区，目前已有郑州工程技术学院、郑州财经学院和若干研究机构确定入驻。此外，航空港实验区还规划了国际经济文化交流中心和双鹤湖商务核心区，以吸引高端制造业、总部经济、科创研发等产业入驻。

在2019年召开的实验区国际专家专题咨询会上，国际专家委员会成员也一致认为，应打造国际化航空港实验区，营造具有国际氛围的人文社区和包括语言服务等在内的国际化软环境。

## 坚持开放经济路线，参与并引领"一带一路"建设

### 智能终端产业推动构建全面开放新格局

智能终端的龙头代表——富士康在航空港实验区的经济建设、城市发展上功不可没，也拉动了航空港的货运量乃至郑州市、河南

省整体的进出口规模。2013年河南外贸进出口值增长15.9%，其中有14.1个百分点是由综合保税区拉动的，富士康作为综合保税区内的"头雁"，不仅缔造了"郑州速度"，也成了拉动综合保税区进出口总值的中流砥柱。

郑州新郑综合保税区是中部地区第一个获批的综合保税区。自2011年11月4日封关运行以来，郑州新郑综合保税区内除富士康外，还入驻了中外运、海城邦达等多家加工制造和物流企业。[92] 该保税区2016年整体封关运行。2018年郑州新郑综合保税区进出口值达到3 415.4亿元，同比增长1.2%，占河南省全省比重持续保持在60%以上，实现封关运行以来"七连增"，凭借着这一系列卓越的成绩，郑州新郑综合保税区被海关总署称为"小区推动大省的典范"。[93]

为提升贸易便利化水平，郑州海关十分重视口岸服务的信息化建设与服务水平。郑州海关鼓励企业实行提前申报，以"自报自缴""新一代支付"等形式大幅压缩缴税流程，还设立了业务快速办理通道，集中分析解决影响通关时效的难点问题，压缩通关时间，[94] 实现了开放型经济"软件环境"初步建设。郑州航空港实验区已初步建成"1+1+7"口岸体系：第一个"1"是郑州新郑国际机场，国家一类航空口岸——自2019年4月1日起，航空口岸全面实施了7×24小时通关保障；第二个"1"是郑州新郑综合保税区；"7"是指进口肉类、活牛、水果、食用水生动物、冰鲜水产品、国际邮件经转、药品这7个特种商品进口指定口岸，是内陆地区功能性口岸数量最多、功能最全的地区。由此，澳洲活牛、智利车厘子、荷兰鲜切花等都可以从境外运到郑州集聚，再配送到国内其他城市。

目前，郑州新郑综合保税区尚未纳入河南（郑州）自由贸易试验区空间范围（见图6-45），但毫无疑问，郑州新郑综合保税区在自贸区建设探索中有举足轻重的地位：在国家对中国（河南）自由贸易试验区的定位当中，航空港实验区承担着"窗口"功能。作为内陆地区对外开放的重要门户，航空港实验区积极主动融入并推动与自贸区联动发展，"飞地"注册企业26家，注册资本12.2亿元，并在复制推广自贸区创新政策、贸易及通关便利化、综合保税区监管创新等方面持续走在全国前列。2018年11月，国务院印发《关于支持自由贸易试验区深化改革创新若干措施的通知》，此文件提出支持郑州新郑国际机场利用第五航权，在平等互利的基础上允许外国航空公司承载经郑州至第三国的客货业务，[95]这一举措大大提升了郑州新郑国际机场的国际竞争力和国际通达性，也为自贸区的创新发展提供了新机遇和新动力。基于新郑国际机场在贸易交流中起到的核心作用，新一轮国土空间规划正在谋划将机场周边重点片区纳入郑州自贸区范围中。

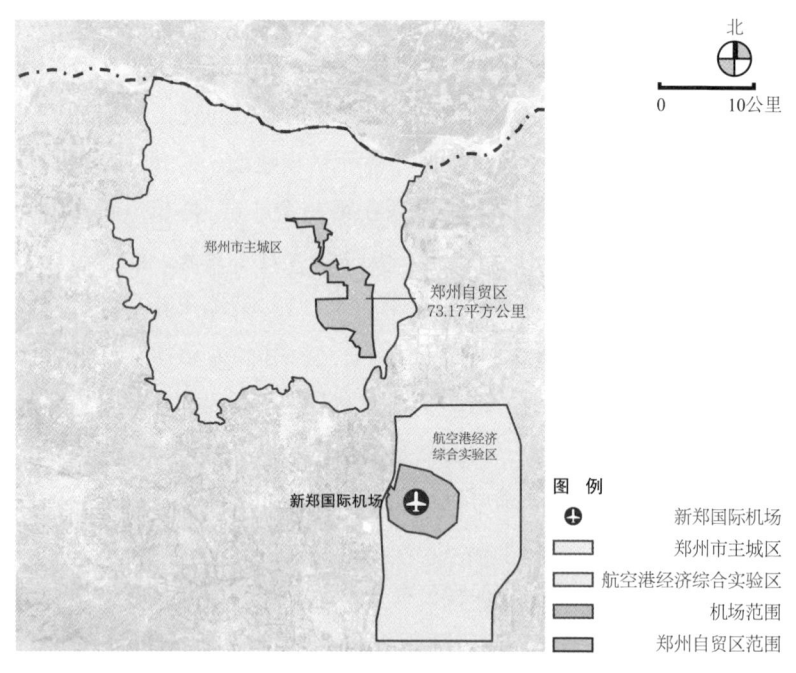

图6-45 郑州自贸区与航空港实验区位置关系

**把握航空机遇，让内陆型城市成为"一带一路"新高地**

（1）"空中丝绸之路"越飞越广

航空港实验区通过全力打造"空中丝绸之路"核心节点，深度融入国家"一带一路"建设，不断提升河南省的对外开放水平。

2017年，郑州—卢森堡"空中丝绸之路"上升为国家战略，受到了国家主席的肯定。经过4年多的发展建设，郑州—卢森堡"空中丝绸之路"通航点网络逐步拓宽，经济效益不断提升。卢森堡货航2014—2018年货运量以10倍速度发展，累计为郑州机场贡献国际货运量将近50万吨，接近新郑国际机场一年的货运量，4年来共实现利润4亿美元，对郑州机场货运增长量的贡献达到了79%，货运种类也由单一的传统轻工业品，发展到高精尖的精密仪器、活体动物等10多类共计200多个品种，带动郑州机场货邮吞吐量跻身全球50强。[96] 2018年，郑州机场"一带一路"沿线货物达到60%以上，入驻卢森堡货航、俄罗斯空桥等物流企业437家，其中货代企业150余家。"空中丝绸之路"通航点在短短几年间增加了芝加哥、米兰、亚特兰大、伦敦、吉隆坡、新加坡等14个城市，[97] "空中丝绸之路"越飞越广。

（2）"陆上丝绸之路"越跑越快

2019年3月，中欧班列（郑州）首条跨境电商专线"菜鸟号"由郑州驶向比利时列日，车上装载着从航空港实验区出关的菜鸟"速卖通"欧洲买家的跨境电商物品，"这是航空港实验区精心筹备、国内开行的首条陆路跨境电商商品专线，也是全国首条按照海关出口'9610'模式监管的阳光清关铁路班列跨境电商物流专线"。至此，航空港实验区跨境电商出口实现了"空中丝绸之路"和"陆上丝绸之路"双通道。[98]

此外，航线网络和卡车航班覆盖网络不断拓展，正在建设的南站及高铁快运物流等，将提升陆空衔接效率和"空空转运"效率，在地面连接与多式联运方面积极构建"陆上丝绸之路"。

（3）"网上丝绸之路"越来越便捷

航空港实验区也成了郑州提升信息化程度，融入"网上丝绸之路"的"第一桥梁"——为突破河南不靠海、不沿边及经济外向度不高的瓶颈，河南省、郑州市致力于推动获批航空港实验区、河南自贸区、郑洛新自创区、跨境电商综试区、大数据综试区等战略平台，使之成为省市开放发展、创新发展、转型发展的主战场。

截至2018年底，在实验区备案或注册的电商企业达550家，吸引了菜鸟、京东、唯品会、苏宁、速卖通等一大批知名电商入驻，形成了包括电商平台、仓储、物流、关务、结算企业在内的跨境产业链。2019年航空港实验区跨境电商零售进出口完成7 290.12万单，货值70.59亿元，总量占据郑州跨境电子商务综合试验区5成以上。[99]郑州全市2015—2019年跨境电商交易额年均复合增长34%，网购保税进口累计业务总量全国第一。[100]

（4）建立文化自信，实现制度输出

郑州航空港实验区的成功发展建设、郑卢"空中丝绸之路"的亮眼成绩，也为航空港实验区的模式输出打下了良好的基础，为与"一带一路"沿线国家的合作树立了典范。

2019年8月，航空港实验区与泰国东部经济走廊正式签署《泰国东部经济走廊与中国郑州航空港经济综合实验区谅解备忘录》，这不仅拉开了双方深度合作的序幕，更是航空港实验区航空都市发展模式在世界范围内的成功输出。在"一带一路"倡议下，航空港实验区与泰方的合作全面加速了中泰"空中丝绸之路"的建设步伐，推进"郑州-乌塔保"双枢纽建设也给航空港实验区、郑州带来了更多的国际化机遇。

经过6年的发展，航空港实验区逐步走出了一条特色的航空都市发展道路。未来，通过航空都市发展模式输出，航空港实验区将与世界上更多的临空经济地区建立最佳合作伙伴关系，也必将为世界各地的临空经济区、空港新城、航空新区提供郑州模式、郑州经验，进一步提升自身辐射力、影响力。

## 建设生态国际化航空新城，迎接机遇与挑战

临空经济和航空都市建设在中国还属于新生事物，航空港实验区作为一个典型且成功的先行者，在战略发展路径、产业发展思路、口岸体系建设、创新机制体制等方面都对其他地区的建设提供了重要的借鉴意义，已发展成最具代表性的中国航空都市。但在取得成就的同时，航空港实验区的建设发展也面临着不少难题与挑战。

产业链条尚未完善。以智能终端产业为例，在航空港实验区内尚未形成健康良性的手机产业生态，"缺芯少屏"的问题依然严重。近期，受中美贸易摩擦不断升级影响，市场竞争等的不确定性也进一步增强，先期入驻航空港实验区的酷派、天宇、华世基等企业先后退出市场，除去华为、OPPO、vivo、苹果、小米等手机品牌外，其他手机品牌市场占有率也出现了下降的趋势，因此，为融入双循环格局，航空港实验区在后续发展中应通过一系列创新性举措，逐步丰富并完善自身的产业链条，适时调整产业发展结构，吸引在全球产业链、价值链、供应链中处于较高层次的项目企业入区，逐步摆脱过度依赖单一产业带动区域发展的困境，同时也应积极保留富士康这样的大型实体企业。

软环境建设尚处下风，产学研合作有待提升。与一线城市、部分同规模城市相比，航空港实验区在国际化社区、国际医疗、国际体育与国际文化、技术、人才交流等机构、场馆与平台的建设方面依然较为滞后，国际化服务能力不足，对国外高层次人才的吸引力较弱。教育和研究方面，正如本书前文所述，郑州在高等教育和研

发能力上与武汉、西安等城市相比尚有很大差距，区域内高端院校和科研院所较少，产业发展所需的大量专业性和高层次人才严重缺乏，区域内亟待形成强大的产学研合作链条。

临空经济先发优势正逐步减少，需要力度更大的政策创新。随着国内其他城市发展航空经济的热情日益高涨，区域竞争也变得日益激烈，航空港实验区的先发优势正在逐步减少。在未来的航空经济发展大潮中，郑州必须在资本支持、税费奖励、人才引进等政策方面给予更多创新与更优效率，深化"放管服"改革，只有这样才能保持对意向落户企业的吸引力。

如今，面对日益复杂的外部环境与日益激烈的外部竞争，航空港实验区必须不断提升自身产业竞争力，尽快将枢纽平台优势转化为枢纽经济发展优势，着力提升城市营商环境建设，只有这样才能在日趋激烈的航空经济竞争中占领制高点，为河南省高质量发展和中原经济更加出彩做出更大贡献。

## 基本信息

- 城市区位：美国·田纳西州·孟菲斯
- 人口规模：65.1万人，孟菲斯市区；135万人，孟菲斯都市区（2019年）
- 核心机场：孟菲斯国际机场（MEM）
- 机场总客运规模：464.45万人（2019年）
- 机场总货运规模：6.59万吨（2019年）
- 国际航线占比：3.03%
- 综合交通特色：以港口、铁路、航空、公路等方式进行对外连接，打造多式联运枢纽；从孟菲斯出发，1 000公里航程可覆盖美国多数大型城市
- 城市经济总量：297亿美元（2019年，孟菲斯都市区）
- 城市人均GDP：45 641美元（2019年，孟菲斯都市区）
- 都市区信息：孟菲斯都市区是美国中南部地区的商业和文化中心，统计区覆盖了田纳西州、密西西比州和阿肯色州3个州的10个郡县
- 特殊监管区发展情况：田纳西州孟菲斯市
- 发展特色：孟菲斯是美国田纳西州最大的城市，20世纪70年代以前，孟菲斯的支柱产业一直是棉花种植、内河与陆路物流、机械制造。20世纪后期，孟菲斯从种植园经济与传统工业支撑的城市向物流中心带动的航空都市跃迁。当地具有良好的交通条件，并通过低息贷款和税收减免政策储备大量土地，积极引进联邦快递，形成航空物流业快速发展，带动孟菲斯临空经济全方位发展，实现了从产业优势相对薄弱的交通中心向临空经济全方位发展的航空城的跨越

图 6-46　孟菲斯航空都市

图片来源：孙玮琳绘制。

## 机遇型临空经济区：中小城市的跃迁之路

### 孟菲斯：传统经济转向物流中心，带动航空都市跃迁

孟菲斯曾被称为"美国南部最不活跃的城市"，发展初期，当地人民一直依托棉花种植与棉花交易为生。随着联邦快递的入驻，孟菲斯航空货运的发展得到了极大促进，使孟菲斯国际机场曾连续10年以上位居全球航空货运规模第1。高效的航空货运带动了孟菲斯的全产业链发展，现在，孟菲斯国际机场使孟菲斯变成了"美国的航空大都市"。

孟菲斯毗邻密西西比河河港，总面积763.4平方公里。根据美国人口调查局2016年的数据，该市人口规模约为65.3万，位居全美第25；2019年，孟菲斯都市区统计约有135万人居住。[101] 20世纪70年代以前，孟菲斯的支柱产业一直是棉花种植、内河与陆路物流、机械制造。当时的孟菲斯虽然是田纳西州最大的城市，但却同时被称作"美国南部最不活跃的城市"。

**联邦快递与孟菲斯**

现在每天晚上,联邦快递位于美国航空城孟菲斯的总部的上空总是星光闪烁。但它们不是天上的星星,而是即将着陆的飞机。当飞机飞抵机场后,装卸工人就会驾驶牵引车、挂斗卡车和电动车去停机坪卸货,全程只需要20分钟。随后,卡车将集装箱运往分拣大厅,按照货物大小和重量进行分类。通过阅读货物上的条形码,机场电子装置可以随时了解每件货物的具体位置。装运货物的运输带长达3公里,在机场大厅里如迷宫一般蜿蜒曲折,各种形状的包裹则像雨点一样从滑道落在运输带上。

这就是孟菲斯如今每晚都会出现的景象。1973年4月,联邦快递创始人弗雷德·史密斯将公司总部从阿肯色州小石城迁到孟菲斯,此后,孟菲斯成为美国数一数二的航空城,并多年居于全球航空货运量第1的位置。联邦快递运营着全球最大的货运航空编队,每天在孟菲斯处理3万个包裹,实现全球直飞。

到20世纪80年代末期,联邦快递稳居美国隔夜快递业龙头地位。1988年,联邦快递向全球90个国家和地区提供隔夜快递服务。2005年3月,联邦快递率先开通全球航空速递运输业内首条中国大陆直飞欧洲的航线。7月,联邦快递宣布投资1.5亿美元在广州白云机场建设全新的亚太转运中心。联邦快递在孟菲斯国际机场雇用将近3万名员工,航空城每3个就业岗位中就有1个由快递业创造。快递业的发展还带动了高新技术产业和高端制造业的发展,每年为当地经济贡献的产值达280亿美元。

**物流中心发展历程**

20世纪后期,孟菲斯经历了从种植园经济与传统工业支撑的城市向物流中心带动的航空都市跃迁的发展转型。这一发展转变与孟菲斯国际机场不断扩展的影响力密不可分。

孟菲斯的产业经济崛起与联邦快递同步。1971年,联邦快递开始构想隔夜快递服务,最初公司总部设置在离孟菲斯不远的小石城。然而,小石城有两个严重弊端:一是经常出现多雾天气,不利于飞机夜间起降;二是彼时的地方政府不愿意为公司提供建设机场所用的土地和设施。同一时期,孟菲斯凭借内陆交通型城市的交通条件以及地价优势,辅以孟菲斯政府对联邦快递的极大优惠政策——包含20年期限的低息贷款和税收减免,以及提前储备机场发展所需的大量土地——于1973年成功引进联邦快递。在此之前,孟菲斯物流业仅以本地多式联运企业为主导。引入航空物流业后的8年,孟菲斯国际机场与联邦快递的隔夜快递服务同步兴起与发展,并且在1981年,机场北侧建成了货运基地"Super-Hub",之后10余年,孟菲斯国际机场始终保持全球航空货运规模第1的纪录。联邦快递货运规模持续扩大,高附加值产品需求不断增强,推动了飞机起降架次和货运量的跨越式增长、机场内部新跑道的建设以及货运基地"Super-Hub"的规模拓展,此外也带动了孟菲斯临空经济的全方位发展。

**孟菲斯国际机场主营业务**

孟菲斯国际机场主营国内、地区和国际定期的客货运输业务。自1992年起,该机场一直是全球货邮吞吐量最大的空港。在2010年,其货邮吞吐量被香港国际机场超越,排名第2,但它依然是全美货邮吞吐量最大的机场。作为联邦快递主要的全球枢纽机场,孟菲斯国际机场要处理极大数量的航空货物,联邦快递从孟菲斯出发的直达目的地包括横跨美洲的很多美国城市,加上阿拉斯加州安克雷奇、夏威夷州火奴鲁鲁,以及众多加拿大、墨西哥和加勒比海地区的城市,跨洲直达地包括科隆、迪拜、巴黎、伦敦、坎皮纳斯、首尔和东京。孟菲斯国际机场也是达美航空的枢纽之一。孟菲斯国际机场旅客吞吐量在美国机场中排名靠前,货邮吞吐量达全美第1。孟菲斯-谢尔比县机场当局委托孟菲斯大学做的经济影响报告表明,机场业务的95%以上为航空货运,产生的经济影响达271亿美元,此外还有7.6亿美元是由机场乘客带来的。总体而言,机场总共为孟菲斯周边的5个县市的经济注入了286亿美元,为当地居民带来了近80亿美元的收入、22万个就业机会,其中34.3%的就业岗位与航空客运、货运及机场建设有关。即使在经济萧条时期,孟菲斯国际机场也在发挥积极作用,成为当地经济的稳定因素。

**孟菲斯的发展路径**

(1)高效空运引领孟菲斯产业格局

通过速度经济对于高附加值产品的拉动和需求,孟菲斯全面带动生物医药产业、精密制造业、电子信息产业、休闲产业、服务业,以及多式物流等产业类型综合发展。

(2)合理的组织架构与辅助机制保障临空经济快速发展

在新的航空都市计划制订过程中成立孟菲斯航空都市联盟,进行总体管控与多方利益协调。孟菲斯市、田纳西州谢尔比县均为联盟的协作方,共同管理商业开发土地银行与航空城再开发公司,其职责包括组织开发、制定规划、合理监管,还要进行金融、土地、税收等政策的制定,社区重建机构与航空城联盟咨询委员会对其提供协助。孟菲斯的发展充分挖掘并利用了自身优势条件,并及时捕捉外部转型机遇。20世纪70年代恰逢美国经济结构转变期,产品生产不再依赖原材料产地,而逐渐向人才、技术和资本的集聚地转移,孟菲斯于这一时期借由联邦快递的引入转型发展高效物流,最终成功实现了从产业优势相对薄弱的交通中心向航空都市全方位发展的跨越。

**基本信息**

- 城市区位：美国·肯塔基州·路易斯维尔
- 人口规模：58.48 万人（2019 年）
- 核心机场：路易斯维尔国际机场（SDF）
- 机场总客运规模：423.90 万人（2019 年）
- 机场总货运规模：4.69 万吨（2019 年）
- 综合交通特色：以铁路运输、公路运输和内河航运为起点，通过机场发展成为区域性物流中心，是全美第 5、全球第 8 的航空货运港口
- 城市经济总量：300 亿美元（2019 年，路易斯维尔都市区）
- 城市人均 GDP：51 449 美元（2019 年，路易斯维尔都市区）
- 都市区信息：路易斯维尔都市区是美国排名第 45 的都市统计区，包括肯塔基州的杰斐逊县、印第安纳州的克拉克县和弗洛伊德县及若干周边县市
- 发展特色：早期依托铁路、内河航运及公路进行货物运输，在机场不断发展过程中已经形成借助 UPS、以空港为中心发展的货运中转中心。路易斯维尔通过空港近 40 年的发展，已经成为全球贸易网络中的重要角色，并因此成为 21 世纪的经济赢家

图 6-47　路易斯维尔国际机场

图片来源：孙玮琳绘制。

## 路易斯维尔：世界级物流中转中心的崛起

路易斯维尔是美国内陆的区域性物流中心，也是 UPS 的世界港与机队航空驻地。路易斯维尔早期为拥有铁路运输、公路运输和内河航运的中小规模城市，周边分布了若干州首府城市及其他大城市。在当地机场的建设发展过程中，路易斯维尔依托优越的机场货运及陆路交通联运系统等条件，最终发展成为现在的世界级航空物流中转中心。

2020 年航空市场虽然受到了空前打击，但是对于货运机场来说好像并不是这样的。在中国，郑州新郑国际机场实现了新冠肺炎疫情影响下货运量的再次增长；而在美国，航空客运受到重创的同时，10 大货运机场并未成为输家——由于居家电子商务和国内货物订单的提升，货运量普遍仅轻微下降，甚至出现不降反升的情况。

路易斯维尔国际机场正是不降反升的典型案例。2020年1—5月，路易斯维尔国际机场货运量与2019年同期基本持平（见图6-48），持平的还有同为中部机场的孟菲斯国际机场、辛辛那提-北肯塔基国际机场；2020年6月，形成6.4%的同比货运增长，7月则为8.3%。[102] 航空货运成了经济压力下主要的业绩支撑点。

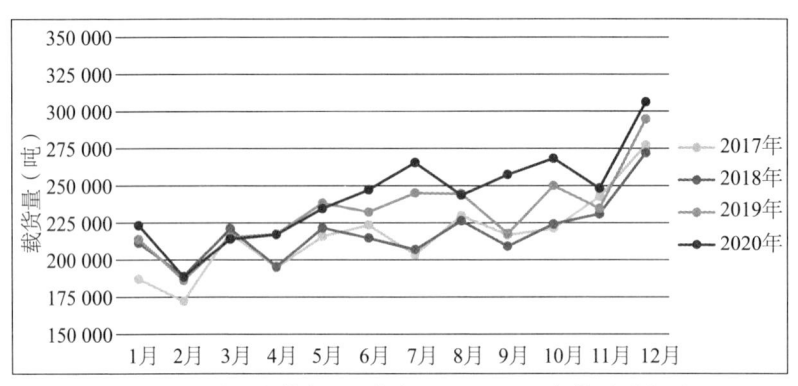

图6-48　路易斯维尔国际机场2017—2020年货运量发展

**"边境机场"货运发展之路**

路易斯维尔国际机场距离城市中心区约10.86公里，1941年建成1 200米长的南北向军用跑道，同年，距离路易斯维尔市两小时车程的辛辛那提-北肯塔基国际机场建成；1947年，达美航空进驻路易斯维尔国际机场；1950年，路易斯维尔国际机场首座客运航站楼开通——此后至20世纪80年代航站楼经过了16次扩张；1981年，辛辛那提-北肯塔基国际机场已发展为区域客流中心，而路易斯维尔周边大城市也完成了快速城市化发展，地价开始上涨，产业功能逐步外溢，这一年UPS挑选路易斯维尔国际机场作为"边境机场"入驻，依托现有跑道及客运航站楼发展货运业务，自此空港开始进入全新的发展历程；1985年，路易斯维尔国际机场客流量已接近200万；1998年，机场增设了两条平行的南北向跑道；2002年，UPS主导建成专用的货运航站楼世界港，世界港是世界上最大的全自动包裹处理设施，占地 520 万平方英尺，服务于高科技、医疗保健和零售行业，每天服务 300 多个进出港航班，处理约 200 万个包裹，超过 150 家 UPS 客户在路易斯维尔有存货。

约翰·卡萨达在《航空大都市：我们未来的生活方式》一书中描述过 UPS 世界港给他留下的深刻印象。卡萨达认为，联邦快递在孟菲斯的枢纽规模更大，而 UPS 在路易斯维尔的世界港更为有趣。UPS 世界港的面积几乎达到路易斯维尔市区的一半，其耗电量也比路易斯维尔市中心滨水区的耗电量更大。[103] 在拓展发展规模、优化分拣区"去技术化"程度和完善分拣效率方面，世界港做出了积极的努力。上百万个包裹的分拣都是在夜间完成的，因此每天晚上 11 点到凌晨 4 点，世界港都灯火通明，以保障最晚抵达的货运飞机也能在第二天最先离港，实现所有送货上门货物"隔日达"。

**城市产业发展**

路易斯维尔早期便具备内河航运优势：俄亥俄河不仅给路易斯维尔带来了丰富的水电资源，也使路易斯维尔成为美国矿产、石油、粮食内陆转运的主要港口城市。机场的发展和路易斯维尔位于 3 条州际公路交会处的陆路交通优势，也对其航路客货运做出了重大贡献，推动了外来投资和旅游业的发展。

机场发展的 40 年中，利用传统水电资源，借助 UPS 以空港为中心发展的货运中转中心，以及物流业进一步延伸的技术产业和公共服务产业，路易斯维尔的产业得到了持续发展。作为传统重工业基地，当地传统产业延续——福特越野车厂、重型卡车厂，以及马克中型卡车厂和通用电气公司家用电器园仍然是路易斯维尔的经济支柱。另外，20 世纪 80 年代路易斯维尔承接着周边大城市的外溢产业，近年来相关产业得到迅速发展。路易斯维尔也是迅速发展起来的服务业和信息产业的基地，还导入了大型医疗产业、保险业、金融产业，并积极吸引中小企业落户。麻省理工学院交通和物流中心主任尤西·谢菲教授评论称，路易斯维尔通过空港近40年的发展，已经"成为全球贸易网络中的重要角色，并因此成为21世纪的经济赢家"。[104]

UPS进驻后，路易斯维尔的城市特征有了显著变化（见图6-49）。UPS的进驻给空港及城市的发展带来了巨大的影响，这一点是毋庸置疑的。1981年是UPS进驻首年，当时路易斯维尔人口为30万人，2014年则达到61.3万人，机场旅客吞吐量达到335.6万人次，货邮吞吐量为299万吨。据统计，2018年机场运营产出收益104亿美元，贡献给州和地方税收4.541亿美元，基本上路易斯维尔地区每7美元税收中就有近1美元来自机场运营；创造了直接和间接就业岗

**路易斯维尔发展历程**

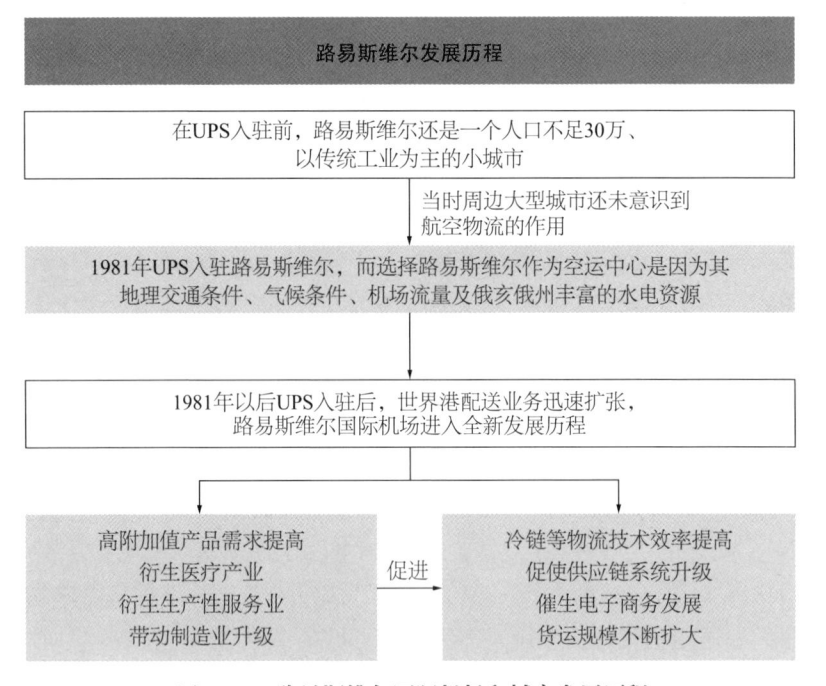

```
在UPS入驻前，路易斯维尔还是一个人口不足30万、
以传统工业为主的小城市
                ↓
        当时周边大型城市还未意识到
        航空物流的作用
1981年UPS入驻路易斯维尔，而选择路易斯维尔作为空运中心是因为其
地理交通条件、气候条件、机场流量及俄亥俄州丰富的水电资源
                ↓
1981年以后UPS入驻后，世界港配送业务迅速扩张，
路易斯维尔国际机场进入全新发展历程
          ↙              ↘
高附加值产品需求提高      冷链等物流技术效率提高
衍生医疗产业    促进    促使供应链系统升级
衍生生产性服务业         催生电子商务发展
带动制造业升级          货运规模不断扩大
```

图6-49　路易斯维尔国际机场和城市发展历程

资料来源：笔者整理。

位 82 723 个，该地区近 1/8 的工作岗位来自机场运营，对城市经济发展具有举足轻重的作用。[105] 机场、城市实现了共赢。

**小结**

路易斯维尔的案例对机遇型临空经济区发展的启示在于：周边大城市土地价格昂贵，造成相关产业发展外溢，大城市环绕之下的机遇型临空经济区应当充分发挥土地价格优势、生产成本优势、交通条件优势，承接大城市外溢产业；充分利用支线机场避开大城市机场飞机起降的优势，提高专门用途的客货运承载力；利用城市已有产业基础条件，形成并引入空港核心产业，明确用地功能类型，实现空港地区发展。

**基本信息**

- 城市区位：中国·新疆维吾尔自治区·巴音郭楞蒙古自治州（简称巴州）·库尔勒
- 人口规模：47.77万人（2019年）
- 核心机场：库尔勒机场（KRL）
- 机场总客运规模：220.23万人（2019年）
- 机场总货运规模：0.87万吨（2019年）
- 国际航线占比：0
- 综合交通特色：公路、铁路、航空形成三位一体的综合交通运输网络，是连通新疆南北部的枢纽，更是新疆以南地区连通国内其他城市的综合交通枢纽地区。以库尔勒为中心，1 000公里航程可以覆盖全部新疆地区
- 城市经济总量：101.97亿美元（2019年）
- 城市人均GDP：21 347.83美元（2019年）
- 发展特色：库尔勒是疆内区域性交通枢纽，依托"丝绸之路经济带"全力打造疆内枢纽机场，提升库尔勒机场在疆内机场的地位。库尔勒机场应充分利用第二条出疆大通道，结合机场建设发展对外开放与枢纽经济；利用航空兴起的优势广泛建立客货运网络，积极与国内机场与临空经济区建立联系与合作关系，从而带动"港-产-城"一体化发展

图 6-50　库尔勒机场

图片来源：孙玮琳绘制。

## 库尔勒：内陆型城市向临空经济转型之路

随着"蟠桃号""鹿茸号""西梅号""香梨号"等货运专班的成功开通，新疆库尔勒机场实现了新疆特色农产品从田间到内地居民舌尖的"加速度"。一直以来，受制于交通和区位，新疆大量的优质农产品难以打开市场、销往中部及东部地区。库尔勒作为新疆巴州的首府，是古丝绸之路中道的咽喉之地和西域文化的发源地之一，是新疆南北重要的交通枢纽和物资集散地。该地区良好的水土光热资源十分适宜香梨、棉花、番茄、红花等经济作物的生长，这使该地形成了特有的农产品资源优势。因盛产驰名中外的库尔勒香梨，库尔勒又称"梨城"。

库尔勒是内陆型城市，距离乌鲁木齐较近，受到较强的虹吸效应影响，其发展面临着众多严峻的挑战。库尔勒急需找寻自身定位，充分发挥特有的优势，抓紧临空经济导入的新契机，突破发展瓶颈，实现城市经济转型发展，引领城市迈向新的台阶。

2020年4月以来，新疆机场集团与巴州政府召开"推进机场项目建设和航空发展"座谈会，提出"以货补客"发展模式。自此开始，库尔勒机场着力发展货运业务，6月，库尔勒机场开通首班"轮台白杏腹舱带货专班"，运送5吨轮台白杏，同月，库尔勒机场联合华夏航空在当地政府的支持下，开通新疆首班"客改货"农副产品出疆货运包机，开创"客舱+腹舱"货运新模式。"十一"长假期间，库尔勒机场充分利用疆内外航线网络，以"客舱+腹舱"货运新形式，开通"西梅号""香梨号"等农副产品货运专班，实现中秋节、国庆节8天假期货邮吞吐量逆势增长54%，库尔勒机场货邮运输工作取得了突破性成果。

**城市发展背景**

新疆地处亚欧大陆的地理中心，是"丝绸之路经济带"核心区，库尔勒位于新疆的地理中心，向东可连接吐鲁番至内陆大型城市；向西可连接喀什到达中亚五国；向北可达疆内西连的中通道与北通道；向南可连接若羌，东通格尔木，或者自南疆通道连接南亚。库尔勒承担着联系疆外的门户职能，在疆内分担乌鲁木齐的部分全疆性服务职能。总体而言，库尔勒承担着辐射疆内、连接疆外两方面的枢纽衔接功能。

库尔勒正在利用其地理中心的优势，积极完善铁路及高速公路网络，打造新疆中部的交通枢纽。目前，库尔勒对外交通主要依靠东西向的吐和伊高速以及南疆高速铁路，南北向的交通通道尚未打通，规划建设南北向的库格铁路以及乌尉高速，与南疆高速铁路、吐和伊高速共同形成十字形高速路网，逐步形成"东西向连接疆内外与国内外""南北向连接南北疆"的作用。另外，库尔勒拥有新疆第二大机场，具有建设综合交通网络与多式联运枢纽的优势条件。

目前，库尔勒正在谋划建设巴州临空经济区：利用其独一无二的区位以及交通优势，结合机场建设契机发展对外开放与枢纽经济；利用航空兴起的优势广泛建立客货运网络，弥补陆路交通不便导致的经济劣势，积极与国内机场与临空经济区建立联系与合作关系，从而带动"港-产-城"一体化发展。笔者在自行主持并参与的一项咨询中，曾经建议巴州建设 120 平方公里的临空经济区，建立在库尔勒中心城区西南部（见图 6-51）。

巴州发展建设临空经济区的主要动力是库尔勒机场及其腹地的经济特性。

**图 6-51　库尔勒临空经济区、航空都市区建议范围**

图片来源：笔者根据规划材料绘制。

**机场基本情况**

库尔勒机场位于巴州库尔勒市南部，于 2003 年迁建至现址，2017 年扩建二期工程完工。目前航线连通 35 个城市，其中疆外城市通航点包括北京、上海、郑州、广州等共计 16 个，疆内城市通航点包含乌鲁木齐、喀什、克拉玛依、伊宁等共计 19 个。2019 年航空旅客吞吐量约 220 万人次，货邮吞吐量约 8 700 吨，客货运量在疆内仅次于乌鲁木齐地窝堡国际机场和喀什国际机场，是新疆百万能级（客运）机场之一。机场为军民合用，目前飞行区指标为 4D，是单跑道。

就机场能级与规模来看，库尔勒机场在新疆范围内具有明显优势，但是与疆内其他民用机场相比也存在一定竞争。

除乌鲁木齐地窝堡、库尔勒、喀什外，新疆的百万能级机场还包含阿克苏温宿机场、和田机场和伊宁机场。伊宁有"塞上江南"之称，城市基底较具优势，但跑道级别为 4C，弱于库尔勒；阿克苏、和田均处于南疆，陆路交通条件稍逊于库尔勒，因此建设交通枢纽的机遇也弱于巴州。除此之外，哈密位于新疆东部，因此哈密机场在与国内其他城市的联系上具有距离优势，对于库尔勒机场"辐射国内"的构想形成一定竞争。华夏航空将支线航空运营基地落位于库尔勒机场，强化疆内城市间的联系，但是幸福航空也将支线运营基地落位于北疆克拉玛依，构成一定竞争。

在此情况下，库尔勒应抓住自身显著的综合交通枢纽优势，以及处于新疆地理中心的优势，率先发展临空经济，抢占市场先机，在国内和疆内民航机场大建设的背景下脱颖而出。

**腹地经济产业发展条件**

巴州物流业蓬勃发展。2015 年，全州货物进出口额达 3 亿元，物流业产值为 37.1 亿元，年均增速 29.1%，位居全疆第 4。库尔勒市冷链仓储物流企业仓储保鲜量达 60 多万吨，航空物流位居全疆第 3，快递业务量位居全疆第 2，仅次于乌鲁木齐。

巴州林果业发达，现已形成以库尔勒香梨、轮台白杏、若羌红枣、焉耆盆地、北四县酿酒葡萄、尉犁县枸杞为主的特色林果产业带。截至 2019 年，全州林果种植面积达 175.5 万亩，果品产量 75.92 万吨，总产值超过 61 亿元，农产品种类多、品质好、独有性强。

巴州地缘辽阔，旅游资源丰富。拥有世界级的旅游资源，包括阿尔金山、罗布泊、沙漠公路、塔里木河、胡杨林公园、古丝路文化和西域诸多古国文化遗迹，还包括巴音布鲁克草原、博斯腾湖、东归文化、铁门关、蒙古族、罗布人等民族风情旅游资源。根据唐伟等人对新疆各地旅游资源的绝对丰度、集中指数、综合密度指数和旅游资源组合指数等一系列评估研究，巴州旅游综合吸引力较高，具有提供世界级旅游度假服务的发展潜力。[106]

## 机遇型临空经济区如何引领城市发展

总而言之，依托库尔勒机场发展临空经济，虽然面临着众多严峻的挑战，但抓住其突出的交通区位、特色林果资源与农牧业产业、世界级旅游资源等优势，走与众不同的临空经济道路，是解决其发展问题的有效突破口。

临空经济的合理导入是城市发展的新契机，是具有临空经济发展条件的城市产业发展的转折点，有望转变城市经济发展模式，帮助其完成产业升级和外生经济发展。笔者认为，库尔勒应充分借鉴中小城市而非大型城市发展临空经济的经验，抓住疆内交通枢纽、丰富的林果业产品资源、独一无二的特色旅游资源等优势和机遇，以点带面，结合现有产业与人才基础制定科学的战略路径，进行合理的产业筛选与产业导入，提出空间优化布局建议并制订具有可操作性的行动计划，引导该地区产业经济向空港型地区的产业经济转型发展，同时还应避免空间格局过大、产业发展不集聚等短板，充分利用机场航空城及周边的闲置土地，先期进行核心产业的导入、服务业能级的提升与基础设施的升级，进而强化高新技术产业发展，并追求向产业链更高层级的跃迁。

# 07

## 革新与启示

## 革新：科技

未来的生活充满变数，城市化与城市生活、经济发展也将与科技飞速发展息息相关。"90后"创业者孙宇晨在2020年初与巴菲特共进晚餐时大胆提出，比特币将是下一代人的通用货币。[1]尽管对于这样的说法，业界褒贬不一，但以区块链、比特币为代表的数据与传输手段应用，无疑已经得到广泛的普及和深度重视，科学技术也日新月异。全球化的视野必须紧跟科技创新，城市化的进程中必然依赖科技创新，本书的主题——"航空都市"的建设，不可能脱离科技创新，而是更需要根据科技的发展，不断更新规划建设思路。习近平总书记在中国科学院第十九次院士大会、中国工程院第十四次院士大会上提出了坚持建设世界科技强国的奋斗目标，这就需要在方方面面对科技创新形成支持。

**科技创新是拉动城市化进程的源头**

科技创新是拉动城市化进程的源头。大型科技革命可以大大推进城市化进程。以蒸汽机为代表的第一次技术革命带动了第一批西方城市的城市化；以电力和内燃机的发明与应用为代表的第二次技术革命带动了交通工具工业化、电气化发展，从而拉动世界城市化步伐并形成了世界市场；第三次科技革命推动世界进入信息经济时代，交通与信息网络的广泛连接使城市最终成为核心人居环境，城市化向更为精致、健康和安全的方向发展。

科技创新通过提高劳动生产率和创造需求两方面来促进产业结构提升：一方面是供给端正向促进，另一方面是消费端倒逼。因此，掌握核心高科技的企业和经济体往往占据产业链上游地位。而现代科技带来的信息化、网络化发展趋势，也使全球产业链运行在时间和空间上的阻隔越来越小，形成"互联网""物联网"平台，信息化发展无疑将提升产业对市场的敏感度和智慧型生产的水平。

顺应科技发展而自然发生的城市化也带来很多问题，比如"摊大饼"模式带来交通拥堵、住房和人居质量下降、环境恶化、农业空间受到侵占以及城市安全风险等。由此，欧美发达国家先行提出和实践，我国快步跟上了建设"智慧城市"，即以发展"数字城市""互联网"等为主要手段优化城市管理。《城市大脑》一书提出，中国杭州是全球第一个发布城市大脑计划的城市，在交通领域率先领跑，继而拓展到公安、城管、医疗、应急、旅游、房管、农业和基层治理等领域。[2]

且不论"发展中的智慧城市系统"方方面面有待完善，根据2020年初大数据和互联网技术在新冠肺炎疫情应对方面的表现，建设"智慧城市"的重要性可见一斑：一方面是基于大数据、云计算的公共卫生安全体系保障，通过电信信令数据可溯源重点人群行动轨迹，可使防疫部门提高筛查、监管效率并进行人员流动方面的趋势预测；另一方面是基层精细化管理能力的加强，社区单元的管理在疫情防控中起到了关键的作用，例如在汇总社区人员数据、智能打卡、人工智能监测等特色防控手段上推出智能运营管理平台，5G的实现和推广也有利于特殊时期各类线上平台和服务的广泛应用。[3]

**新型交通重构未来城市形象**

正如航空为城市带来了不同于传统的发展格局，科技影响下的新交通方式正悄然到来，并影响着我们的生活场景。新涌现的交通方式更加绿色化、个性化、效率化，并且"上天入地"，向城市空间的垂直方向发展。通用航空、小型飞行器、无人机货运可能随着空域管理和信号技术的系统化而开放，形成城市新景观，并可能改变民航机场主导的机场布局；自动驾驶技术可能会让人们对城市道路网的需求减少；而新型物流开始利用地下管廊，使空间更加集约高效；新型城市高速铁路与城市轨道交通也需要强化与其他各类主流交通方式——机场、汽车、自行车和人行慢行系统——的无缝衔接。

自动驾驶等新的交通方式也会进一步与通信大数据和智慧城市系统相结合，成为数据源和城市大脑的"神经末梢"，参与未来城市的智能化管理。未来交通方式也不能只重视技术进步而忽略安全问题，例如程序安全问题、通信信号系统是否完善和清洁能源的安全问题等。虽然未来新交通不会对航空领域产生颠覆性的影响，但是机场和航空都市更应考虑与高效交通方式的互联，提高区域交通连接度。

**高等院校、科技人才培养助力创新发展**

高等院校和科研院所、科技型企业等是培养科技人才的摇篮和集聚科技要素的载体，而临空经济区、航空都市往往由于便捷的交通条件、门户区位场所和依托机场的连接度优势成为一些高等院校及科技型企业的选址布点场所。例如，新加坡樟宜机场临空门户区（距离机场入口 5 公里以内）布局了新加坡科技设计大学、工艺教育学院等高质量院校，以及摩根大通集团、IBM 制造咨询等领先三产服务机构；美国华盛顿杜勒斯国际机场门户区 5 公里范围内也集聚了 IBM、思科等 IT 类高科技企业。创新创业要素、科技人才培养与现代城市发展有相互促进的作用，在规划设计航空都市时，应该充分注重软环境建设发展对科技创新环境的培育作用。

毫无疑问，科技创新过去曾是，未来更将是世界尤其是中国的关键发展动力。2020 年中共中央政治局会议提出，中国经济要"加快形成以国内大循环为主体、国内国际双循环相互促进的新发展格局"。这要求我们一方面需要加速国内循环，做大内需；另一方面仍然要寻求经济体制开放与对外合作——在逆全球化趋势下努力提升中国在世界经济和产业链中的地位，无论是内需还是外需，科技创新对新发展格局的驱动都是必不可少的。虽然目前中国对外技术依存度逐年降低，从 21 世纪初的 50% 降到 2018 年的约 35%，但这一比率仍远高于美国、日本，高科技设备、研发设备也多依赖进口。可以说，我们距离发展到全球顶尖产业链上游尚有一定差距，只有不断强化创新驱动、提高自主创新能力，才能抓住发展机遇和主动权。而机场在其中起到十分关键的对外联系与对外交流作用。城市的建设，一方面应借助枢纽强化内部与区域交通的快速、便捷化连接程度；另一方面应更加注重信息化和数字经济的发展，使创新要素市场得以迅速配置与交流，激活内外双循环。

当然，我国多年来对科技研发、科技创新的扶持力度是显而易见的，而且科研支持相关投入每年都会得到强化。但不得不承认，目前我国创新发展面临着创新经济型龙头企业较少，上游关键环节较为薄弱，科研成果转化尚且不足，创新发展具有一定地域门槛，企业型创新金融资金体系支撑不足等问题。这对政府能否有效制定强有力的引导政策将是一大考验，对航空都市能否响应时代发展机遇，优化自身创新服务体系，构建适合创新技术、创新产品的发展环境，也将是一大考验。

## 启示：全球化的新课程

### 全球化面临新课题——新冠肺炎疫情

如果简单地认为现代社会发展将"会导致一种更为幸福和更为安全的社会秩序"[4]，那么发生在2020年初的新冠肺炎疫情就给全球化发展带来了当头棒喝。

进入21世纪以来，通信与交通成本的降低使全球化速度加快，任何一个地方的局部问题，都有可能迅速演变为全球事件。借助高效的航空运输，荷兰将鲜切花运送到全球；2008年奥运会期间，北京接待入境游客多达38.2万人次；中国郑州生产的苹果手机则根据市场事实需求运送给全球客户。可以说，航空运输是全球化进程中不可或缺的物理条件。科学技术的突破带给人类社会全新的帮助，也带来无可估量的"危机"。

所以当新冠肺炎疫情发生，并在全球范围内传播的时候，航空运输就成为疾病的重要传播途径。为了阻断疫情，多国出现了航班熔断和关闭国门的情况。截至2021年7月，中国累计实施261次熔断措施，熔断航班551班；累计实施10次控制客座率措施，控制客座率运行航班共40班，所有航班入境客座率均在40%以下。日本于2020年底到2021年初采取了暂停批准外国人新入境的闭关政策。智利由于持续增长的每日新增新冠确诊病例使重症监护室的病床占用率上升到95%，所以不得不在2021年4月关闭国门……

国际航线熔断与多国国门关闭，会导致经济全球化停滞吗？这是新冠肺炎疫情带给全球化的新课题。

## 被"熔断"与"重塑"的航空运输业

新冠肺炎疫情对国际航空运输业影响显著。飞机作为全球化最重要的交通工具，成了新冠肺炎疫情在国际间传播的主要途径之一；由于新冠肺炎具有"人传人""冷链传播"的特性，国际间航线不断熔断；航空运输业积累了新冠肺炎疫情、全球金融危机等震动影响，逐步演变为一场"黑天鹅"事件，影响深远。毫不夸张地说，近几年"国际旅行"都将成为奢望，物理上的"关闭"和"隔断"是当今社会的主题。

国际航空运输协会公布：2020年全球客运量下降了60%，带来3 700亿美元航空直接经济损失；[5]与航空运输相关的行业，至少损失4 600万个工作岗位（根据ATAG公布的数据，全球航空运输业每年创造约6 550万个工作岗位[6]），直接相关行业（如航空交通管理、发动机与零部件制造等）至少损失480万个工作岗位；行业总GDP下降1.8万亿元；预测全球旅行需求在2024年才能恢复到2019年新冠肺炎疫情出现之前的水平[7]。这一突发国际卫生事件对旅行产业、旅行公司、航空公司以及其他供应链带来了毁灭性的打击。

国际航空运输协会的数据还显示，新冠肺炎疫情对全球连通性产生了致命打击。受影响较小的亚太地区和北美地区，连通性下降了70%以上。中国、日本和韩国等国家的国内航空市场表现强劲。加拿大的连通性下降了85%，但是庞大的美国市场支撑起了与该地区的互联互通。欧洲、非洲以及拉丁美洲的连通性普遍下降超过90%，成为受疫情影响相当严重的区域。

但与此同时，在2021年上半年，全球运送了超过200万吨的医疗货物，一些航空公司有史以来首次运营全货运航班，或将客机卸下座椅改装为货机提供纯货运服务。伦敦希思罗机场的货运量甚至猛增至正常运量的 5 倍之多。航空运输与物流、生物医药、医疗器械制造等产业产生了深入的联动。

"全球航线网络规模已经被重新排序。"国际航空运输协会高级副总裁塞巴斯蒂安·米科斯表示。突如其来的变化，重塑了航空运输业，也给航空都市发展带来新的思考。

## 曙光初现，航空都市的后疫情时代

国际航空运输协会和 ATAG 预测，到 2024 年，一切将回归 2019 年的状态。当然，这取决于科技的发展、疫苗及其他新兴技术对传染病的阻断能力。人类不用再像中世纪晚期黑死病传播时那样听天由命，新的医疗手段不断被发明，各国开发的疫苗也正在阻止新的变异。

那么全球的航空都市会因此受到多大影响呢？

约翰·卡萨达博士认为，新冠肺炎疫情将诱发全球性经济危机。但总体来看，多数国家和地区的经济形势将在 2021 年底前转好。中国经济已经开始复苏，国内航空客运量和国际航空货运量出现显著增长；美国经济也已出现反弹迹象；欧洲虽然相对滞后，但也将稳步恢复。未来，随着疫苗在全世界的普及，新冠病毒将得到控制，多数国家的经济将在 2~3 年内恢复常态发展。疫情虽然重创了航空业，导致经济下行，但这对航空都市的影响只是一时的。历史为证，航空业和临空经济曾经历数次危机，如非典、猪流感、2008 年金融危机等，但每次在危机应对之策出台两年左右，航空业和航空都市都会回归常态发展轨道。[8]

中国的航空业和临空经济发展迅速。在新冠肺炎疫情出现之前，全国客运量超过 1 000 万人次的机场均已规划建设空港经济区，其中有 17 个国家级临空经济示范区。自新冠肺炎疫情发生以来，依托航空都市的便利，因疫情产生的各项难题得以高效解决。例如，2020 年 7 月开始，由上海浦东国际机场面向长三角国际客群实施"7+7"（7 日在沪隔离，7 日在目的地隔离）转运措施。截至 2020 年 8 月，在疫情最紧急的时段，新郑国际机场共计抢运 6 600 多吨国内防疫物资。航空都市也存在自身发展不足的地方，比如新冠疫苗在空运途中的温度控制和安全保障非常重要。我国航空物流产业近年来发展迅速，但存在"最后一公里"服务能力不足等急需解决的问题，航空都市是解决这一问题的重要载体。

真正的胜利会属于人类，就像第一架飞机起飞带给人们全新的希望那样。当一切过去，航空运输业有望回归原有的蓬勃态势，我们也将从公共卫生、全球合作与社会治理等诸多方面获得更多经验与教训。全球的航空都市是应对危机的第一站。未来，航空都市的发展和建设要充分考虑突发事件的影响，建立高效的安全机制，配合相关基础服务设施，朝着更加便利、高效、安全的方向发展。

# 参考文献

### 序一　航空都市时代的城市竞争力

1. Airports Council International, CANSO, IATA, ICAO, and ICCAIA. Aviation Benefits Report 2019[R/OL]. [2020-12-01]. https://www.icao.int/sustainability/Documents/AVIATION-BENEFITS-2019-web.pdf.
2. ATAG. Aviation: Benefits Beyond Borders[R/OL]. [2020-12-01]. https://aviationbenefits.org/media/166344/abbb18_full_report_web.pdf.
3. UNC GLOBAL. Kenan Institute of Private Enterprise Announces 2017 Research Fellow Award Winners[EB/OL]. [2020-12-01]. https://global.unc.edu/news-source/kenan-institute-of-private-enterprise/.

### 前言　全球化与城市演进之道

1. 王姣,冯朝晖.货币政策内涵的变化比较[J].经济与法,2003(12):147-148.
2. IATA. Annual Review 2018[EB/OL]. 2019[2020-12-01]. https://www.iata.org/contentassets/c81222d96c9a4e0bb4ff6ced0126f0bb/iata-annual-review-2018.pdf.
3. Aerotropolis Institute China. Aerotropolis Theory[EB/OL]. [2020-12-01]. http://www.aicthink.com/theory.

### 导读　重读全球城市

1. 中国统计信息网.北京市2019年国民经济和社会发展统计公报[EB/

OL]. 2020 [2020-12-01]. http://www.tjcn.org/tjgb/01bj/36179.html.
2. 中国统计信息网. 上海市 2019 年国民经济和社会发展统计公报 [EB/OL]. 2020 [2020-12-01]. http://www.tjcn.org/tjgb/09sh/36201.html.
3. 罗植. 中国三大城市群经济发展质量的区域比较——基于全要素生产率及指数的评价分析 [J]. 企业经济, 2019(11).
4. 武义青, 李泽升. 京津冀城市群经济密度的时空分异研究——兼与长三角、珠三角城市群的比较 [J]. 经济与管理, 2015, 29(03):17-22.

## 01 机场遇见全球城市

1. FRIEDMANN B J. The world city hypothesis[J]. Development & Change, 2010, 17(1):69-83.
2. SASSEN S. The Global city: New York, London, Tokyo[M]. Princeton: Princeton University Press, 2013.
3. 唐子来, 李粲. 迈向全球城市的战略思考 [J]. 国际城市规划, 2015(04): 13-21.
4. 于宏源. 世界城市综合实力排名的八大指标体系与功能界定 [J]. 上海城市管理, 2015, 24(05):4-5.
5. A.T. Kearney. Global Cities 2017[EB/OL]. [2019-1-24]. https://www.kearney.com/global-cities/2017.
6. 唐子来, 李粲. 迈向全球城市的战略思考 [J]. 国际城市规划, 2015(04):9-17.
7. TAYLOR P J, DERUDDER B. World City Network: A global urban analysis [M]. London: Routledge, 2015.
8. 陈存友, 刘厚良, 詹水芳. 世界城市网络作用力：评 Taylor 等人的相关研究 [J]. 国际城市规划, 2003, 18(2)：47-49.
9. PR Newswire. The 10th Annual Allstate America's Best Drivers Report[EB/OL]. [2014-08-26]. https://www.allstate.com/americas-best-drivers/index.html.
10. 中国社会科学院财经战略研究院, 联合国人居署 [EB/OL]. [2020-12-30]. https://pdf.dfcfw.com/pdf/H3_AP202012281444344211_1.pdf?1609267915000.pdf.

11. 澎湃新闻. 穿透人类文明的时空：最新版全球城市竞争力报告发布[EB/OL]. [2020−12−30]. https://www.sohu.com/a/437286734_260616.
12. GaWC Research Network. Cities Globalization Index[EB/OL]. [2020−12−01]. https://www.lboro.ac.uk/gawc/projects/projec71.html#media.
13. GaWC Research Network. The World According to GaWC 2020[EB/OL]. [2020−12−30]. https://www.lboro.ac.uk/gawc/world2020t.html#top.
14. Economic Intelligence Unit. Hot Spots: Benchmarking Global City Competitiveness[EB/OL]. [2020−12−01]. https://www.citigroup.com/citi/citiforcities/pdfs/eiu_hotspots_2012.pdf.
15. Institute for Urban Strategies-The Mori Memorial Foundation. Mori Memorial Foundation's GPCI 2020 Report: London and New York maintain momentum, Singapore closes the gap on Tokyo and Paris[EB/OL]. [2020−12−30]. http://mori-m-foundation.or.jp/pdf/GPCI2020_release_en.pdf.
16. Institute for Urban Strategies-The Mori Memorial Foundation. Global Power City Index 2020 Summary[EB/OL]. [2020−12−30]. http://mori-m-foundation.or.jp/pdf/GPCI2020_summary.pdf.
17. 科尔尼公司. 2020年全球城市指数报告：新秩序，新未来[EB/OL]. [2020−12−30]. https://www.kearney.cn/article/?/a/-9-60-2.
18. 普华永道. 机遇之城2021[EB/OL]. [2021−03−30]. https://www.pwccn.com/zh/research-and-insights/chinese-cities-of-opportunities-2021-report.pdf.
19. PwC. Cities of Opportunity 7[EB/OL]. [2020−12−01]. https://www.pwccn.com/en/cities-of-opportunity/cities-of-opportunity-7.pdf.
20. ICAO. Aviation Benefits Report 2019[EB/OL]. 2019 [2020−12−01]. https://www.icao.int/sustainability/Documents/AVIATION-BENEFITS-2019-web.pdf.
21. ATAG. Air Transport: 65.5 Million Jobs, \$2.7 Trillion Economic Activity[EB/OL]. 2018 [2020−12−01]. https://www.atag.org/component/news/?view=pressrelease&id=110.
22. CHOHAN U W. The Concept of the Aerotropolis: A Review[J]. SSRN, 2019.
23. FREIDHEIM C F, HANSSON B T. Airports as Engines of Economic

Development: Great Airports Are Critical for a Region[J/OL]. Strategy+business, 1999(16). [2020-12-01]. https://www.strategy-business.com/article/19372.

24. BEYERS W B, HYDE S J. King County International Airport: 2003 Economic Impact Study[R]. Washington: King County Department of Transportation, 2003.

25. KAVANAGH E, O'LEARY E, SHINNICK E. The Role of Airport Infrastructure in Regional Development: The Case of Cork Airport [M]. Regional Development in Ireland: A New Agenda, Dublin: Liffey Press, 2003.

26. DEBBAGE K G, DELK D. The geography of air passenger volume and local employment patterns by US metropolitan core area: 1973-1996[J]. Journal of Air Transport Management, 2001(7):159-167.

27. HUDDLESTON J R, PANGOTRA P P. Regional and local economic impacts of transportation investments[J]. Transportation Quarterly, 1990, 44(4):579-594.

28. BRUECKNER J K. Economic contribution of the aviaition sector to HongKong: a value-added approach [J]. The Chinese Economy, 2006, 39(6):19-38.

29. LOHMANN G, ALBERS S, KOCH B, et al. From hub to tourist destination-an explorative study of Singapore and Dubai's aviation-based transformation[J]. Journal of Air Transport Management, 2009, 15:205-211.

30. HIRSH M. What's Wrong with the Aerotropolis Model?[EB/OL]. [2020-12-01].https://siteselection.com/issues/2017/mar/airport-cities-whats-wrong-with-the-aerotropolis-model.cfm.

31. SEIELSTAD B G. Skyscraper Airport for City of Tomorrow[J/OL].Popular Science,1939(11): 70-71.[2020-12-01].https://books.google.com.hk/books?id=QywDAAAAMBAJ&pg=PA70&red#v=onepage&q&f=false.

32. WEISBROD G E, REED J S, NEUWIRH R M. Airport Area Economic Development Model[C]. Manchester England: PTRC International Transport Conference, 1993.

33. 刘武君.国外机场地区综合开发研究 [J]. 国外城市规划，1998-01.

34. 曹允春.谈临空经济区的建立与发展 [J]. 中国民航学院学报，1999.

35. 金忠民.空港城研究 [J]. 规划师，2004(02)：79-81.

36. 王旭. 空港都市区：美国城市化的新模式 [J]. 浙江学刊，2005(05)：12-17.
37. KASARDA J D. Time-based competition&industrial location in the fast century [J]. Real Estate Issues, 1999, 23(4):24-29.
38. OMAR E L. Challenges Facing the Interrelation of 21st Century International Airports and Urban Dynamics in Metropolitan Agglomerations, Case Study: Cairo International Airport [C]. 39th ISOCARP Congress, 2003.
39. MORRISON W G. Real estate, factory outlets and bricks: a note on non aeronautical activities at commercial airports [J]. Journal of Aix Transport Management, 2009,15(3):112-115.
40. CAPA. Europe's airports. Economic impact—the theory and the practice; ACI Europe report[EB/OL]. 2015 [2020-12-01]. https://centreforaviation.com/analysis/reports/europes-airports-economicimpact--the-theory-and-the-practice-aci-europe-report-part-1-207594.
41. 孙波，金丽国，曹允春. 临空经济产生的机理研究——以首都国际机场为例 [J]. 理论探讨，2006(06)：95-97.
42. 祝平衡，张平石. 发展临空经济的充要条件分析 [J]. 湖北社会科学，2007(11)：9s-97.
43. 曹允春，席艳荣，李微微. 新经济地理学视角下的临空经济形成分析 [J]. 经济问题探索，2009(2)：49-54.
44. 刘雪妮. 我国临空经济的发展机理及其经济影响研究 [D]. 南京：南京航空航天大学，2008：16-19.
45. 沈丹阳，曹允春. 以空港为核心构建航空大都市的关键要素研究 [J]. 港口经济，2013-01.
46. 刘莉. 基于AHP的临空经济区发展质量指标评价体系构建 [J]. 黄河科技大学学报，2016-02.
47. KASARDA J D. Aerotropolis [EB/OL]. [2020-12-01]. http://aerotropolis.com/airportcity/wp-content/ uploads/2018/12/1b_Aerotropolis_encyclopedia_article_20170812.pdf.
48. 钱德勒. 看得见的手：美国企业的管理革命 [M]. 北京：商务印书馆，1987.

49. KASARDA J D. Aerotropolis [EB/OL]. [2020-12-01]. http://aerotropolis.com/airportcity/wp-content/uploads/2019/07/UrbanRegionalStudies_2019.pdf.
50. 王晓川. 国际航空港近邻区域发展分析与借鉴 [J]. 城市规划汇刊, 2003(03): 65-68.
51. 刘玉海, 高莹. 世界八大主要自由贸易区概况与上海自贸区比较研究 [EB/OL]. [2020-12-01]. http://mycaijing.com.cn/news/2013/10/24/4740.html.

## 02 评级模型与城市观察

1. 邬平, 马继涛, 李鑫, 等. 一种基于专家打分权重的迭代算法构建与应用 [J]. 昆明理工大学学报（自然科学版）, 2013(02):107-110.
2. 李健, 张春梅, 李海花. 智慧城市及其评价指标和评估方法研究 [J]. 电信网技术, 2012(1):1-5.
3. 杜栋, 庞庆华, 吴炎. 现代综合评价方法与案例精选 [M]. 北京：清华大学出版社, 2008.
4. 常列珍, 马新谋. 基于 AHP 方法的专家打分主战坦克性能综合评价 [J]. 机械管理开发, 2007(02):4-6.
5. MARSAL-LLACUNA M L, SEGAL M E. The Intelligenter Method (I) for making "smarter" city projects and plans[J]. Cities, 2016, 55(6):127-138.
6. BAKICI T, ALMIALL E, WAREHAM J. A Smart City Initiative: the Case of Barcelona[J]. Journal of the Knowledge Economy, 2012, 4(2):135-148.
7. 李应南, 陈向科. 基于层次分析法和专家打分法的交叉口交通安全评价研究 [J]. 中华民居（下旬刊）, 2014(05):245-248.
8. 张秀红, 马迎雪, 李延晖. 结合主成分分析法改进后的层次分析法及应用 [J]. 长江大学学报（自科版）, 2013(2):30-32.
9. 曹茂林. 层次分析法确定评价指标权重及 Excel 计算 [J]. 江苏科技信息, 2012(02):39-40.

## 04 GARI 视角下的中国城市群

1. 中国民用航空局. 2019 年民航机场生产统计公报 [EB/OL]. 2020 [2020-12-01]. http://www.caac.gov.cn/XXGK/XXGK/TJSJ/202003/t20200309_201358.html.

2. 中国民用航空局. 关于加强国家公共航空运输体系建设的若干意见 [EB/OL]. 2008 [2020-12-01]. http://www.caac.gov.cn/XXGK/XXGK/ZFGW/201601/P020160122452686416242.pdf.

3. 中国港口网. 多方发力长三角区域一体化发展 [EB/OL]. 2019 [2020-12-01]. http://www.chinaports.com/portlspnews/0afd24c5-2453-4666-ae1d-a4682b2d83ac.

4. 中华人民共和国住房和城乡建设部. 2017年城市建设统计年鉴 [EB/OL]. [2020-12-01]. http://www.mohurd.gov.cn/xytj/tjzljsxytjgb/jstjnj/.

5. 搜狐网. 长三角城市群26城2018年GDP排名 [EB/OL]. 2019 [2020-12-01]. https://www.sohu.com/a/295339224_235966.

6. 上海市统计局. 2019年上海市国民经济和社会发展统计公报 [EB/OL]. 2020 [2020-12-01]. http://tjj.sh.gov.cn/tjgb/20200329/05f0f4abb2d448a69e4517f6a6448819.html.

7. 中国民用航空局网站. 发展潜力巨大的粤港澳大湾区机场群该如何分工？[EB/OL]. [2020-12-01]. http://www.ccaonline.cn/jichang/jctop/452638.html.

8. 搜狐网. 广东2.5万亿元投向基础设施 加速建设高速公路铁路 [EB/OL]. [2020-12-01]. http://www.sohu.com/a/156508971_119778.

9. 腾讯网. 轨道交通里程40强城市公布，成都力压广州、深圳，江苏上榜5城 [EB/OL]. [2021-07-29]. https://new.qq.com/rain/a/20210728A0A82K00.

10. 广州市人民政府. 2019年广州市国民经济和社会发展统计公报 [EB/OL]. 2020 [2020-12-01]. http://www.gz.gov.cn/zwgk/sjfb/tjgb/content/mpost_5746671.html.

11. 深圳市前海管理局. 前海蛇口自贸片区：聚焦八大板块打造制度创新"前海模式" [EB/ OL]. 2019 [2020-12-01]. https://gd.qq.com/a/20190426/008960.htm.

12. 中华人民共和国住房与城乡建设部. 2019年城市建设统计年鉴 [EB/OL]. [2020-12-01]. http://www.mohurd.gov.cn/xytj/tjzljsxytjgb/jstjnj/.

13. 凤凰网. 青岛，又将贡献一个世界中心！[EB/OL]. 2018 [2020-12-01]. http://qd.ifeng.com/a/20180407/6484773_0.shtml.

14. 中国统计信息网. 大连市2018年国民经济和社会发展统计公报 [EB/

OL]. 2019 [2020−12−01]. http://www.tjcn.org/tjgb/06ln/36080_2.html.

15. 烟台市人民政府. 2018 年烟台市国民经济和社会发展统计公报 [EB/OL]. 2019 [2020−12−01]. http://www.yantai.gov.cn/art/2019/4/15/art_27463_2411440.html.

16. 中国统计信息网. 北京市 2019 年国民经济和社会发展统计公报 [EB/OL]. 2020 [2020−12−01]. http://www.tjcn.org/tjgb/01bj/36179.html.

17. 国家统计局天津调查总队. 2019 年天津市国民经济和社会发展统计公报 [EB/OL]. 2020 [2020−12−01]. http://tjzd.stats.gov.cn/xxgk/system/2020/07/27/010004034.shtml.

18. 国家发展改革委. 中原城市群发展规划 [EB/OL]. 2016 [2020−12−01]. http://www.gov.cn/xinwen/2017−01/05/5156816/files/4e3c18bb7f2d4712b7264f379e7cb416.pdf.

19. 国家发展改革委. 长江中游城市群发展规划 [EB/OL]. 2015 [2020−12−01]. http://www.gov.cn/xinwen/site1/20150416/74781429188142053.pdf.

20. 国家发展改革委，住房城乡建设部. 关中平原城市群发展规划 [EB/OL]. 2018 [2019−01−01]. http://sndrc.shaanxi.gov.cn/uploadfiles/files/2018053115082998.pdf.

21. 丝绸之路经济带. 关于印发武汉综合交通枢纽示范工程实施方案的通知 [EB/OL]. 2017 [2020−12−01]. http://www.iic21.com/21sczl/index.php?m=Home&c=Articles&a=showart&artid=232097&areaid=1068&a rtcid=47.

22. 中国临空经济网. 长沙着力构建四小时航空经济圈 多措并举打造开放新高地 [EB/OL]. 2019 [2020−12−01]. http://www.ae-cn.com/content.asp?id=9100&channel=3&classid=11.

23. 中国统计信息网. 武汉市 2019 年国民经济和社会发展统计公报 [EB/OL]. 2020 [2020−12−01]. http://www.tjcn.org/tjgb/17hb/36260.html.

24. 郑州市统计局. 2019 年郑州市国民经济和社会发展统计公报 [EB/OL]. 2020 [2020−12−01]. http://tjj.zhengzhou.gov.cn/tjgb/3112732.jhtml.

25. 中国统计信息网. 长沙市 2019 年国民经济和社会发展统计公报 [EB/OL]. 2020 [2020−12−01]. http://www.tjcn.org/tjgb/18hn/36224.html.

26. 王悠然. 中部城市创新驱动发展战略实施路径及成效对比分析——以武汉市和郑州市为例 [J]. 创新科技, 2018, 18(12):4.

## 05 航空都市发展的策略、原则与导则

1. 卡萨达，林赛. 航空大都市：我们未来的生活方式 [M]. 曹允春，沈丹阳，译. 郑州：河南科学技术出版社，2013.
2. International Airport Review. China's Aerotropolis: The Zhengzhou Airport Economy Zone[EB/OL]. 2018 [2020-12-01]. https://www.internationalairportreview.com/whitepaper/73497/chinasaerotropolis-airport-economy/.
3. 王红岩. 民航机场服务质量评价与实证研究 [D]. 广汉：中国民用航空飞行学院, 2016.
4. 樟宜机场集团. 新加坡樟宜机场连续七年蝉联 Skytrax "世界最佳机场"大奖　机场设施持续升级 "星耀樟宜"开业在即 [EB/OL].[2020-12-1]. https://cn.changiairport.com/news/Skytrax2019.html.
5. 唐海燕，张会清. 中国在新型国际分工体系中的地位——基于价值链视角的分析 [J]. 国际贸易问题，2009(02):18-26.
6. 上海虹桥商务区管理委员会. 2015 上海虹桥商务区发展报告 [M]. 北京：新华出版社，2015.
7. 民用航空网. 2018 范堡罗航展首日达成 464 亿美元交易 [EB/OL]. 2018[2020-12-01]. http://www.ccaonline.cn/news/top/424966.html.
8. 马建. 长沙黄花国际机场临空经济综合开发研究 [D]. 长沙：中南大学，2009.
9. 高友才，汤凯. 临空经济与供给侧结构性改革——作用机理和改革指向 [J]. 经济管理，2017(10):22-34.

## 06 航空都市：新时代，新故事

1. 民航资源网. 转型升级过程中的上海航空枢纽发展战略 [EB/OL]. [2020-12-01]. http://news.carnoc.com/list/222/222055.html.
2. 上海市统计局. 2019 年上海市国民经济和社会发展统计公报 [EB/OL]. [2020-12-01]. http://tjj.sh.gov.cn/tjgb/20200329/05f0f4abb2d448a69e4517f6a6448819.html.
3. 上海虹桥商务区. 枢纽简介 [EB/OL]. [2020-12-01]. http://www.shhqcbd.gov.cn/html/shhq/shhq_snjj/List/list_0.htm.

4. 上海虹桥商务区. 上海市虹桥商务区管理办法 [EB/OL].[2020-12-01]. http://www.spcsc.sh.cn/n1939/n1948/n1949/n2329/u1ai134223.html.
5. 虹桥临空. 上海虹桥——临空经济园区 [EB/OL]. [2020-12-01]. http://www.hqlk.com/Article/201612/201612220002.shtml.
6. 解放日报. 上海虹桥：四年内建成一流国际航空枢纽 [EB/OL]. [2020-12-01]. http://www.cnr.cn/shanghai/tt/20180909/t20180909_524354937.shtml.
7. 上海市闵行区人民政府.《关于加快虹桥商务区建设 打造国际开放枢纽的实施方案》正式公布，华漕全镇纳入开发建设 [EB/OL]. [2020-12-01]. http://www.shmh.gov.cn/shmh/zwdt-hcz/20191115/467708.html.
8. 上海机场（集团）有限公司. 上海国际机场股份有限公司 2019 年年度报告 [EB/OL]. [2020-12-01]. http://www.sse.com.cn/disclosure/listedinfo/announcement/c/2020-03-28/600009_2019_n.pdf.
9. 上海市浦东新区人民政府. 上海浦东综合交通枢纽专项规划获批 上海东站与浦东机场组成新"空铁联运"枢纽 [EB/OL].[2020-12-01]. http://www.pudong.gov.cn/shpd/news/20200720/006001_e4fcc45f-39d9-4774-a7f4-ea019af447a7.htm.
10. 中国商飞. 依托国产大飞机和浦东机场 上海建设综合型航空城 [EB/OL]. [2020-12-01]. http://www.comac.cc/xwzx/hkzx/201601/17/t20160117_3379994.shtml.
11. 张江集团官网. 上海市张江高科技园区 [EB/OL]. [2020-12-01]. https://www.zjpark.com/xinwen.html.
12. 上海市浦东新区人民政府. 开发区 [EB/OL]. (2019-09-01)[2020-12-01]. http://www.pudong.gov.cn/shpd/about/20190910/008006032004_23f94bc1-7c15-4a63-921e-30630c0be349.htm.
13. 上海国际旅游度假区 [EB/OL]. [2020-12-01]. http://www.pudong.gov.cn/shir/.
14. 张瑛. 综合交通枢纽地区周边工业园区产业转型与升级比较研究——以上海虹桥综合交通枢纽地区三个园区为例 [J]. 规划师，2010 (S2)：5-10.
15. 上海市规划和自然资源局. 上海市虹桥主城片区单元规划 [EB/OL]. [2020-12-01]. http://xz.ghzyj.sh.gov.cn/xg/shshqzcpqdygh.pdf.
16. 上海浦东新区规划和自然资源局. 川沙城市副中心地区概念性城市设

计国际方案征集中期成果汇报会顺利召开 [EB/OL].[2020-12-01]. http://www.pudong.gov.cn/shpd/department/20190219/019017001_d3bc7677-44f6-4208-88f5-4c04a0738a68.htm.

17. 阜阳民用航空中心. 2018 年中国 235 个机场吞吐量排名 [EB/OL]. [2020-12-01]. http://mhj.fy.gov.cn/content/detail/5c3704947f8b9ad7048b457d.html.

18. CAPA. Group ADP profile[EB/OL]. [2020-12-01].https://centreforaviation.com/data/profiles/investor/groupe-adp-adp-group-aeroports-de-paris-paris-aeroport-adp-international.

19. GROUPE ADP. Connect 2020 2016—2020 Strategic Plan to serve our Ambition[EB/OL]. [2020-12-01]. https://www.parisaeroport.fr/en/group/group-strategy/our-strategy/strategy.

20. 民航资源网. 大巴黎地区多机场系统运营情况分析及启示 [EB/OL]. [2020-12-01]. https://www.sohu.com/a/164592835_200814.

21. 民航资源网. 大巴黎地区多机场系统运营情况分析及启示 [EB/OL]. [2020-12-01]. https://www.sohu.com/a/164592835_200814.

22. 中国民用航空局. 国家发展改革委、民航局印发《推进京津冀民航协同发展实施意见》[EB/OL]. (2017-12-07)[2020-12-01]. http://www.caac.gov.cn/XWZX/MHYW/201712/t20171207_47915.html.

23. 央广网. 大兴国际机场："中国速度"建造北京新地标 [EB/OL]. (2019-09-24)[2020-12-01]. https://baijiahao.baidu.com/s?id=1645519258379108864&wfr=spider&for=pc.

24. 中华人民共和国中央人民政府. 北京大兴国际机场正式投运——高科技触手可及 [EB/OL]. (2019-10-07)[2020-12-01]. http://www.gov.cn/xinwen/2019-10/07/content_5436644.htm.

25. 中华人民共和国交通运输部. 民航局出台京津冀机场航线航班网络优化实施办法 [EB/OL]. [2020-12-01]. http://zizhan.mot.gov.cn/zhuzhan/jiaotongxinwen/xinwenredian/201501xinwen/201501/t20150115_1758923.html.

26. 中国民用航空局. 民航局解读《北京大兴国际机场转场投运及"一市两场"航班时刻资源配置方案》《北京"一市两场"转场投运期资源协调方案》[EB/OL]. (2019-01-03)[2020-12-01]. http://www.gov.cn/zhengce/2019-

01/03/content_5354595.htm.

27. CAPA. Beijing Daxing International Airport[EB/OL]. [2020-12-01]. https://centreforaviation.com/data/profiles/airports/beijing-daxing-international-airport-pkx.

28. 每经网. 中国宏观经济研究院国土开发与地区经济研究所副所长申兵：世界级城市群发展有五大趋势[EB/OL]. (2019-12-25)[2020-12-01]. http://www.nbd.com.cn/articles/2019-12-25/1396083.html.

29. 新思界. 国外临空经济成功案例分析——荷兰史基浦机场[EB/OL]. (2017-05-31)[2020-12-01]. http://www.newsijie.com/zongyan/guihua/quyuchengshi/2017/0531/11237757.html.

30. 搜狐网. 鹿特丹智慧港口建设发展模式与经验借鉴[EB/OL]. [2020-12-01]. https://www.sohu.com/a/300791472_784079.

31. 张璐璐. 共享与品质——2018中国城市规划年会论文集[C]. 北京：中国建筑工业出版社，2018.

32. Development Research Partners. 2018 Economic Forecast for MetroDenver[EB/OL]. [2020-12-01]. http://www.metrodenver.org/media/851036/2018-Forecast_013018.pdf.

33. Metro Denver Economic Development Corporation. Thinking big to develop a growing region [EB/OL]. [2020-01-01]. http://www.metrodenver.org/mile-high-advantages/infrastructure/air/.

34. Informa Markets. Denver International airport: impressive growth and planning ahead[EB/OL]. [2020-12-01]. https://centreforaviation.com/analysis/reports/denverinternational-airport-impressive-growth-andplanning-ahead-458943.

35. KASARDA J D, CANON M H. Creating an Effective Aerotropolis Master Plan[J]. Regional Economic Review, 2016 (5): 13.

36. 掌中看世界. US News宣布2019年美国最佳居住大城市榜单[EB/OL]. [2020-12-01]. https://www.sohu.com/a/321341820_174814.

37. 人民网. 把握科技发展新浪潮 华盛顿跻身金融中心[EB/OL]. (2017-11-22)[2020-12-01]. http://finance.people.com.cn/n1/2017/1122/c415487-29661075.html.

38. The Washington Post. Crystal City: Model of Convenience[EB/OL]. [2020-12-01]. https://www.washingtonpost.com/wp-srv/local/counties/arlngton/longterm/wwlive/crystal.htm.

39. 王刚. 亚马逊取消纽约第二总部的内幕 [EB/OL]. [2020-12-01]. https://www.leiphone.com/category/industrynews/o5tl2TaGJQmKeasI.html.

40. Amazon Staff . Amazon selects New York City and Northern Virginia for new headquarters[EB/OL]. (2018-11-13) [2020-12-01]. https://www.aboutamazon.com/news/company-news/amazon-selects-new-york-city-and-northern-virginia-for-new-headquarters.

41. Business Wire. JBG SMITH Announces Amazon Has Selected Its Assets at National Landing for Headquarters Location[EB/OL]. [2020-12-01]. https://www.businesswire.com/news/home/20181113005877/en/.

42. 观察者. 美国地方政府入不敷出也要砸钱请亚马逊来当地建总部 [EB/OL]. [2020-12-01]. https://www.guancha.cn/ChanJing/2018_11_14_479625.shtml.

43. 中国经济网. 2012 中国都市圈评价指数发布 上海独占鳌头 [EB/OL]. (2012-06-29)[2020-12-01].http://district.ce.cn/newarea/roll/201206/29/t20120629_23447451.shtml.

44. 中共杭州市委 杭州市人民政府. 2019 年杭州市国民经济和社会发展统计公报 [EB/OL].（2020-03-20）[2020-12-01]. http://www.hangzhou.gov.cn/art/2020/3/20/art_805865_42336875.html.

45. 杭州网. 电子商务，杭州正当时 [EB/OL]. [2020-12-01]. https://hznews.hangzhou.com.cn/jingji/content/2014-07/08/content_5352861.htm .

46. 中国服务贸易指南网. 杭州 2018 年跨境电商交易额达 113.7 亿美元 [EB/OL]. (2019-04-02)[2020-12-01]. http://tradeinservices.mofcom.gov.cn/article/tongji/guonei/difangtj/201904/80598.html.

47. 中国（杭州）跨境贸易电子商务综合试验区. 中国（杭州）跨境贸易电子商务产业园·空港园区 [EB/OL]. [2020-12-01]. http://www.china-hzgec.gov.cn/areaintroduction/xiaoshanpark.shtml.

48. 浙江政务服务网. 跨境电商——让杭州制造插上转型新翅膀 [EB/OL]. (2019-11-25)[2020-12-01]. http://www.hangzhou.gov.cn/art/2019/11/12/

art_812266_40100998.html.
49. 洪婷君.杭州空港经济发展战略研究[D].杭州：浙江工业大学，2013.
50. 浙江省发展和改革委员会.杭州临空经济示范区发展规划[EB/OL].[2020-12-01].http://zjjcmspublic.oss-cn-hangzhou-zwynet-d01-a.internet.cloud.zj.gov.cn/jcms_files/jcms1/web3185/site/attach/old/1808010931195676179.pdf.
51. 杭州萧山国际机场.机场简介[EB/OL].[2020-12-01].http://www.hzairport.com/survey/index.html.
52. 中国民用航空局.2018年民航机场生产统计公报[EB/OL].[2020-12-01].http://www.caac.gov.cn/XXGK/XXGK/TJSJ/201903/t20190305_194972.html.
53. 萧山网.空港经济区，一座腾飞的空港之城[EB/OL].(2016-01-10)[2020-12-01].http://town.xsnet.cn/2016_subject/lh_kg/zjjj/2468845.shtml.
54. 杭州市萧山区人民政府.杭州临空经济示范区[EB/OL].[2020-12-01].http://www.xiaoshan.gov.cn/art/2018/2/6/art_1303007_6494192.html.
55. 贾凤莹.杭州航空经济变迁及创新发展研究[J].创意城市学刊，2019(02):83-93.
56. 杭州空港经济区.杭州临空经济示范区获批一周年 三个"十大"项目来献礼[EB/OL].[2020-12-01].http://kg.xsnet.cn/html/2018/kgdt_0524/12333.html.
57. 萧山网专题.2019融媒体系列访谈[EB/OL].[2020-12-01].http://www.xsnet.cn/2019_subject/2019rmtxlftmb/3088934.shtml.
58. The Economist Intelligence Unit. The Global Liveability Index 2019[EB/OL]. [2020-12-01]. https://www.eiu.com/public/topical_report.aspx?campaignid=liveability2019.
59. HELLIWELL J F, LAYARD R, SACHS J D, The World Happiness Report 2020[R/OL]. [2020-12-01]. https://happiness-report.s3.amazonaws.com/2021/WHR+21.pdf.
60. Helsinki-Uusimaa Regional Council. ARC Conference: Airports Keys to Success[EB/OL]. [2020-12-01]. https://www.uudenmaanliitto.fi/en/news/arc_conference_airports_keys_to_success.23354.news?5525_o=80.

61. 安德森，霍尔姆斯特朗，洪卡波希亚，等 . 北欧模式：迎接全球化与共担风险 [M]. 陈振声，权达，解放，译 . 北京：社会科学文献出版社，2014.

62. Helsinki City Urban Facts Office. The Regional Economy of Helsinki from a European Perspective[EB/OL]. [2020−12−01]. https://www.hel.fi/hel2/Tietokeskus/julkaisut/pdf/04_11_09_suokas_vj31.pdf.

63. FINAVIA. The 2018 SKYTRAX World Airport Awards: Helsinki Airport is the Best Airport in Northern Europe[EB/OL]. [2020−12−01]. https://www.finavia.fi/en/newsroom/2018/2018-skytraxworld-airportawards-helsinki-airport-best-airport-northern-europe.

64. 国际空港信息网 . 数说空港：2018 年欧洲机场增速 6.1%，货运量下滑引发担忧 [EB/OL]. (2019−02−08)[2020−12−01]. http://www.iaion.com/jd/100747.html.

65. 新浪财经 . 中国游客成赫尔辛基机场第四大客源 去年增速达 15%[EB/OL]. (2019−06−18)[2020−12−01]. https://finance.sina.cn/2019−06−18/detail-ihytcerk7749177.d.html?vt=4&pos=17.

66. Vantaa. Aviapolis-City with wings[EB/OL]. [2020−12−01]. https://www.vantaa.fi/housing_and_environment/urban_planning_and_land_use/the_suburbs_and_the_districts/aviapolis/invest_in_aviapolis.

67. Statistics Finland. Population growth smallest since 1970[EB/OL]. [2020−12−01]. https://www.stat.fi/til/vaerak/2018/vaerak_2018_2019−03−29_tie_001_en.html.

68. Vantaa. Vantaa in brief[EB/OL]. [2020−12−01]. https://www.vantaa.fi/administration_and_economy/vantaa_information/vantaa_in_brief.

69. Trading Economics. Finland Personal Income Tax Rate[EB/OL]. [2020−12−01]. https://tradingeconomics.com/finland/personal-income-taxrate.

70. 腾讯网 . 疫情下的郑州富士康：兼顾生产与抗疫分三批渐次复工到岗激励 3000 元 [EB/OL]. [2020−12−01]. https://new.qq.com/omn/FIN20200/FIN2020021501038900.html.

71. 百家号 . 郑州富士康 2020 年全面复工，需求人力旺盛，奖金增加到

8250 元 [EB/OL]. [2020-12-01]. https://baijiahao.baidu.com/s?id=1660055923013601483&wfr=spider&for=pc.

72. 雪球. 疫情 B 面：七成智能手机中国造，被富士康捏住的苹果命脉 [EB/OL].[2020-12-01]. https://xueqiu.com/8313498239/140523953.

73. 新华社. 郑州成为疫情期间重要国际货运空港通道 [EB/OL]. [2020-12-01]. https://baijiahao.baidu.com/s?id=1664670350194949560&wfr=spider&for=pc.

74. 大豫网. 富士康总裁郭台铭：我对郑州航空港充满信心 [EB/OL]. (2013-04-09)[2020-12-01]. https://henan.qq.com/a/20130409/000012.htm.

75. 中国法院网. 郭台铭谈富士康入豫：我给河南投资环境打"优秀" [EB/OL]. (2010-12-02)[2020-12-01]. https://www.chinacourt.org/article/detail/2010/12/id/437636.shtml.

76. 国家发展改革委. 国家发展改革委关于支持郑州建设国家中心城市的复函 [EB/OL].(2017-01-22)[2020-12-01]. https://www.ndrc.gov.cn/xwdt/ztzl/xxczhjs/ghzc/201701/t20170125_972047.html.

77. 第一财经. 2019 新一线城市官方名单出炉：你的城市排第几？（附 337 个城市排名）[EB/OL]. (2019-05-24)[2020-12-01] https://www.yicai.com/news/100200192.html.

78. 河南省出台 20 条优惠政策支持郑州航空物流业发展 [J]. 空运商务，2012(14):32-33.

79. 张倩. 郑州南站站房建设进入新阶段主体结构施工全面展开 [EB/OL]. [2020-12-01]. https://zzrb.zynews.cn/html/2019-08/13/content_1098398.htm.

80. 经济日报. 郑州：从中原走向广阔世界舞台 [EB/OL]. (2018-10-19)[2020-12-01]. http://www.ce.cn/xwzx/gnsz/gdxw/201810/19/t20181019_30567380.shtml.

81. 郑州教育信息网. 航空港将建成航空大都市主体实验区 [EB/OL]. (2016-01-11)[2020-12-01] http://news.zzedu.net.cn/xdxw/01/1405607.shtml.

82. 河南经济报. 郑州智能终端产业风起云涌 雁阵效应推动全产业链形成 [EB/OL]. (2018-09-03)[2020-12-01]. https://baijiahao.baidu.com/s?id=1610551199064963189&wfr=spider&for=pc.

83. 河南省统计局统计监测评价处. 郑州航空港经济综合实验区1—8月份发展情况简析[EB/OL]. (2017-10-10)[2020-12-01]. http://www.ha.stats.gov.cn/2017/10-10/1370999.html.

84. 中工网. 河南:"空陆网"丝绸之路焕发新活力[EB/OL]. (2018-08-22)[2020-12-01].http://media.workercn.cn/sites/media/grrb/2018_08/22/GR0102.htm?from=groupmessage&isappinstalled=0.

85. 河南省人民政府. 多式联运"河南方案"助力交通强省建设[EB/OL]. (2017-11-13)[2020-12-01]. http://www.henan.gov.cn/2017/11-11/382283.html.

86. 河南日报. 国际物流数据标准联盟在郑州成立[EB/OL]. (2017-06-26)[2020-12-01].https://www.henandaily.cn/content/fzhan/2017/0626/FBJEG.html.

87. 河南日报. 航空港获批国家级专家服务基地[EB/OL]. [2020-12-01]. http://hn.cnr.cn/zyjjq/20151126/t20151126_520604220.shtml.

88. 东方今报. 郑州已启动400个公园建设 绿地面积每年增长1000万㎡[EB/OL]. (2018-09-19)[2020-12-01]. http://henan.sina.com.cn/news/2018-09-19/detail-ifxeuwwr5878344.shtml.

89. 河南商报. 郑州国家中心城市森林生态系统规划(2019—2025)[EB/OL]. (2019-08-06)[2020-12-01]. http://news.yuanlin.com/detail/201986/277816.htm.

90. 搜狐. 融中西教育精华 开创"1+6"英迪创新教育模式[EB/OL]. (2015-06-09)[2020-12-01]. http://roll.sohu.com/20150609/n414697683.shtml.

91. 搜狐. 从英迪出发,扬帆起航——英迪国际学校国际高中2017毕业盛典[EB/OL]. (2018-01-13)[2020-12-01]. https://www.sohu.com/a/216551477_783874.

92. 新浪河南. 十一部委联合调研郑州航空港 听取发展建议[EB/OL].(2014-03-22) [2020-12-01]. http://henan.sina.com.cn/news/z/2014-03-22/0832-133538.html?from=henan_cnxh.

93. 中华人民共和国郑州海关. 去年新郑综保区进出口值超3400亿元 实现封关运行以来七连增[EB/OL]. (2019-01-24)[2020-12-01]. http://www.

customs.gov.cn/zhengzhou_customs/501400/501401/2280508/index.html.

94. 河南省人民政府. 去年新郑综保区进出口值超 3400 亿元 实现封关运行以来七连增 [EB/OL]. [2020-12-01]. http://www.henan.gov.cn/2019/01-23/731758.html.

95. 中华人民共和国中央人民政府. 国务院关于支持自由贸易试验区深化改革创新若干措施的通知 [EB/OL]. (2018-11-23)[2020-12-01]. http://www.gov.cn/zhengce/content/2018/11/23/content_5342665.htm.

96. 国际在线. 郑州—卢森堡"空中丝绸之路": 从互联互通到互利共赢 [EB/OL]. (2019-04-01)[2020-12-01]. http://news.cri.cn/20190401/d1ca1b62-55c7-51a8-4af7-4d5c48c4b4c1.html.

97. 国际在线. 郑州—卢森堡"空中丝绸之路": 从互联互通到互利共赢 [EB/OL]. (2019-04-01)[2020-12-01]. http://news.cri.cn/20190401/d1ca1b62-55c7-51a8-4af7-4d5c48c4b4c1.html.

98. 中华网·河南. 中欧班列首条电商专线"菜鸟号"在郑发车 将可节省三成物流成本 [EB/OL]. (2019-03-04)[2020-12-01]. https://henan.china.com/news/yw/2019/0304/253013017.html.

99. 雨果跨境网. 2019 年郑州航空港区跨境电商单量达 7000 万 交易额 70 亿元 [EB/OL].(2020-03-04)[2020-12-01]. https://www.cifnews.com/app/postsinfo/473420.

100. 中金点睛. 中金: 再看郑州——中部崛起, 风华"郑"茂 [EB/OL]. (2020-09-15)[2020-12-01]. https://mp.weixin.qq.com/s/4eEE9GlPUtqet_j8ztaEWw.

101. Statista. Population of the Memphis metro area in the United States from 2010 to 2020[EB/OL]. [2020-12-01]. https://www.statista.com/statistics/815723/memphis-metro-area-population/.

102. CAPA. Fitch Ratings: Air cargo volumes at US airports resilient, butrevenues not immune to volatility[EB/OL]. [2020-12-01]. https://centreforaviation.com/news/fitch-ratings-air-cargo-volumes-atus-airportsresilient-but-revenues-not-immune-to-volatility-1020570.

103. 卡萨达, 林赛. 航空大都市: 我们未来的生活方式 [M]. 曹允春, 沈丹阳, 译. 郑州: 河南科学技术出版社, 2013.

104. 果壳网. 物流如何改变一个地区？[EB/OL]. [2020-12-01]. https://www.guokr.com/article/395839/?from=timeline.
105. Louisville Muhammad Ali International Airport. ECONOMIC IMPACT Fueling the Regional Economy[EB/OL].[2021-12-01]. https://www.flylouisville.com/wp-content/uploads/2020/10/LRAACY2018-Economicand-Fiscal-Impact-2-Pager.pdf.
106. 唐伟, 李偲, 李晓东. 新疆主要旅游资源的地州际比较研究[J]. 干旱区资源与环境, 2007(01):93-97.

## 07 革新与启示

1. 新浪科技. 孙宇晨送巴菲特一部三星 Galaxy Fold 折叠屏手机：内置 1930830 枚波场币 [EB/OL]. [2020-12-01]. https://tech.sina.com.cn/roll/2020-02-08/doc-iimxxste9739082.shtml.
2. 吴越. 城市大脑[M]. 北京：中信出版集团, 2019.
3. 郭中梅, 朱常波, 夏俊杰, 等."疫情大考"下的智慧城市未来发展思考[J]. 邮电设计技术, 2020(02): 5-8.
4. 吉登斯. 现代性的后果[M]. 田禾, 译. 南京：译林出版社, 2000.
5. 海外即时通. 国际航空运输协会：即使疫情结束，国际航空业规模仍将大大缩水 [EB/OL]. (2021-05-24)[2021-01-01]. https://www.163.com/dy/article/GAPM0CIU0534IP97.html.
6. ATAG. Aviation: Benefits Beyond Borders[R/OL].(2020-09-30)[2021-01-01]. https://aviationbenefits.org/media/167186/abbb2020_full.pdf.
7. 国际航空运输协会. 国际航协：全球航空业巨亏状况将持续到 2021 年 [EB/OL]. (2020-11-24)[2021-01-01]. https://www.iata.org/contentassets/98e73eed8f0642089447f885fbe06e3b/2020-11-24-01-cn.pdf.
8. 航都院. 后疫情时代，航空大都市仍是优质赛道 [EB/OL]. (2020-11-24)[2021-01-01]. https://baijiahao.baidu.com/s?id=1681675859139475700&wfr=spider&for=pc.

# 附录

# 本书排名指标体系与变量说明

## A．机场运营规模
Airport operation scale

### A1　运营规模
Operation scale

指标 A1.1：航空客运总量
Total air passenger traffic
　　过去一年内空港的旅客吞吐量。中国内地城市数据来自中国民用航空局，全球城市数据来自相应国家／地区／城市民航局或 CAPA 合作数据库。

指标 A1.2：航空货运总量
Total air cargo traffic
　　过去一年内空港的货邮吞吐量。中国内地城市数据来自中国民用航空局，全球城市数据来自相应国家／地区／城市民航局或 CAPA 合作数据库。

指标 A1.3：飞机起降架次
Aircraft movements

　　过去一年内空港的民航客机总起降架次。中国内地城市数据来自中国民用航空局，全球城市数据来自相应国家/地区/城市民航局或 CAPA 合作数据库。

指标 A1.4：国内航线数量
Number of domestic air routes

　　目前机场拥有的各类国内航线总计。数据来自 CAPA 合作数据库。

指标 A1.5：国际航线数量
Number of international air routes

　　目前机场拥有的各类国际航线总计。数据来自 CAPA 合作数据库。

指标 A1.6：旅客吞吐量年均增长率
Average annual growth rate of passenger throughput

　　根据近 5 年旅客吞吐量计算的年均增长率。中国内地城市数据来自中国民用航空局，全球城市数据来自相应国家/地区/城市民航局、交通局、统计局的历年统计。

指标 A1.7：货邮吞吐量年均增长率
Average annual growth rate of freight throughput

　　根据近 5 年货邮吞吐量计算的年均增长率。中国内地城市数据来自中国民用航空局，全球城市数据来自相应国家/地区/城市民航局、交通局、统计局的历年统计。

## A2　对外连接
Intercity transportation

指标 A2.1：国际航线直达城市数量
Number of cities connected by the city's international flights

　　机场可以直飞的国际航线抵达的所有城市数量。数据来自机场官方网站或 CAPA 合作数据库。反映机场国际化连接度。

**指标 A2.2：出入境旅客数量**
Number of exit and entry passengers

过去一年在机场出入境的旅客数量，缺乏国际机场的城市无此项数据。数据来自机场官方网站或 CAPA 合作数据库。

**指标 A2.3：出入境旅客份额**
International passengers' shares

过去一年出入境旅客占总客运量的份额。数据来自机场官方网站或 CAPA 合作数据库。

**指标 A2.4：一小时飞行圈覆盖人口**
One-hour flight circle covering population

目前机场一小时飞行距离内可以覆盖到的区域的所有人口。

定义一小时飞行为空中飞行时间，根据民航客机的一般速度，将该民航机场直线距离 900 公里内可通航连接到的民航机场视为一小时以内飞行可达距离。

定义覆盖：处于机场一小时飞行距离以内，拥有民航机场的城市即视为可以覆盖。计算人口为城市总人口。

中国内地城市数据梳理自各城市统计公报，全球城市数据梳理自各城市政府网站。

**指标 A2.5：一小时飞行圈覆盖 GDP**
One-hour flight circle covering GDP

目前机场一小时飞行距离内可以覆盖到的区域的所有 GDP 总和。

定义一小时飞行为空中飞行时间，根据民航客机的一般速度，将该民航机场直线距离 900 公里内可通航连接到的民航机场视为一小时以内飞行可达距离。

定义覆盖：处于机场一小时飞行距离以内，拥有民航机场的城市即视为可以覆盖。计算 GDP 为城市 GDP。

中国内地城市数据梳理自各城市统计公报，全球城市数据梳理自各城市政府网站。

## B. 城市综合交通与对外连接
Urban integrated transportation and Intercity connections

### B1 城市与机场连接度
Connectivity

**指标 B1.1：空港通行便捷度**
Time from city center to airport

使用谷歌地图查询从市中心到机场的非高峰时段小汽车通行时间。

非高峰时段设定为当地时间 14：00—15：00。综合各机场通行时间进行运算形成得分，一般来说，通行时间与评分成反比。

**指标 B1.2：空铁衔接便捷度**
Air-rail connection convenience

高铁/城铁最近站点距离机场的非高峰时段小汽车通行时间。

非高峰时段设定为当地时间 14：00—15：00。通过"空铁衔接时间"与"空铁衔接流程"两个因素的打分运算形成。例如，空铁衔接时间方面，如果机场直接与铁路站点相连或可以通过步行等非出站方式解决交通，则评分最高。

### B2 运输规模
Types of traffic operation scales

**指标 B2.1：铁路货运量**
Railway freight flows

过去一年大都市区范围内的铁路货运总量。中国内地城市数据来自各城市统计年鉴。全球城市数据计算方式：大都市区内各铁路货运站货运量统计加总。

**指标 B2.2：公路货运量**
Highway freight flows

过去一年大都市区范围内的公路货运总量。数据来自各城市官方统计报告。

指标 B2.3：铁路客运量
Number of railway passengers

过去一年大都市区范围内的铁路客运总量。中国内地城市数据来自各城市统计年鉴。全球城市数据计算方式：大都市区内各铁路客运站客运量统计加总。

指标 B2.4：公路客运量
Number of highway passengers

过去一年大都市区范围内的高速公路客运总量。数据来自各城市官方统计报告。

## B3　交通基础设施
Transportation infrastructure

指标 B3.1：公路密度
Road density

衡量城市交通基础设施服务水平。中国内地城市指标计算方式：市域公路总里程与市域面积的比值。中国内地城市数据来自城市建设统计年鉴。全球城市指标计算方式：大都市区公路总里程与大都市区总面积的比值。全球城市数据来自城市地理信息数据库。

指标 B3.2：轨道交通密度
Mass transit network density

衡量城市内部交通基础设施服务水平。计算方式：城市轨道交通总长度与城市建设和可建设区面积的比值。

城市建设和可建设区面积的计算方式：城市（市区）总土地面积减去生态绿地、保护区等禁建区面积。

指标 B3.3：人均道路面积
Road area per capita

中国内地城市评估指标是市区道路面积与市区人口的比值。数据来自城市建设统计年鉴。

全球100城指标B3.3：公共交通服务效率

Efficiency of public transport services

全球100城评估指标。由笔者组成的研究小组评价的城市公共交通服务效率。评价选取的相关因素包含换乘便利程度、公共交通通勤人数占比、公共交通通勤出行时间，由3个量度加权形成评分。

指标B3.4：城市交通基础设施投入

Urban transport infrastructure investment

过去一年中交通基础设施方面投资总金额，衡量城市交通基础设施建设水平。中国内地城市数据来自各城市统计年鉴；全球城市数据由于获取和统计口径方面的不一致，采用国家/地区交通基础设施建设投资替代，数据来自OECD iLibrary（经合组织在线图书馆），在中国城市参与全球100城排名时，统一采用上述数据获取方式。

## C. 城市经济产业水平

City economic and industry level

### C1 经济规模

City economic scale

指标C1.1：城市GDP

City GDP

过去一年的城市GDP。中国内地城市数据来自各城市统计年鉴或统计公报，全球城市数据来自政府官方统计网站。

指标C1.2：人均GDP

GDP per capita

过去一年的城市人均GDP。

指标 C1.3：城市 GDP 增长率

GDP growth rate

可获取到数据的城市根据最近 5 年 GDP 计算的年均增长率。中国内地城市数据来自各城市统计年鉴或统计公报，全球城市数据来自政府官方统计网站。

## C2　经济结构

Economic structure

指标 C2.1：第三产业比重

The proportion of the tertiary industry

用过去一年第三产业增加值占 GDP 的比重来表明城市经济结构的变化，以及由工业主导向服务业主导过渡的状况。中国内地城市数据来自各城市的国民经济和社会发展统计公报，全球城市数据来自政府官方统计网站。

指标 C2.2：R&D 投入与生产总值比

R&D input to production ratio

过去一年研发费用投入占 GDP 的比重。各城市研发投入数据来自政府官方统计网站。

指标 C2.3：外贸依存度

Foreign trade dependence

采用过去一年货物进出口总额与地区生产总值之比作为外贸依存度的衡量标准，从而反映城市对外贸易活动对其经济发展的影响。数据来自各城市政府官方统计网站。

指标 C2.4：实际利用外资占全部固定资产投资的比重

Proportion of foreign investment in actual use of all fixed assets investment

中国内地城市评估指标。衡量城市开放型经济发展水平。数据来自各城市统计年鉴。

全球 100 城指标 C2.4：FDI
Foreign Direct Investment

全球城市评估指标。"Foreign Direct Investment"即过去一年外商直接投资数值。数据来自外商直接投资信息网（fDi Intelligence）。

指标 C2.5：世界 500 强企业入驻数量
Number of Fortune 500 companies

城市中世界 500 强企业总部的数量。数据来自《财富》杂志。

### C3　人才与就业水平
Talent and employment

指标 C3.1：城市就业人数
Number of employees

中国内地城市评估指标。过去一年统计的就业人口数量。数据来自各城市统计公报。

全球 100 城指标 C3.1：失业率
Unemployment rate

全球城市评估指标。指该年满足就业条件的人口中仍没有工作的劳动力所占比例。旨在衡量闲置中的劳动产能，是反映一个国家或地区失业状况的主要指标。采用国家数据替代城市数据，数据来自世界银行。

指标 C3.2：高层次人才
High-level talents

由笔者组成的研究小组评价的城市/区域高层次人才水平。评价选取的因素包含国际高等级科学技术奖获奖人数、R&D 从业人才数以及人才效益（通过城市高校和科研机构在世界三大顶级学术期刊发表文章累计总数衡量）等，中国内地城市的评价因素还包含城市"千人计划"引进人才情况，由以上量度形成加权评分。

## D．人居和社会水平
## Human and social living standards

### D1 人居水平
### Human living standards

指标 D1.1：人均可支配收入
Disposable income per capita

中国内地城市评估指标。居民可用于自由支配的年收入。数据来自各城市统计年鉴。

全球 100 城指标 D1.1：家庭收入中位数
Median household income

全球城市评估指标。家庭一年之中收入的中位数。采用城市所处国家或地区数据代替城市数据，数据来自该国家或地区政府官方统计网站。在中国城市参与全球 100 城排名时，统一采用上述数据获取方式。

指标 D1.2：外籍常住人口比重
The proportion of foreign resident

反映城市对外文化开放度和交流程度。

中国内地城市数据计算方式：城市所处地区（省、自治区、直辖市）登记的境外人员占地区总人口比例。中国内地城市数据来自国家统计局第六次人口普查资料。全球城市数据计算方式：出于统计口径与来源的考虑，采用城市所处国家或地区数据代替城市数据，采用统计的移民存量占国家或地区总人口数的比值。全球城市数据来自世界银行。在中国城市参与全球 100 城排名时，统一采用上述数据获取方式。移民存量统计一般来自人口普查、人口登记、外国人登记和调查，具有常住人口概念。

## D2　社会文化水平
Social and cultural standards

### 指标 D2.1：人均三星级以上酒店数量
Number of hotels above 3 stars

选取城市拥有的三星级及以上酒店数量，衡量城市对于旅游者的酒店供给能力。数据获得方式：在安可达官网搜索筛选条件为 3~5 星级酒店的结果数。

### 指标 D2.2：会展经济发展情况
Exposition economy development

中国内地城市数据来自《中国展览经济发展报告（2019）》提供的中国城市展览业发展综合指数。全球城市数据由笔者组成的研究小组进行综合评分，量度包含城市 IAEE[①]、UFI[②] 企业会员数量、过去一年中城市举办 ICCA[③] 及 UFI 会议数等，数据来自以上机构官方网站。

### 指标 D2.3：国际文化活动次数
Number of World-Class Cultural Events

近 3 年城市级文化活动场所（剧院、音乐厅、演艺厅、体育馆、园区）承接的国际性文化活动件数加总，对文化活动的定义参考了《2009 年联合国教科文组织文化统计框架》，文化活动信息来自文化活动场所相关网站。

---

① IAEE，International Association of Exhibitions and Events，国际展览与项目协会，于 1928 年成立，是全球展览业领先协会。
② UFI，法文 Union des Foires Internationales 的缩写，指国际展览联盟，于 1925 年在意大利米兰成立，并将总部设在法国巴黎，是全球展览业重要的国际组织。
③ ICCA，International Congress and Convention Association，国际大会及会议协会。

## E. 开放型经济基础
External-oriented economic base

### E1 开放型经济基础
External-oriented economic base

指标 E1.1：城市进出口额

Import and export volume

过去一年城市进口和出口的货物总金额。数据来自政府官方统计网站。

指标 E1.2：特殊监管区发展情况

Customs special supervision zone development

由笔者组成的研究小组对各城市特殊监管区发展水平进行评价，评价维度包含特殊监管区发展规模（面积和产值）、与机场联系程度、政策为营商提供的便利程度（准入程度和税收减免等优惠政策）和产业发展结构等，并综合城市内各个特殊监管区评价形成城市得分。

中国内地城市评价基于目前运营中的海关特殊监管区，数据主要来自各特殊监管区官方网站；全球100城评价基于包含中国城市在内的全球城市的自由贸易区、自由经济区，评价依据主要来自各特殊监管区官方网站。

指标 E1.3：政府效能

Government effectiveness

由笔者组成的研究小组对政府效能进行评分。评价选取的因素包含该城市政府信息数据透明程度、调查公众反映的办事效率，以及该城市海关是否存在 7×24 小时通关政策等。

# 后记

## 透过舷窗看世界，依托航空塑未来

2003年9月1日，天气晴。我对这一天的印象十分深刻，因为这是我第一次乘坐飞机，而且是飞往大洋彼岸的美国。我是从家乡长春出发的，那时候长春的机场还是军民两用的大房身机场，设施相对简陋，和现在的长春龙嘉国际机场不可同日而语。出发那天全家人都来送行，我和大家在机场航站楼里合影留念，仪式感非常强。我所搭乘的航班从长春飞抵韩国仁川国际机场，从那里中转至美国洛杉矶国际机场入境，而后再转机到波士顿国际机场，总行程接近40个小时，这对于一个初次踏出国门的年轻人来说，着实是巨大的挑战。那个时候，我以为飞行是一件不会经常发生的事情，选择飞行，只是因为这是唯一可以让我抵达地球另一端的交通方式。在2003年，中国还只有126个机场，国内航线不到1 000条，国际航线不到200条，全国全年航空运输的总旅客量刚刚接近9 000万人次。

2005年研究生毕业以后，我先后就职于美国的规划咨询机构和政府规划部门，在工作实践中，由浅入深地理解了机场对于城市非同一般的意义和价值。2008—2012年，作为政府规划编制团队的主要成员之一，我参与了美国华盛顿里根国家机场临空区域（阿灵顿郡水晶城区域）2050年分区规划的编制工作，我当时所研究的核心课题就是里根国家机场和周边城镇发展千丝万缕的联系。通过长期进行深入的调研，以及收集和整理大量的资料，并进行各类数据分析，我摸索并积累了一系列机场与城市发展关系的宝贵经验。比如，机场立体停车场、轨交站与航站楼直接相连的步行连廊，这是一个简单有效且性价比很高的综合交通模型。再如，水晶城的主要产业内容几乎全部与机场密切相关，其中企业总部、酒店、商业等城市功能无一例外都是围绕里根国家机场的客群特点布局的。水晶城入驻了多家航空航天公司和国防工业公司（如波音公司、雷神公司、全美航空公司等）的分支机构，以及和机场、物流行业相关的公司的总部，机场周边美国联邦政府部门（如美国国防部、美国劳工部、美国法警局）的行政设施，吸引了一系列商务酒店、高档酒店（如万豪、希尔顿、凯悦等），以及咨询公司、IT公司、担保公司等在此布局，除此之外，还有若干社会团体、教育科研机构和媒体创意产业公司等。水晶城的发展得益于机场的便利性，同时也符合华盛顿作为美国首都对产业资源的需求。几年前，亚马逊也宣布将其第二总部设置在水晶城区域，从而进一步夯实了这一地区的总部经济地位。可以说，航空都市或临空经济区的发展给城市带来许多情理之中、意料之外的重要发展机遇。航空都市的发展不单单是城市空间发展层面的问题，其内里遵循并体现的是经济发展、产业链、政府政策引导等深层次的规律。正如航空都市理论奠基人约翰·卡萨达博士所倡议的，"航空都市发展必须遵循形式跟随功能的原则"。

2013年返回中国后，我将工作重心转移到国内临空经济研究领域。在过去这些年里，中国机场建设与临空经济事业蓬勃发展。到了2018年，北京首都国际机场客流量突破1亿人次，甚至高于2003年全国的航空客运总量。搭乘飞机出行早已惠及寻常百姓，而受益于机场的发展，越来越多的临空地区成片发展，涌现出一个又一个得益于机场发展的城市片区。我在见证这一切的同时，也在约翰·卡萨达博士的亲自指导下，参与了大量临空经济区的咨询与研究工作。

2015 年，在郑州航空港经济综合实验区的支持下，我协助卡萨达博士创立了航都院®，目前该机构在航空都市领域和临空经济领域已成为亚太地区颇具影响力的国际智库机构。郑州航空港经济综合实验区是 2013 年由国务院批复的国家级航空港经济综合实验区，总规划面积为 415 平方公里，其规模和定位，在世界范围内也是屈指可数的。在卡萨达博士的指导下，航都院®以政府智库的身份全程参与了郑州航空港经济综合实验区的建设，并对这个国家战略示范区进行为期 7 年的跟踪研究，提供了全周期的智库咨询服务，积累了大量宝贵的咨询经验与科研成果。7 年来，我与航都院®团队共同开展"航空都市"相关研究课题。

在多年的咨询业务实践和课题研究中，我发现，航空都市作为一个多学科交叉的新兴研究领域，在约翰·卡萨达博士提出第五波理论与理想航都市模型后，已经拥有了比较坚实的理论基础，但在实践中往往缺乏相对理性和量化的衡量指标，在各类咨询和研究工作过程中也需要耗费大量的精力，动用人力收集整理资料。而航空都市建设面临的实际问题，却常常需要量化的结论和指标化的指导。比如，临空经济区或者航空都市的基础设施建设体量是否要和普通城区一致？是否需要更高标准？现行的城市建设考核指标是否适用于这区域产业集聚的特殊性？这个区域的城市形态和交通组织是否需要遵从现有的一般城市范式？如何评价临空地区的城市吸引力？能否吸引足够多的高净值客户和高附加值产业进驻？从投资者的角度来说，这个区域能否提供优于其他地方的政策或服务，使投资效益最大化？事实上，恰恰是由于机场基础设施给城市带来了巨大的区域交通优势，很多地方政府愿意为临空经济区提供更多、更广泛的优惠政策与便捷服务。例如，阿灵顿郡水晶城通过人才服务等政策优势吸引了亚马逊第二总部入驻，孟菲斯通过机场改造和税费减免政策促进了联邦快递总部的建设。但如何量化指导政策的制定与执行，如何为投资者和城市开发商提供有效可信的分析结论，就需要一个行之有效的基于航空都市理论以及现代信息技术的指标工具。

我和航都院®团队依托现有的航空都市理论与基本原则，独立提炼出了一套完整的工作方法和临空地区竞争力评价标准体系。我们认为，基于案例数据、对比研究以及大数据手段，航空都市的发展是有更理性的规律可循的，并且和传统城市的衡量标准大有不同。通过全球航空都市研究以及过往项目经验，我们积累了全球100多个航空都市（包括我国的国家级临空经济示范区和54个重要城市）的共计约5 000万条发展数据，涵盖了宏观经济、产业、交通、物流、城市规划、人力资源等多个方面。我们通过云计算、大数据、人工智能技术，科学构建航空都市指标体系，进而打造具有"多元要素汇聚、深层数据维度分析、个性评估模型构建、科学决策分析支撑"能力的航空都市智库平台，推动航空都市理论模型向科学化、精细化、智能化方向发展，使其更具有落地性和可操作性。

打造航空都市已经成为城市提升全球竞争力和影响力的重要手段。随着航空科技的不断进步和信息技术的不断推进，航空都市将全方位改变我们未来的生活方式、企业投资趋势、经济运行模式乃至城市的发展建设模式。如果从航空都市角度去解读全球城市网络体系，会发现一些原本缺乏发展机遇的城市，借助临空地区发展，将有望在全球经济体系中占据比原先更为重要的位置，并且通过产业升级全面提升自身竞争力和影响力。充分了解到这一规律并对全球城市网络进行重新分析后不难发现，航空都市已经重新定义了世界城市版图。如何借助这一趋势提升一座城市或一个地区的全球影响力，是每一个有进取心的城市及其建设者需要思考的问题。

卡萨达博士在 1991 年提出第五波理论时认为，航空是继运河、海运、火车、公路之后影响城市发展的重要动力。在此基础上，我们历时近 7 年，完成了大量的数据收集、整理、分析与讨论工作，旨在抛砖引玉，引发关于这一问题更为广泛的讨论，同时，也希望为中国临空经济发展贡献绵薄之力。感谢约翰·卡萨达博士，在您坚实的如巨人一般的肩膀上，我看得更远。

感谢郑州航空港经济综合实验区的所有领导和同事，谢谢你们无私的奉献和大力的支持。你们有着最伟大的胸怀、创造力和对未来美好生活的憧憬与渴望。在你们身上，我看到了中国中部地区崛起的希望。

感谢本书的其他作者们，你们的坚持、睿智和对专业的执着令人钦佩。

最后，感谢父母和家人对我的支持。

谨以此书勉励我的儿子孙凯，希望你和你的小伙伴们生活在更美好的未来。

孙天尧

2021 年 9 月 1 日

# 致谢

　　本书的构想始于2015年，2017年正式开始写作工作，从资料收集、整理、研讨，到写出初稿、进行校对，再到最终的成书，历时近7年。

　　书中涉及的研究工作得到了美国北卡罗来纳大学柯南-弗莱格商学院终身教授、航都院®院长约翰·卡萨达博士的全程帮助与深度指导，他严谨的学术态度与专注精神，为评级指数的制定提供了广阔的全球视角与扎实的理论基础。本书自前期筹备开始就受到航都院®董事长沈立先生的全力支持，他深入参与了本书的前期策划，给出方向性指导意见，也为书中的案例研究提供了重要观点与建议。本书写作过程中所涉及的众多学术问题都得到了航都院®国际专家委员会多位专家委员的解答，拉姆·梅恩先生、达斯蒙德·维特尼斯先生和斯坦·赖特先生等为我们评级标准的制定提供了宝贵意见和建议，并就案例中的一系列细节内容提供了专业且珍贵的独家信息。

　　本书创作团队的主要工作如下：马书韵参与了本书的框架构建、评估方法研究，并负责第一、二、四、六、七章中部分内容的书写工作；潘坦博参与了本书评级模型的构建与全球航空都市序列研究的工作，以及书稿成文工作；艾蓉参与了本书第一章关于全球城市、临空经济等内容的文献综述、分析及第六章中部分案例的整合书写工作；马艳芳参与了本书第五、六章中的部分书写工作；陶晓宇参与了第六章中部分案例的整合书写工作；李京龙参与了书中第六章部分案例的书写及图纸绘制工作。此外，刘扬、陈志强、赵伟博协助参与完善本书所涉及的数据分析方法，孙玮琳协助完成书中大量案例场景的艺术绘制，朱道静、仵琳、李超宇等参与完成了丰富、翔实的素材收集和整理工作，杨森、张文泽、王雅静等参与了本书的文字校对工作。

限于篇幅，对在此处未能提及的为本书提供支持与帮助的朋友们，以及帮助本书出版的编辑老师们，给予你们最真挚的感谢。

# 企业介绍

## 航都院®

  航都院®是一家致力于机场及周边区域发展的国际智库机构，核心工作团队由跨多个领域专业且经验丰富的研究人员组成，主要从事航空都市科学研究、数据挖掘与分析、咨询服务、规划设计等工作。航都院®领先独创的工作方法论：依托航空都市理论，通过云计算、大数据、人工智能技术，科学地构建全球航空都市评级指数，并打造具有"多元要素汇聚、深层数据维度分析、个性评估模型构建、科学决策分析支撑"能力的智库平台，推动航空都市理论模型向科学化、精细化、智能化方向发展。根据对机场及临空经济影响下城市特征的研究，航都院®已为众多城市管理者、城市建设者及基础设施投资者提供相关专业咨询服务。由航都院®建构的全球航空都市评级指数将有望成为中国标准国际化的理论依据，可以为中国"一带一路"倡议的推进与"空中丝绸之路"的建设提供智力支持。

## 航都院®国际专家委员会

航都院®国际专家委员会（简称专委会）是由约翰·卡萨达博士依托于航都院®发起并建立的，是具有全球影响力的航空与临空相关领域专家联盟及智库。目前，专委会拥有国际顶尖专家18位，囊括了国际航空运输协会、国际航空货运协会（TIACA）等国际航空组织的核心成员，以及机场投资方、航空公司、商业地产商、第三方产业的高管和行业精英。凭借专家成员的国际影响力、知识经验及全球商业资源，专委会已发展成为在机场和临空经济领域具备国际领先优势的专业智库。